Muttersprache *plus*

Sprach- und Lesebuch

7

Erarbeitet von
Brita Kaiser-Deutrich, Silke König, Birgit Mattke, Jana Mikota, Viola Oehme,
Elke Oll, Gerda Pietzsch, Bianca Ploog, Cordula Rieger, Luzia Scheuringer-Hillus,
Birgit Schmidt, Adelbert Schübel, Wiebke Schwelgengräber, Bernd Skibitzki,
Marianne Thiele, Viola Tomaszek, Ines Weghenkel

Unter Beratung von
Franziska Möder, Viola Oehme

VOLK UND WISSEN

Vorhang auf – Wir spielen Theater **142**

Schritt für
Schritt:
Wort – Satz –
Text

Über Sprache nachdenken

Was weißt du noch aus Klasse 6?

1 Lies den folgenden Text.

Computersicherheit: Warum Phishing tatsächlich etwas mit Angeln zu tun hat

1 Ein ganz normaler Tag im E-Mail-Postfach: Es erwarten dich Nachrichten von Freunden und andere Mails, deren Absender du nicht kennst. Die Betreffzeilen dieser Mails sind oft mit englischen Wörtern gefüllt und versprechen Reichtum und günstige Ange-
5 bote. Solche unerwünschten Werbe-E-Mails nennt man »Spam«. Sie sind lästig, verstopfen die Datenwege des Internets und machen es langsamer.

2 Die Spam-Mails erreichen euch aus der ganzen Welt. Aber woher weiß der Typ in Amerika eure E-Mail-Adresse? Kann sein,
10 dass ihr sie ihm selber verraten habt, als ihr mal bei Gewinn-spielen oder ähnlichen Aktionen teilgenommen habt, bei denen ihr eure Adresse angeben musstet. Die »Spammer« durchsuchen das Internet auch mit speziellen Programmen oder probieren Namenskombinationen, um nach E-Mail-Adressen zu fahnden,
15 obwohl es verboten ist, ohne schriftliches O.K. von euch, Werbung an euch zu senden.

3 So schützt ihr euch: Gebt eure E-Mail-Adresse im Internet möglichst nie an. Ihr könnt euch eine Zweitadresse zulegen. Die kann man dann bei Bestellungen, Foren, Messenger angeben.
20 Die andere ist für den persönlichen Mailverkehr bestimmt. Antwortet nie auf Spam-Mails!

4 Neben den Werbe-E-Mails können euch noch tückischere Mails in den Posteingang flattern. Es gibt Personen, die wollen sich eure Passwörter schnappen. »Phishing« (sprich: fisching) heißt diese
25 Art von Datenklau. Unter einem Vorwand fragen sie die geheimen Daten ab. Sie versenden E-Mails, die anscheinend von den Seiten stammen, von denen sie die Kennwörter haben wollen. In der Mail ist ein Link enthalten, der auf eine täuschend echte Kopie der bekannten Website führt, und klickt man darauf, zappelt man
30 schon fast am Haken. Auf der Internetseite, auf der man landet, wird man aufgefordert, seine Daten einzugeben und zack – schon hat der Bösewicht sie und kann sie selber benutzen.

5 So geht ihr nicht in die Falle: Geht nie direkt von Links in solchen E-Mails auf Seiten, die euch auffordern, eure Daten einzu-
35 geben. Und gebt nie persönliche Daten im Internet preis, wenn ihr nicht wisst, wozu das gut ist.

2 Bestimme, welche der Aussagen laut Text richtig oder falsch sind.

  1 Phishing-E-Mails löschen geheime Kennwörter.
  2 Phishing-E-Mails täuschen sichere Internetseiten vor.
  3 Spam-E-Mails kommen aus der ganzen Welt.
  4 Spam-E-Mails erkennt man an englischen Wörtern in den Betreffzeilen.
  5 Spam-E-Mails sind unerwünschte elektronische Post.

3 Ordne die folgenden Überschriften den Textabschnitten zu. Schreibe die Nummer des Abschnitts und den dazugehörigen Buchstaben auf.

  A So funktioniert E-Mail-Phishing
  B So könnt ihr dem Datenklau vorbeugen
  C So kommen die »Spammer« an eure Adresse
  D So könnt ihr euch gegen Spam-E-Mails schützen
  E So erkennt ihr Spam-E-Mails

4 Wozu fordert dich der Text auf? Wähle die richtige Antwort aus.

  Ich soll ...
  1 häufig in das Internet, weil ich dort viele Informationen erhalte.
  2 aufmerksam im Internet sein, weil ich so Gefahren erkennen kann.
  3 meine E-Mails möglichst löschen, weil sie gefährlich sein können.
  4 E-Mails und Internet selten nutzen, weil sie gefährlich sein können.

5 Ordne die folgenden Wörter nach Konjunktionen und Präpositionen.

  bei – oder – mit – aber – doch – vor – aus – für

6 Ergänze die Sätze mit passenden Pronomen.

  1 ▬▬ kannst ▬▬ E-Mail-Postfach durch ein Programm schützen, ▬▬ Spams filtert. (Personal-, Possessiv-, Relativpronomen)
  2 ▬▬ prüfen E-Mail-Adressen und warnen vor ▬▬, sobald ein unsicherer Absender vermutet wird. (Demonstrativ-, Personalpronomen)

7 Bestimme in den Sätzen der Aufgabe 6 die Haupt- und Nebensätze. Begründe deine Entscheidung.

Alltagsgespräche führen

Auskünfte geben und einholen

Auskünfte geben

1 Im Alltag kommt es oft vor, dass man nach einem Weg gefragt wird.

a Wiederhole, worauf man bei einer Wegbeschreibung achten muss.

b Beschreibe den kürzesten Weg vom Markt zum Schloss.

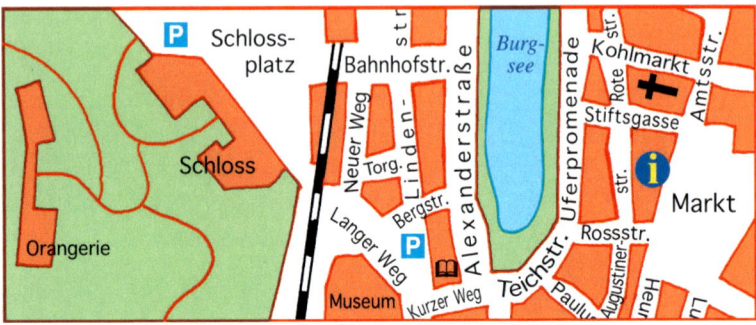

Auskünfte
einholen

2 Manchmal benötigt man selbst eine Auskunft.

a Trage zusammen, was man tun kann, um z. B. den richtigen Weg zum Bahnhof zu finden oder Auskünfte über das Kinoprogramm einzuholen.

> **!**
> **Auskünfte** kann man auf unterschiedliche Art und Weise **einholen.**
> Man kann sich z. B. mithilfe eines Stadtplans oder im Internet
> informieren. Manchmal ist es aber am einfachsten, jemanden
> anzusprechen oder anzurufen.
> Bei allen **Anfragen** und **Bitten** sollte man klar und deutlich
> formulieren, höflich sein und sich für die Auskünfte bedanken.
> Geeignete sprachliche Mittel sind z. B.:
> *Guten Tag, könnten Sie mir bitte sagen, …?*
> *Entschuldigen Sie bitte, können Sie mir sagen, …?*
> *Vielen Dank für Ihre Auskunft, auf Wiedersehen / auf Wiederhören.*

 b Sammelt weitere Ausdrucksmöglichkeiten, wie man sich an jemanden wenden kann, um eine Auskunft einzuholen.

Auskünfte telefonisch einholen

 3 Für den Sommer gibt es günstige Schülerferientickets. Eric möchte Genaueres wissen, die Internetseite ist aber noch nicht abrufbar. Deshalb ruft er beim Kundenservice des örtlichen Verkehrsunternehmens an.

a Vervollständigt das Telefongespräch. Nutzt die sprachlichen Mittel zum Einholen von Auskünften.

Frau S. Guten Tag, mein Name ist Schulze. Wie kann ich Ihnen helfen?

Eric Guten Tag, ich heiße Eric Zander. Ich möchte gern wissen, wie teuer das Schülerferienticket ist.

Frau S. Das Ticket kostet 27 Euro und gilt in Verbindung mit einem Schülerausweis während der gesamten Sommerferien für alle Busse, Straßenbahnen, S-Bahnen und Regionalbahnen in unserem Bundesland.

Eric ▬▬▬?

Frau S. Ja, ein Fahrrad darfst du mitnehmen.

Eric ▬▬▬?

Frau S. Ja, das kann ich. Du erhältst ermäßigten Eintritt in einige Erlebnisbäder, ins Ozeaneum Stralsund und in das Nationalpark-Zentrum Königsstuhl.

Eric ▬▬▬?

Frau S. In allen Verkaufsstellen, wo es Fahrkarten für den öffentlichen Nahverkehr gibt.

Eric Vielen Dank für Ihre Auskunft.

Frau S. Bitte sehr. Auf Wiederhören.

Eric Auf Wiederhören.

b Tragt zusammen, mit welchen sprachlichen Mitteln Frau Schulze auf die Fragen des Schülers reagiert.

 Vor einem **Telefonat** sollte man Zettel und Stift bereitlegen, um sich während des Gesprächs Notizen machen zu können (z. B. Telefonnummern, Namen, Adressen, Preise).
Man stellt sich am Telefon mit dem Namen vor und trägt sein Anliegen höflich, kurz und verständlich vor. Anschließend bedankt man sich für die Auskünfte und verabschiedet sich am Ende des Gesprächs. Hat man etwas nicht genau verstanden, fragt man höflich nach.

c Übt weitere Telefongespräche. Ihr könnt euch z.B. erkundigen,
- ob ihr in eurer Bibliothek kostenlos ins Internet dürft,
- wann ein öffentliches Training eures Lieblingsklubs stattfindet,
- ob ihr mit eurer Klasse im Kino einen Gruppenrabatt bekommt.

4 Die 7. Klasse möchte gern in der neuen Stadtsporthalle Volleyball spielen. Rick will beim Hallenwart anfragen, ob das möglich ist.

a Rick macht sich Notizen. Prüfe, ob er etwas vergessen hat.

Nutzer: Klasse 7, 12 Mädchen, 13 Jungen

Termin: Montag, 13. September, 14:00 bis 17:00 Uhr, Volleyball

Kosten: Kostenlos oder Benutzungsgebühr? Wie teuer?

Betreuer: Sportlehrer mitnehmen?

b Spielt das Gespräch zwischen dem Hallenwart und Rick.

c Die Klasse soll einen Sportlehrer mitbringen. Rick erkundigt sich im Sekretariat, wie er diesen erreichen kann. Spielt das Gespräch.

d Spielt jetzt das Gespräch zwischen Rick und dem Sportlehrer.

Absagen formulieren

5 Leider erhält die Klasse einige Absagen.

a Überlege, wie diese Personen ihre Absage formulieren könnten.

1 Der Sportlehrer muss der Klasse absagen, weil er krank ist.
2 Lucy kann nicht mitspielen, weil sie ihre Schwester abholen muss.
3 Der Hallenwart kann die Klasse nicht kostenlos in die Halle lassen.

! Wenn man eine Verabredung oder Vereinbarung nicht einhalten bzw. einer Bitte nicht entsprechen kann, sollte man sich höflich entschuldigen und absagen. **Absagen** kann man z.B. so ausdrücken:
Dieser Termin ist leider nicht möglich, ...   Ich bedaure, aber ...
Bedauerlicherweise ist/kann ...   Es tut mir/uns leid, dass ...

b Überlegt euch weitere Situationen, in denen es notwendig sein kann, etwas abzusagen. Spielt diese Gespräche.

 **Einen Vorschlag unterbreiten**

TIPP
Schlage im
Wörterbuch nach,
was IHK bedeutet.

1 Die Schülerinnen und Schüler der Klasse 7 wollen an einem Wettbewerb der IHK zum Thema »Umweltfreundliches Verkehrsmittel der Zukunft« teilnehmen.

 a Lest das folgende Gespräch mit verteilten Rollen.

Markus Die Sache ist doch sonnenklar! Es geht um umweltfreundliche Verkehrsmittel. Damit sind natürlich Autos gemeint. Wir sollten uns also Gedanken machen, wie Autos Sprit sparen können, wie der CO_2-Ausstoß geringer wird und so weiter.

Tim Klasse Idee, Professor. Meinst du nicht, dass sich darüber die Ingenieure der Autohersteller längst den Kopf zerbrochen haben? Und garantiert erfolgreicher, als wir das könnten? Außer den Autos gibt es übrigens auch noch ein paar andere Verkehrsmittel, mit denen du zu deiner Connie kommen kannst.

Anja Nun bleib mal sachlich, Tim. Lass Connie aus dem Spiel, die gehört jetzt nicht zum Thema. Den Leuten von der IHK ist klar, dass wir keine Experten sind. Aber kreativ sein können wir trotzdem und für so viel Geld lohnt sich ein bisschen Gehirnjogging allemal.

Paul Anja hat Recht. Und das Thema »Auto« ist doch gar nicht schlecht. Wir wissen alle, dass Tim gut zeichnen kann. Tim, wie wäre es, wenn du dir ein Team zusammenstellst, das eine Zeichnung für ein Auto der Zukunft entwirft?

Tim Na gut, das könnte ich machen. Mit welchen Schwerpunkten?

Paul Ich schlage vor, wir machen das so: Erstens planen wir die Karosserie aus leichten und umweltfreundlichen Werkstoffen, zweitens überlegen wir uns, womit die Karre angetrieben werden soll, und last, but not least, braucht unser Auto ein cooles Design.

Anja Und einen werbewirksamen Namen!

Markus Stimmt, der darf natürlich nicht fehlen. Was haltet ihr davon, wenn wir zu jedem Schwerpunkt eine Arbeitsgruppe bilden?

b Die Schüler gehen in ihrem Gespräch aufeinander ein. Sucht Vorschläge und Wendungen für Zustimmung und Ablehnung heraus.

c   Übertrage die folgende Tabelle in dein Heft und sammle für jede
Spalte geeignete Wendungen.

Vorschlag	Zustimmung	Ablehnung
Ich schlage vor, dass	Ja, das sehe ich auch so. ...	Damit bin ich nicht einverstanden. ...

!

Vorschläge sollten gut durchdacht werden und sich an ein konkretes
Thema halten. Man kann sie mit bestimmten Wendungen einleiten,
z.B.: *Ich schlage vor, dass ...   Mein Vorschlag wäre ...*
Dazu fällt mir ein, dass ... Wir sollten auch daran denken, dass ...
Habt ihr in Betracht gezogen, ob ...?
Man kann sich zu den Vorschlägen **zustimmend** oder **ablehnend**
äußern. Bei einem **Kompromiss** gehen alle ein wenig von ihrem
Standpunkt ab, um eine Einigung in wesentlichen Punkten erzielen
zu können.

 2

a   Gefällt euch die Idee, mit der sich die Klasse am IHK-Wettbewerb
beteiligen will? Begründet eure Meinung.

b   Sammelt eigene Vorschläge zum Thema »Umweltfreundlichkeit«.

TIPP
Informiert euch
darüber im Inter-
net oder in der
Tagespresse.

c   Untersucht eure Vorschläge unter folgenden Gesichtspunkten:
  • Stellen sich einige Themen als besonders wichtig heraus?
  • Gibt es dafür bereits nationale oder internationale Lösungsansätze?
Präsentiert die Ergebnisse eurer Recherche in der Klasse.

**Was habe ich
gelernt?**

3 Untersuche, was du über das Führen von Alltagsgesprächen gelernt
hast. Tausche dich mit deiner Lernpartnerin/deinem Lernpartner aus.

Meinungen austauschen – Diskutieren

Meinungen bilden und begründen

Ein Gespräch lesen **1** Pia und Janek sprechen in der Projektwerkstatt »Kunst« über ihre Erlebnisse in den Sommerferien. Dabei kommt es zu Meinungsverschiedenheiten.

a Lies das Gespräch.

Pia Ich habe in den Sommerferien mit Ton gearbeitet und diese Skulptur angefertigt. Wie gefällt sie dir?

Janek Wenn ich ehrlich sein soll, eigentlich nicht besonders. Für mich muss Kunst lustig sein. Aber deine Figur sieht irgendwie
5 k. o. aus. Ich hätte sie »Müder Mensch« genannt oder »Ab ins Bett«.

Pia Gut geraten, Janek. Ich wollte wirklich Müdigkeit ausdrücken. In den Ferien sind wir viel gewandert. Meine Tonfigur zeigt, wie ich mich abends gefühlt habe – ich war völlig erledigt und
10 wollte nur noch schlafen.

Janek Verstehe. Hier auf meinem Foto siehst du, was ich in den Ferien gemacht habe. Du darfst meiner Figur einen Namen geben, Pia. Ich gebe dir einen Tipp – sie kommt in einer Berglandschaft vor.

15 **Pia** Was hast du denn in den Ferien gemacht?

Janek Ich habe viel gelesen, besonders über die Inuit in Labrador.

Pia Hm, schwierig, sieht aus wie ein abstrakter Mensch. Ich erkenne Kopf, Arme und Beine. Hat das Loch im Bauch was zu bedeuten? Hunger vielleicht? Ich weiß – ich nenne
20 deine Figur »Hungriger Steinriese«.

[1] Wanderpfade

Janek *(lacht)* Steinriese ist okay, Pia. Aber hungrig ist er nicht. Die Figur heißt Inukshuk, das bedeutet so viel wie »Mensch aus Stein, der den Weg weist«. Inukshuks dienen der Orientierung in der Tundra. Sie stehen auf schwierigen Trails[1] in Sichtweite
25   voneinander entfernt. Sieht man durch das Loch im Bauch, blickt man genau auf den nächsten Inukshuk und findet so sicher seinen Weg, sogar im Nebel. Ich fand die Idee toll, deshalb wollte ich auch so einen Inukshuk bauen.

Pia Na ja, dein Steinmensch sieht ja nicht schlecht aus. Mich stört
30   bloß ein bisschen, dass er nicht deine eigene Idee ist, Janek. Du hast ja bei den Inuit abgeguckt. Als Kunstwerk darfst du deinen Inukshuk eigentlich nicht bezeichnen, höchstens als Nachbau.

Janek *(erstaunt)* Das ist doch Quatsch. Natürlich ist jeder Inukshuk ein eigenes Kunstwerk, denn jeder sieht anders aus! Außerdem
35   ist er als Wegweiser auch noch sehr nützlich!

Pia Ich verstehe Kunst anders. Meine Tonfigur ist zwar nicht nützlich, aber dafür habe ich sie mir ganz alleine ausgedacht. Warum hast du dir nicht auch ein eigenes Motiv überlegt? Ist dir nichts anderes eingefallen, als eine Idee zu klauen?

Probleme erkennen

b Worin bestehen die grundlegenden Meinungsverschiedenheiten zwischen Pia und Janek? Formuliere die Probleme als Fragen.

Meinungen und Begründungen erkennen

c Suche die Meinungen und Begründungen heraus, die Pia und Janek geäußert haben.

> Mit einer **Meinung** drückt man seinen persönlichen Standpunkt zu einem Sachverhalt aus. Man nutzt dazu Wendungen wie z. B.:
> *Meiner Meinung nach …*   *Ich finde die Idee faszinierend, dass …*
> *Ich glaube …*   *Ich verstehe das so, dass …*
> *Ich denke, dass …*   *Ich verstehe das anders.*
> *Mein Vorschlag ist …*
> Um seine Meinung zu **begründen,** kann man die Wörter *deshalb, darum, aus diesem Grund, deswegen, weil* als Einleitung benutzen.

d Janek sagt: »Kunstwerke müssen schön und lustig sein.« Stimmst du ihm zu? Begründe deine Meinung.

Ich stimme Janek (nicht) zu, weil …

2

a Pia führt ein Tagebuch. An diesem Abend trägt sie Folgendes ein.

Heute habe ich mich mit Janek beinahe gestritten. Er meinte, er mag Kunst nur, wenn sie lustig ist. Ich weiß, so denken viele aus meiner Klasse! Aber muss Kunst denn immer lustig sein? Ich finde das nicht, weil ich der Meinung bin, dass Kunst ▬▬▬. Janek hat seine Steinfigur nach dem Vorbild der Figuren der Inuit gebaut. Er sagt, das ist trotzdem Kunst, weil jede Figur ▬▬ und außerdem sind sie auch noch ▬▬▬. Das ist doch Quatsch! Meine Tonfigur ist zwar nicht nützlich, aber dafür ▬▬ ! Aber ist sie deshalb besser als Janeks? Und wer legt überhaupt fest, was Kunst ist und was nicht? Ziemlich schwierige Fragen! Ich hätte mich lieber nicht mit Janek darüber unterhalten sollen. Vermutlich habe ich ihn heute gekränkt, obwohl ich das gar nicht wollte.

Meinungen und Begründungen formulieren

b Leider ist Pia Tee auf die Tagebuchseite getropft. Ergänze die Begründungen, die unleserlich geworden sind.

c Pia denkt, dass sie Janek gekränkt hat. Stimmst du ihr zu? Begründe deine Meinung.

3 Welche Meinung hast du zu den Fragen, über die Pia und Janek sprechen?

a Wähle eine Frage aus und überlege als Erstes, ob du einem von ihnen zustimmen kannst.

b Formuliere deine eigene Meinung und suche nach Begründungen.

 c Beurteilt, ob eure Meinungen und Begründungen überzeugend sind. Formuliert gegebenenfalls beide neu.

Eine Diskussion vorbereiten und durchführen

> Die **Diskussion** ist eine Gesprächsform, in der es um einen problematischen, strittigen Sachverhalt geht. Die Diskussionsteilnehmer setzen sich mit diesem Sachverhalt auseinander, tragen ihre Meinungen vor und begründen sie.
> **Ziel** der Diskussion ist es, **sich zu einige**n. Wenn kein Standpunkt überzeugend genug ist, dann sucht man einen Kompromiss.

1 Alex und Lina haben an der wöchentlichen Zusammenkunft der Schülersprecher teilgenommen.

a Lies die Notizen, die sich Alex gemacht hat.

- Ist es sinnvoll, in der großen Pause Konfliktlotsen auf dem Schulhof einzusetzen?
- Sollten in der Frühstückspause am Schulkiosk nur Milchgetränke angeboten werden?
- Soll es eine Hausaufgabenhilfe »Schüler helfen Schülern« geben?

Meinungen und Begründungen formulieren

b Stellt Vermutungen an, welche Meinungen und Begründungen in der Diskussion geäußert wurden. Ergänzt die Notizen von Alex.

c Lies nun, was sich Lina notiert hat.

- für die Kleinen Spielgeräte auf dem Schulhof, sogar Spielsachen zum Ausleihen für die Hofpause
- für die Großen nur Bänke → Einige kommen auf dumme Ideen!
- »Schüleraufsicht« wäre sinnvoll. Eventuelle Hilfe bei Pausenmobbing.

Fragen formulieren

d Leite aus Linas Notizen die Fragen ab, um die es in der Diskussion der Schülersprecher noch ging. Schreibe die Fragen auf.

e Überlege, ob du die Fragen so formuliert hast, dass sie zu einer Diskussion anregen. Kann man zu den Fragen verschiedene Meinungen haben?

Einen Diskussions-beitrag leisten

2 Robert hat eine Diskussion zum Thema »In der Gruppe fühle ich mich stark« gehört. »Einige Beiträge waren echte Killerphrasen«, meint er.

a Lies die folgenden Äußerungen aus der Diskussion und erkläre, was Killerphrasen sind.

1 Das ganze Gerede um den Gruppenzwang ist purer Quatsch.
2 Jeder macht doch sowieso, was er will und mit wem er will.
3 Meine Eltern interessiert nicht, mit wem ich unterwegs bin.
4 Das geht nicht.
5 Darauf hab ich keinen Bock.
6 Freunde haben ist echt teuer.
7 Du immer mit deinem schlauen Gerede!
8 Davon hast du doch eh keine Ahnung.

 b Überlegt, wie man auf diese Phrasen reagieren kann, damit die Diskussion weitergeht. Probiert verschiedene Antwortvarianten aus.

Die **Diskussionsteilnehmer** sollten in ihren Diskussionsbeiträgen stets sachlich bleiben und die Diskussion voranbringen. Dazu gehört, dass man auf Äußerungen der Vorredner eingeht und die Diskussion nicht durch sogenannte Killerphrasen hemmt.
Geeignete Wendungen sind z. B.:
• *Ich habe Ole so verstanden, dass …*
• *Also, Ben denkt, dass …*
• *Ich glaube das aber nicht, und zwar aus folgendem Grund: …*
• *Ich finde es gut, dass du die Sache angesprochen hast, weil …*
• *Dazu möchte ich noch ergänzen, dass …*
Größere Diskussionen sollten durch einen **Diskussionsleiter** eröffnet und gelenkt werden. Er achtet auf die Einhaltung der Diskussions-regeln und legt die Reihenfolge der Redner fest. Am Ende fasst er die Ergebnisse zusammen.

Eine Diskussion leiten

 ❸ Ordnet den Aufgaben eines Diskussionsleiters (Zahl) die passenden Äußerungen (Buchstabe) zu.

Der Diskussionsleiter	
Aufgaben	**Äußerungen**
1 kann einen Protokollführer bestimmen	A *Ich freue mich, dass so viele …* *Unser Thema ist …* *Wir sprechen heute über …*
2 begrüßt die Teilnehmer und eröffnet die Diskussion	B *Zuerst spricht Lea, danach hat Ronny das Wort.*
3 erteilt den Rednern das Wort, achtet auf die Einhaltung der Diskussionsregeln	C *Wir haben nun alle Meinungen gehört. Wir stimmen jetzt ab. Wer ist dafür, dass …? Wer ist dagegen, dass …? Gibt es Stimmenthaltungen?*
4 fasst wichtige Beiträge zusammen	D *Ben schreibt heute das Wichtigste mit.*
5 leitet Abstimmungen ein und führt sie durch	E *Paul und Sina halten es für besonders wichtig, dass …*

Eine Diskussion vorbereiten und durchführen

❹ Führt in der Klasse eine Diskussion zum Thema »In der Gruppe fühle ich mich stark« durch.

a Formuliert die Frage, über die diskutiert werden soll.

b Schreibt die Teilfragen auf, die zu klären sind.

Welche Vorteile bietet eine Gruppe/Clique?
Welche Gefahren …? Was nützen …?

c Formuliere deine Meinungen zu diesen Fragen, notiere auch deine Begründungen.

TIPP
Bestimmt auch einen Protokollanten.

d Wählt einen Diskussionsleiter und führt die Diskussion durch. Einigt euch möglichst auf eine gemeinsame Meinung oder sucht einen Kompromiss.

Eine Diskussion auswerten

e Tauscht euch darüber aus, wie eure Diskussion verlaufen ist und was man verbessern könnte.

So könnt ihr eine Diskussion auswerten

1. Wurden die inhaltlichen Fragen geklärt?
   - Zu welchem Ergebnis seid ihr gekommen?
   - Habt ihr euch auf einen Standpunkt geeinigt oder kam es zu einem Kompromiss?
   - Welche Begründungen haben euch besonders überzeugt?
2. Haben sich alle Teilnehmer an die Diskussionsregeln gehalten?
   - Waren alle Beiträge kurz und treffend?
   - Sind alle Teilnehmer höflich miteinander umgegangen?
   - Wurde auf die Meinung des Vorredners Bezug genommen?
   - Haben sich alle an die Anweisungen des Diskussionsleiters gehalten?
3. Wie hat der Diskussionsleiter seine Aufgabe bewältigt?
   - Hat er das zu diskutierende Thema bzw. die Frage klar benannt?
   - Hat er alle Wortmeldungen in der richtigen Reihenfolge berücksichtigt?
   - Hat er auf kurze und sachliche Beiträge geachtet?
   - Hat er das Ergebnis gut zusammengefasst?

 **5** Bereitet eine Klassendiskussion zu einem Problem vor.

Eine Diskussion vorbereiten, durchführen und auswerten

a Wählt eines der folgenden Themen für die Diskussion aus.

1 Computernutzung bei Leistungskontrollen

2 Trends

3 Gewalt an Schulen

b Formuliert eine Frage, die zum Diskutieren anregt. Überlegt, welche Teilfragen zu klären sind.

c Bildet euch eine Meinung zu der Frage und sucht nach Begründungen.

d Bestimmt einen Diskussionsleiter und führt die Diskussion durch.

e Tauscht euch darüber aus, wie eure Diskussion verlaufen ist und was man verbessern könnte.

Eine Diskussion vorbereiten, durchführen und auswerten

a Sucht euch eine der fünf Fragen aus, über die die Schülersprecher (S. 16, Aufgabe 1) beraten haben.

> 1. Ist es sinnvoll, in der großen Pause Konfliktlotsen auf dem Schulhof einzusetzen?
>
> 2. Sollten in der Frühstückspause am Schulkiosk nur Milchgetränke angeboten werden?
>
> 3. Soll es eine Hausaufgabenhilfe »Schüler helfen Schülern« geben?
>
> 4. Wäre es gut, für die Großen auch Angebote für die Hofpause zu schaffen?
>
> 5. Sollte in den Pausen eine »Schüleraufsicht« eingesetzt werden?

b Diskutiert eine der Fragen in der Gruppe. Geht dabei vor wie in Aufgabe 4 (S. 18).

 **7** Diskutiert die Frage, über die Pia und Janek (S. 13, Aufgabe 1 a) gesprochen haben. Geht dabei vor wie in Aufgabe 4 (S. 18).

8 Über welche strittigen Fragen sprecht ihr gerade an eurer Schule? Wählt eine der Fragen aus und diskutiert sie in der Klasse.

Was habe ich gelernt?

9 Fasse zusammen, was du über das Diskutieren gelernt hast. Fertige ein Merkblatt an.

Wichtige Gesprächsregeln:
1. ...
2. ...
...

Vorbereitung einer Diskussion:
1. ...
2. ...
...

Eine Fishbowl-Diskussion durchführen

> **!** **Fishbowl** (engl. *fishbowl* – Goldfischglas) ist eine Methode, bei der eine kleinere Gruppe diskutiert und die anderen die Diskussion beobachten.

 1 Wählt aus dem Kapitel *Meinungen austauschen – Diskutieren* (S.13 – 20) ein Thema aus und organisiert eine Fishbowl-Diskussion.

TIPP
Ihr findet Themen z.B. auf S.19 und S.20.

So könnt ihr eine Fishbowl-Diskussion durchführen

1. Im Innenkreis sitzen z.B. fünf Diskutierende und eine Diskussionsleiterin/ein Diskussionsleiter. Außerdem steht ein leerer Stuhl dort, auf den sich jeder aus dem Außenkreis setzen darf, der zeitweise mitdiskutieren möchte.
2. Die Beobachter sitzen im Außenkreis und wählen einen Diskussionsteilnehmer aus, den sie beobachten wollen.
3. Die Diskussion sollte nicht länger als 10 Minuten dauern. Die Beobachter hören genau zu und füllen ihren Beobachtungsbogen aus.
4. Danach werden dem Beobachteten Tipps gegeben.

Beobachtungsbogen

	++	+	–	––	
Einschätzung des Diskussionsbeitrags					
1. bleibt beim Thema					schweift vom Thema ab
2. fördert die Diskussion					hemmt die Diskussion
3. begründet seine Meinung					sagt seine Meinung nur
4. kann überzeugen					kann nicht überzeugen
5. spricht frei					liest Notizen komplett ab
Einschätzung des Gesprächsverhaltens					
1. beteiligt sich rege					beteiligt sich kaum
2. hört aufmerksam zu					hört nicht zu
3. geht auf andere ein					geht nicht auf andere ein
4. blickt Mitschüler an					blickt Mitschüler nicht an
5. lässt andere ausreden					fällt anderen ins Wort

Argumentieren

1 Toms Klasse plant eine längere Radtour. Tom möchte seine Eltern davon überzeugen, dass er vorher ein neues Fahrrad braucht.

a Vergleiche folgende Äußerungen, die Tom nutzen könnte.

1 Ich möchte, dass ihr mir ein neues Fahrrad kauft.

2 Ich brauche ein neues Fahrrad, weil das alte sehr klein ist.

3 Meine Klasse plant vor den Sommerferien eine längere Radtour. Dafür brauche ich ein neues Fahrrad, denn mein altes Rad ist inzwischen zu klein. Wenn ich damit fahre, ist das sehr unbequem.

b Bewertet, welche Äußerung die Eltern am ehesten überzeugen würde.

> **!**
>
> Das **Argumentieren** ist eine Diskussionsstrategie. Wer argumentiert, führt eine Aussage bzw. Behauptung an, die durch **Argumente (Begründung + Beispiel)** gestützt wird, z. B.:
>
> | | |
> |---|---|
> | *Ich brauche ein neues Fahrrad,* | BEHAUPTUNG |
> | *weil das alte inzwischen zu klein ist.* | BEGRÜNDUNG |
> | *Wenn ich damit fahre, ist das sehr unbequem.* | BEISPIEL |
>
> Man kann Behauptung und Begründung durch Wörter, wie *weil, denn, infolgedessen, deshalb, darum, demzufolge,* miteinander verbinden.

Behauptungen, Begründungen und Beispiele erkunden

2 Übertrage den Tabellenkopf in dein Heft. Untersuche die Äußerungen und ordne sie in die richtigen Spalten ein. Achte auch darauf, welche Äußerungen inhaltlich zusammengehören.

- Mit 13 Jahren braucht man ein Handy.
- Meine Eltern sind froh, dass ich ein Handy habe.
- …, denn dadurch wissen sie immer, wo ich bin.
- Die sage ich auch nicht meinem Bruder.
- An meinen Rechner kommt keiner ran.
- Ich sage ihnen Bescheid, wenn ich mich mit Freunden treffe.
- …, denn meine Passwörter kennt niemand.
- Dann kann man sich schnell verabreden.
- …, weil man viel mit den Freunden unterwegs ist.

Behauptung	Begründung	Beispiel

3 Ordne den folgenden Behauptungen Begründungen und Beispiele zu.

Ohne ein Antivirenprogramm würde ich niemals ins Internet gehen, …

Eine Fahrradtour ist langweilig, …

Alle sollten am Spendenlauf der Schule teilnehmen, …

Begründungen und Beispiele

…, denn ich hätte viel zu viel Angst, dass mir Viren den Rechner blockieren.

Da erleben wir doch nichts!

…, denn das gespendete Geld wird für die Neugestaltung des Schulhofs verwendet.

Bei meinem Freund hat ein Virus den Rechner zum Abstürzen gebracht.

Auf unserer Tour letzten Sommer zum Beispiel war meine Familie immer nur froh, rechtzeitig in der Unterkunft anzukommen.

Und den Hof benutzen doch schließlich alle, z. B. in den großen Pausen.

…, weil wir den ganzen Tag nur Fahrrad fahren.

Begründungen und Beispiele formulieren

4 Suche selbst Begründungen und Beispiele für die folgenden Behauptungen.

1 Freunde sind wichtig.
2 Ferien sind immer zu kurz.
3 Es ist egal, was für Wetter draußen ist.

1. Freunde sind wichtig, weil …

5 Stellt selbst eine Behauptung auf. Begründet sie und nennt passende Beispiele.

Ich behaupte, dass …

Schriftlich Stellung nehmen

a Lies den Artikel aus der Zeitschrift »Junger Naturschützer«.

> Wir haben von einem unserer Leser erfahren, dass im Land-
> kreis Görlitz ein Wolf gesehen wurde. Um nähere Informati-
> onen darüber zu erhalten, sprachen wir mit dem zuständigen
> Jäger, Horst Becker.
>
> 5 *Einer unserer Leser informierte mich heute darüber, dass ein*
> *Wolf bzw. Wölfe in der Nähe gesehen worden sind. Können Sie*
> *diese Beobachtungen bestätigen?*
> Leider nicht, es kann sich auch um wildernde Hunde gehan-
> delt haben. Trotzdem ist es nicht unmöglich. Ich werde die
> 10 Meldung auf jeden Fall überprüfen.
> *Werden Sie den grauen Räuber abschießen, falls Sie ihn sehen?*
> Nein, denn die Wölfe stehen bei uns seit 1990 unter stren-
> gem Naturschutz. Der letzte Wolf wurde übrigens 1904 in der
> Lausitz erschossen. Wie es der Zufall will, kamen genau dort
> 15 im Jahr 2001 erstmals wieder wilde Wolfswelpen zur Welt.
> Ich glaube nicht, dass sie für die Wanderer gefährlich sind.
> *Wie viele wilde Wölfe leben denn inzwischen wieder in Deutsch-*
> *land?*
> Heute leben in Sachsen, Brandenburg und Niedersachsen
> 20 ungefähr 35 Tiere. In Mecklenburg befinden sich die Wölfe
> derzeit nur auf der Durchreise.
> *Was raten Sie denn nun unserem Leser? Soll er seinem Kater den*
> *Freilauf verbieten, bis der Wolf weitergewandert ist?*
> Nein, der Kater kann wie gewohnt seine Mäuse jagen. Auch
> 25 für uns besteht keine Gefahr. Sie können ihren Lesern mittei-
> len, dass in den letzten 50 Jahren kein gesunder Wolf einen
> Menschen angegriffen hat.
> *Das werde ich gern tun. Ich bedanke mich für das Gespräch.*

Ein Problem erkennen

b Formuliere die Frage, um die es in dem Artikel geht.

c Gib den Standpunkt des Jägers in einem Satz wieder.

d Stelle fest, wo der Jäger seine eigene Meinung wiedergibt und
wo er Informationen über Wölfe vermittelt.

2 Timo hat den Artikel gelesen und möchte wissen, wie gefährlich Wölfe für den Menschen wirklich sind. Er sammelt weitere Informationen.

Informationen sammeln

a Lies, welche Informationen er gefunden hat.

- **Lebensraum:** Heide, Wälder, Sumpfgebiete (entfernt von Siedlungen)
- **Bestand in Europa:** 15 000 bis 18 000 Tiere (außer Russland)
- **Gewohnheiten:** Rudeltier, sehr sozial, verteidigt Revier
- **Nahrung:** v. a. schwache und kranke Tiere, Rehe, Wildschweine, Hirsche, Elche, auch kleinere Säugetiere, Reptilien, Früchte
- **Fortpflanzung:** nur ein Elternpaar pro Rudel (Alpha-Tiere), Paarungszeit September bis April, 62 Tage Tragezeit, 4–7 Welpen
- **Größe und Gewicht:** 50 bis 100 cm Schulterhöhe, 28 bis 38 kg
- **Alter:** 8 bis 13 Jahre (in freier Wildbahn)

Informationen bewerten

b Bewerte, welche Informationen für das Thema wichtig sind. Notiere sie als Stichpunkte in deinem Heft.

c Suche weitere Informationen in Nachschlagewerken oder im Internet.

Einen Leserbrief untersuchen

a Lies Timos Brief an die Zeitschrift.

> Liebe Naturfreunde,
>
> der Artikel über Wölfe vom 11. April hat mich neugierig gemacht. Ich habe mich also auch informiert, wie gefährlich der Wolf wirklich ist.
> 5 Ich denke, wir müssen uns keine Sorgen machen. Der Wolf ist zwar ein wildes, gefährliches Raubtier. Er reißt auch ab und zu Nutztiere, wie Schafe oder Ziegen, aber nur, wenn er sie bequem erwischen kann! Zäune und Hunde schrecken ihn ab. Außerdem jagt der Wolf nur schwache und kranke Tiere.
> 10 Davon gibt es in unseren Wäldern genug und er wird satt. Uns Menschen geht er meist aus dem Weg. Laut eurem Artikel wurden seit 50 Jahren keine Angriffe auf Menschen mehr registriert.
> Wir können also gut mit dem Wolf auskommen, wenn wir ihm
> 15 seinen Lebensraum lassen und ihn von Haus- und Nutztieren fernhalten.   Timo, 13 Jahre, Neubrandenburg

b Nenne die Meinung, die Timo vertritt.

c Suche heraus, welche Begründungen Timo anführt.

d Untersuche die Argumente (Begründungen und Beispiele), die angeführt werden.

TIPP
Prüfe, ob sie überzeugend sind.

e Hat Timo dich überzeugt? Begründe deine Meinung.

Einen Leserbrief planen und entwerfen

4 Schreibe selbst einen Leserbrief zum Thema »Wie gefährlich sind Wölfe?« an die Redaktion der Zeitschrift »Junger Naturschützer«.

a Überlege zuerst, für wen und warum Leserbriefe geschrieben werden und wie man sie gestalten sollte.

Ein **Leserbrief** enthält eine **schriftliche Stellungnahme** zu einem Artikel in einer Zeitung oder Zeitschrift. Ein Leserbrief besteht aus:
- **Einleitung:** Hier wird gesagt, auf welchen Artikel man sich bezieht.
- **Hauptteil:** Man formuliert kurz die eigene Meinung und nennt Begründungen dafür. Dabei bezieht man sich auch auf den Artikel.
- **Schluss:** Der eigene Standpunkt wird kurz zusammengefasst.
Um die Begründungen miteinander zu verbinden, nutzt man Wendungen, wie z.B.:
zum einen ..., zum anderen ...
zudem, außerdem, darüber hinaus, des Weiteren, trotzdem
Für/Gegen ... spricht außerdem die Tatsache, dass ...
Eine große Rolle spielt für mich ...
Ich möchte noch hinzufügen, dass ...
Abschließend/Zusammenfassend möchte ich sagen, dass ...

TIPP
Nutze die Ergebnisse der Aufgaben 2 und 3. Sammle ggf. weitere Informationen.

b Überlege, welche Meinung du vertreten willst. Formuliere sie kurz.

c Sammle die Begründungen, die du anführen möchtest, und ordne sie nach ihrer Überzeugungskraft. Stelle die überzeugendste Begründung an den Schluss.

Den Entwurf überarbeiten
→ S. 94

d Schreibe einen Entwurf deines Leserbriefs.

e Überarbeite deinen Entwurf und schreibe die Endfassung.

TIPP
Denke dir eine
Zeitschrift aus
und erfinde
eine Adresse.

a Schreibe einen Leserbrief an die Redaktion. Lies zuerst folgenden Zeitungsartikel.

> ### Banane statt Burger?
> Was haltet ihr davon, Fast Food aus Schule und Schwimmbad zu verbannen? Ist das zu kleinlich, weil es sowieso schon so viele Verbote für Kinder gibt? Oder findet ihr, dass zu viele Kinder sich ungesund ernähren und eine solche Maßnahme ihnen helfen könnte, sich bewusster zu ernähren? Oder würde ein Verbot vielleicht erst recht dazu reizen, es zu überschreiten…? Wir sind gespannt auf eure Meinungen!

b Formuliere nun das Problem als Frage und bilde dir eine Meinung zu dieser Frage. Suche nach Begründungen und ordne diese nach ihrer Überzeugungskraft.

→ S.88 Offizielle Briefe schreiben

c Entwirf deinen Leserbrief, überarbeite ihn und schreibe die Endfassung.

> **So kannst du einen Leserbrief schreiben**
> 1. Denke über die Schreibaufgabe nach (Für wen und warum werden Leserbriefe geschrieben?).
> 2. Formuliere das Problem, das in einem Artikel angesprochen wird, als Frage.
> 3. Schreibe deine Meinung zum Problem kurz auf.
> 4. Suche nach Begründungen und ordne sie nach ihrer Überzeugungskraft.
> 5. Schreibe einen Entwurf. Lass einen breiten Rand zum Überarbeiten.
> 6. Überarbeite den Entwurf und schreibe die Endfassung.

 **6** Suche in Zeitungen und Zeitschriften nach einem Artikel, zu dem du deine Meinung äußern möchtest. Schreibe einen Leserbrief.

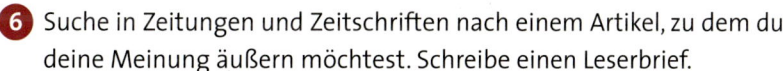

Was habe ich gelernt?

7 Überprüfe, was du über eine schriftliche Stellungnahme (Leserbrief) gelernt hast. Beantworte dazu folgende Fragen.

1 Aus welchen Teilen besteht ein Leserbrief?
2 Wie ordnet man die Begründungen? Warum?

Literarische Texte erschließen (Jugendbuchausschnitt)

a Lies folgenden Abschnitt aus einem Jugendbuch.

Das Buch spielt in Berlin-Charlottenburg. Der Ich-Erzähler Zoran und seine Freunde verbringen ihre Freizeit gemeinsam auf einem Platz in der Nähe der Stadtautobahn, wo sie Comic-Hefte lesen und Fußball spielen.

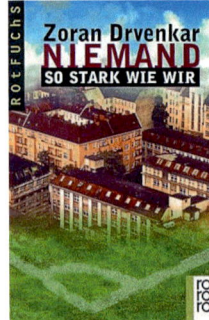

Zoran Drvenkar

Niemand so stark wie wir

Sein Name war Sebastian Tomalla, und er war anders als wir. Er war anders als alle, die wir kannten, und er kam ausgerechnet an einem Mittwoch in unser Leben reingeschneit. Wäre es ein anderer Tag gewesen, ich glaube, die Nachricht wäre einfach unter-
5 gegangen. Aber weil der Mittwoch zu den wohl langweiligsten Tagen der Woche zählte, war uns jede Neuigkeit willkommen.
»Du, da ist einer bei uns eingezogen«, sagte Karim. »Im Erdgeschoss.«
»Der ist komisch«, fügte er nach ein paar Minuten hinzu.
Wir hockten in der gemütlichsten Höhle des Platzes. Es war direkt
10 nach der Schule, überall tote Hose, also lasen wir Fix & Foxi-Comics und warteten, dass die Sonne nicht mehr so hart auf den Platz knallte. Wir wussten, das war gefährlich, konnte einem ohne Proble-me einen Sonnenstich verpassen.
»Wer ist komisch?«, fragte ich.
15 »Na, der im Erdgeschoss. Er hat so einen Blick, du, den ich gar nicht verstehe. Unheimlich. Und er spricht nicht, nicht so richtig, du.«
»Isser stumm?«
Karim zuckte mit den Schultern.
»Ich bin nur kurz vorbeigegangen. Meine Mama meinte, ich sollte
20 da mal ›Hallo‹ sagen. Ein Mädchen hat mir die Tür aufgemacht. Du, die war schön, so eine mit langen Haaren und Rock, weißt du?«
»Ui.«
»Mhm, habe ich also Hallo gesagt und wollte wieder abhauen, da fragte sie, ob ich nicht reinkommen will.« [...]
25 Eli stieß kurz darauf zu uns, und nachdem Karim alles noch mal wiederholt hatte, wollte Eli unbedingt sehen, wer der Irre nun war. Also trotteten wir in die Philippistraße zur Nummer 10 und klin-gelten im Erdgeschoss bei Tomalla.
Eine Frau machte auf.

30 Wir wurden ganz rot im Gesicht, besonders ich, denn ich hatte die
Schwester von dem Irren erwartet, und als die Mutter öffnete,
wusste ich nicht mehr, was genau ich hier eigentlich tat.
»Guten Tag«, sagte Karim. »Ich war schon mal da. Meine Freunde
wollten auch mal Hallo sagen.«

35 »Wohnt ihr alle hier im Haus?«, fragte Frau Tomalla.
»Nee«, sagte Eli, »wir sind aus der Umgebung.«
»Dann kommt doch rein. Ihr wollt sicher zu Sebastian?«
Karim war der Schnellste: »Genau.«
Sie führte uns zu seinem Zimmer. »Er liest gerade, geht ruhig rein.«

40 Wir traten durch die Tür und blieben stehen, als ob sich vor uns
ein Abhang befinden würde. Sebastian saß im Schneidersitz auf
dem Boden. Unter seinem Hintern befand sich ein dickes, rotes
Kissen. Er hatte ein Buch auf seinem Schoß, der Rücken war
gerade, die Schultern nach hinten gezogen. Ein dünnes Stäbchen

45 brannte über einer Schale, der Rauch war würzig und kringelte
sich in die Luft, bevor ihn die Sonnenstrahlen zerfledderten.
»Echm … Hallo!«, sagte Karim.
Sebastian sah uns an, das Buch weiterhin in den Händen und der
Blick eine fragende Mischung aus Was-wollt-ihr-denn-hier und

50 Was-tue-ich-denn-hier.
»Du, das sind meine Freunde.«
Sebastian kam auf die Beine, streckte seine Hand aus und sagte:
»Sprudel.«
Es war unglaublich. Wir konnten darauf einfach nichts erwidern.

55 Unsere Hände waren schlaff wie frische Eierkuchen.
Sebastians Mutter erschien mit einem Tablett, auf dem ein Teller
voller Kekse und vier Limonadengläser standen.
»Setzt euch doch«, sagte sie, »Sebastian, mach bitte das Fenster ein
Stück auf, es ist ein wenig stickig hier.«

60 Sebastian machte das Fenster ein Stück auf, und als wir dann alle
auf dem Boden saßen, geschah das Verrückteste, was mir in den
wenigen Jahren meines Lebens bisher untergekommen war. Sebastians Mutter setzte sich zu uns.
»Ich muss euch einiges erklären«, sagte sie.

65 Wir starrten sie an. Karims offener Mund erreichte eine Rekord-
weite. Ich hätte ihm locker meinen Fuß reinstecken können.
»Sebastian hat einige Probleme, und eines davon ist, er will nicht
sprechen. Ab und zu sagt er ein Wort, den Rest der Zeit schweigt er.«
»Warum?«, fragte ich.

70 Sie sah Sebastian an, der sah seine Hände an, dann fuhr sie ihm
zärtlich durchs Haar und er zuckte nicht zurück.

»Ich weiß es nicht«, sagte Frau Tomalla.
Das klang so traurig, dass ich schlucken musste. Neben mir
bewegte sich Eli unruhig. Karim bekam noch immer nicht den
75 Mund zu, jetzt hätte mein Kopf reingepasst.
»Darum seid bitte nicht gemein zu ihm«, wandte sie sich an uns.
»Wie macht er das denn in der Schule?«, fragte ich plötzlich.
Für mich schien das die Lösung aller Probleme: keine Antworten,
keine Schule. Wenn ich das erfolgreich durchzog, war ich aus dem
80 Schneider und musste nie mehr hin.
»Er geht auf eine besondere Schule. Es ist eine Schule für Sprach-
behinderte. Sie können ihm aber nicht viel helfen. Die Ärzte sagen,
es liegt ganz allein an ihm, ob er spricht oder nicht. Seine Stimm-
bänder sind in Ordnung, alles funktioniert.«
85 »Hat er denn früher gesprochen?«, wollte Eli wissen.
»Er hat, aber das ist lange her.«
Und da geschah es, dass wir alle drei gleichzeitig von Frau Tomalla
zu Sebastian blickten. Er hatte die Augen noch immer auf seinen
Händen. Eines war sicher, taub war er nicht.
90 »Gut, ich lass euch jetzt mal allein. Lernt euch besser kennen. Und
wenn ihr mehr Limonade wollt, dann sagt mir einfach Bescheid.«
Als sie aufstand, erwartete ich, dass sie auch uns durch die Haare
fahren würde. Sie tat es nicht, sondern schloss die Tür leise hinter
sich und ließ uns allein.
95 Wir sahen Sebastian an, der noch immer seine Hände ansah.
Lernt euch besser kennen. Gute Idee, nur wie?
Sebastian blickte auf.
Wir schwiegen zu viert.

Einen Cluster anfertigen **b** Sebastian stellt sich selbst mit dem Namen »Sprudel« vor. Stellt Vermutungen dazu an, wie er wohl zu dem Spitznamen gekommen ist. Sammelt eure Ideen in einem Cluster und stellt den Cluster vor.

c Tragt zusammen, auf welche Schwierigkeiten Sprudel im Leben treffen könnte. Sprecht darüber und notiert Stichpunkte.

d Lies den Text noch einmal und notiere in Stichpunkten, wer zur Clique gehört und was du über die Jungen erfährst.

e Löse eine der folgenden beiden Aufgaben.

Einen Steck-
brief schreiben

Einen Tagebuch-
eintrag verfassen

A Wähle eine Figur aus und verfasse einen Steckbrief, in dem du die
Merkmale der Figur vorstellst.

B Wähle eine Figur aus und verfasse einen Tagebucheintrag, den diese
am Abend nach dem Besuch schreiben könnte. Gestalte ihn so, dass
die Gedanken und Gefühle der Figur und ihr Verhältnis zu anderen
deutlich werden.

2

→ S.35 Innere und
äußere Handlung

a Lies, wie es mit Sprudel und den anderen weitergeht.

Adrian, der älter ist und in der Jungenclique das Sagen hat, ist nicht
begeistert darüber, dass Sebastian neues Gruppenmitglied ist.
Beim Fußballspiel kommt es zum Streit.

»Das war 'n Elfer«, sagte Adrian und stand auf.
100 »Okay«, sagte Eli.
»Das war 'n Elfer«, sagte Adrian erneut, diesmal lauter und sah
sich um.
Niemand nickte, niemand widersprach.
»Was ist los mit euch, habt ihr euch in die Hosen geschissen oder
105 was? Ich bin okay, werd zwar ein wenig humpeln, das ist aber alles,
macht euch keine Gedanken. Aber erst der Elfer, den versenk ich
persönlich, dann sehen wir weiter.«
Er nahm sich den Ball und ging zur Torlinie. Er humpelte dabei
nicht.
110 »Hi«, sagte Adrian und lächelte Sprudel zu.
Ich setzte mich neben Eli auf einen der Felsen. Was brachte es,
sollte der Arsch doch seinen Elfer haben, wenn er damit glücklich
wurde.
Eli blickte mich ratlos an, ich hob nur die Schultern. Später wollte
115 ich ihm erklären, dass jeder wusste, dass Adrian nur eine Show
abgezogen hatte. Später.

»Acht, neun, zehn, elf …«
Der Ball wurde postiert, dann entfernte sich
Adrian von ihm, um Anlauf zu nehmen.
120 »Wo willst du ihn hinhaben?«, rief er
Sprudel zu.
Sprudel sparte sich eine Antwort und ging
leicht in die Knie. Er war zwar kein guter
Torwart, aber dumm war er nicht.

125 Mit etwas Glück würde er den Ball aus der Luft fischen, und
die Sache wäre gegessen. Klüger wäre es natürlich gewesen, den
Ball durchzulassen, damit Adrian sich freuen konnte. Wenn er
sich freute, verschwand der Dampf aus seinem Kopf, und er war
wieder der beste Freund, den wir hatten.

130 Adrian kam angeprescht.
Ich blinzelte einmal kurz, dann kam der Schuss und landete genau
in Sprudels Gesicht.
Der Treffer warf ihn einen Meter ins Tor hinein, sodass sein Hinter-
kopf knapp einen der Felsen verfehlte. Ein dumpfer Aufprall

135 erklang, und Sprudel lag auf dem Rücken, direkt vor unseren
Füßen. Es staubte um ihn herum, und im nächsten Moment lief
ein dicker Faden Blut aus seiner Nase.
Sprudel lag still.
In den wenigen Sekunden, in denen das passierte, war ihm

140 die Schirmmütze von seinem Kopf geflogen und auf der Latte
gelandet. Dort hockte sie abwartend wie ein aufgeschreckter Vogel.
Auch Sprudels Brille war nicht mehr an ihrem Platz. Sie lag
zwischen seinen gespreizten Beinen und funkelte in der Sonne.
Wir rührten uns nicht. Wir saßen nur da und glaubten nicht, was

145 Adrian getan hatte. Jedem war klar, dass das kein Unfall gewesen
war. So etwas konnte passieren, aber nicht an einem solchen Tag
mit einem solchen Typen wie Adrian.
Rutsche kam als Erster wieder in Bewegung und flitzte an Sprudels
Seite. Er hob vorsichtig seinen Kopf an und tastete ihm über

150 die Brust, um nach dem Herzen zu suchen. Endlich wurde es auch
für uns leichter, aus der Erstarrung zu kommen. Wir scharten uns
um den armen Kerl. Eli schnappte sich eine Flasche und rannte
die Böschung hinauf, um von zu Hause Wasser zu holen; Karim
rollte seine Trainingsjacke zusammen und schob sie Sprudel

155 unter den Kopf, während ich mit einem Pappdeckel Luft fächelte.
Ich weiß nicht mehr, was die anderen Jungs taten, ich hörte nur
ihre aufgeregten Stimmen, ihre Ratlosigkeit und ihre Fragen, was
wir jetzt nur tun sollten.
Ein Rinnsal Blut kroch Sprudel beständig aus der Nase. Was

160 konnte ihn aufhalten? Beine hoch? Eis auf den Nacken? Warum
wurde er nicht wach und öffnete seine Augen?
Eli kam mit dem Wasser und kippte nach kurzem Zögern die
ganze Flasche über Sprudels Gesicht. Das half ein wenig. Sprudel
begann sich zu rühren und blinzelte.

165 »Noch auf der Erde?«, fragte ich leise.
Er nickte.

Die Jungs atmeten laut auf, ein regelrechtes Zischen der Erleichterung schwebte über unseren Köpfen. Für Sekunden hatten wir ernsthaft gedacht, es wäre vorbei mit Sprudel. Entspannung
170 machte sich breit, dann kam der Schatten. Ich scherze nicht, er kam wirklich.
Wir hatten so gestanden und gehockt, dass die Sonne auf Sprudel fiel, weil wir sehen wollten, wo er getroffen worden war.
Der Schatten überdeckte alles.
175 Wir wandten uns um, sahen gleichzeitig auf.
Da war er, den Ball unter den Arm geklemmt, ein Grinsen auf den Lippen.
»Na, lebt er noch?«
»Kannst froh sein, dass er das noch tut«, antwortete Christian.
180 »Du, das war nicht fair, das weißt du doch, oder?«, fügte Karim leise hinzu.
Adrian spuckte aus.
»Das ist die falsche Frage«, sagte er.
Niemand wollte wissen, was die richtige Frage war, dennoch gab
185 Adrian sie uns.
»Die richtige Frage ist: War das nun ein Tor oder nicht?«

b Fasse die Ereignisse des Textausschnitts mit eigenen Worten zusammen.

c Was hältst du von Adrians Verhalten? Begründe deine Meinung.

Textstellen suchen **d** Untersuche Adrians Verhalten. Notiere dazu die passenden Textstellen.

Adrians Verhalten	Zeilenangabe	Zitat
spricht laut, beharrt auf seinem Recht ...	Zeile 99, 101–102 ...	»Das war'n Elfer«, sagte Adrian ... »Das war'n Elfer«, sagte Adrian erneut, diesmal lauter ...

e Wähle eine der folgenden Aufgaben aus.

A Schreibe einen Steckbrief über Adrian, in dem du ihn vorstellst.
B Schreibe einen Tagebucheintrag oder einen Brief Adrians.

C Schreibe eine Fortsetzung der Geschichte. Wie könnten die Jungen Adrian nach dem Vorfall behandeln?

C Wir schauten uns an. Als Erster ...

> **So kannst du Besonderheiten von Figuren erkennen und darstellen**
> 1. Suche Textstellen, in denen etwas über die Figur gesagt wird.
>   Markiere sie auf einer Kopie oder notiere Seiten- und Zeilen-
>   angaben. Orientiere dich z. B. an folgenden Fragen:
>   – Wie sieht die Figur aus?
>   – Welche Eigenschaften werden ihr zugeschrieben?
>   – Welche Gefühle werden benannt?
>   – Wie verhält sich die Figur? Auf welche Eigenschaften und
>   Gefühle lässt ihr Verhalten schließen?
>   – Welche Beziehungen hat die Figur zu anderen Figuren?
> 2. Ordne deine Ergebnisse: Notiere Stichpunkte oder gestalte eine
>   Mindmap bzw. eine Tabelle zu den äußeren und inneren Merk-
>   malen der Figur.
> 3. Schreibe einen Text **über** die Figur, **an** die Figur gerichtet oder **aus
>   der Perspektive** der Figur (z. B. Steckbrief, Fortsetzung der
>   Geschichte, Brief oder Tagebucheintrag).

f   Lest euch eure Texte gegenseitig vor und vergleicht sie. Besprecht, was
ihr besser machen könnt.

3   Erfinde selbst eine literarische Figur.

a   Stell dir vor, ein weiteres Mitglied wird in die Clique aufgenommen.
Sammle zuerst äußere und innere Merkmale deiner Figur in einem
Cluster oder einer Tabelle.

b   Überlege, wie die erste Begegnung verlaufen könnte. Sammle Ideen
mithilfe von W-Fragen, wie z. B.: *Wo? Wann? Wer? ...*

c   Entwirf deine Geschichte von der ersten Begegnung mit einem neuen
Mitglied der Clique.

**Was habe ich
gelernt?**

4   Überprüfe, was du über das Untersuchen literarischer Figuren
gelernt hast. Stelle in einer Mindmap dar, welche Fragen du stellen
musst, um etwas über eine Figur zu erfahren.

Literarische Figur

Welche Gefühle werden dargestellt?

Innere und äußere Handlung unterscheiden

> **!** Der Erzähler stellt die Figuren einer Geschichte in unterschied-
> lichen Situationen vor. Das hilft den Lesern, sich von ihnen ein Bild
> zu machen und ihre Verhaltensweisen zu verstehen. Dabei
> unterscheidet man die Darstellung der Außen- und der Innenwelt.
> Das sichtbare Geschehen ist die **äußere Handlung**. Hier wird erzählt,
> wie Figuren handeln und sprechen.
> Die **innere Handlung** dagegen umfasst die Gedanken und Gefühle
> der Figuren.

Beispiele aus dem Text »Niemand so stark wie wir«:

Wir scharten uns um den armen
Kerl. Eli schnappte sich eine Flasche
und rannte die Böschung hinauf, um
von zu Hause Wasser zu holen; Karim

5 rollte seine Trainingsjacke zusammen
und schob sie Sprudel unter den Kopf,
während ich mit einem Pappdeckel
Luft fächelte.
Ich weiß nicht mehr, was die anderen

10 Jungs taten, ich hörte nur ihre aufgeregten Stimmen, ihre Ratlosigkeit und
ihre Fragen, was wir jetzt nur tun
sollten.
Ein Rinnsal Blut kroch Sprudel

15 beständig aus der Nase. Was konnte ihn aufhalten? Beine hoch?
Eis auf den Nacken? Warum wurde er nicht wach und öffnete
seine Augen?
Eli kam mit dem Wasser und kippte nach kurzem Zögern die
ganze Flasche über Sprudels Gesicht. Das half ein wenig. Sprudel

20 begann sich zu rühren und blinzelte.
»Noch auf der Erde?«, fragte ich leise.
Er nickte.

1 Suche für die äußere und die innere Handlung je ein weiteres Beispiel
im Text.

 2 Überlegt, warum das Untersuchen der äußeren und inneren Handlung
uns hilft, eine Figur kennen zu lernen.

Eine Klassenfahrt ist immer etwas Besonderes. Aber wenn die Mädchenclique »Wilde Hühner« mit der Jungengruppe »Pygmäen« verreist, dann wird es richtig spannend. Das Abenteuer beginnt mit einer Zugfahrt …

 1 Tragt zusammen, was ihr von einem Buch erwartet, in dem eine Klasse verreist.

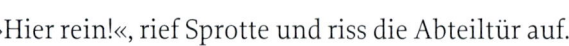

Cornelia Funke

Die Wilden Hühner auf Klassenfahrt

»Hier rein!«, rief Sprotte und riss die Abteiltür auf.
»Schnell, beeilt euch.«
Sie warf ihre Reisetasche auf einen Sitz, die Jacke auf den nächsten und ließ sich selbst auf den Platz am Fenster plumpsen.
5 »Mann, hast du es wieder eilig!«, stöhnte Frieda. Mit ihrem vollgepackten Rucksack blieb sie fast in der Abteiltür stecken.
»Wo sind die andern?«, fragte Sprotte.
»Kommen gleich«, antwortete Frieda und bugsierte den Rucksack ins Gepäcknetz.
10 »Leg deine Jacke auf den leeren Sitz da«, sagte Sprotte.
»Und zieh den Vorhang zu. Dass hier nicht noch andere reinkommen.«
Draußen auf dem Gang schoben sich ein paar Jungs aus ihrer Klasse vorbei. Fred streckte Frieda die Zunge raus, Torte und Steve
15 schielten um die Wette.
»Guck dir die Idioten an.« Frieda kicherte, schnitt ihre scheußlichste Grimasse und schielte zurück. Dann zog sie den Vorhang zu. Die Jungs klopften gegen die Scheibe und drängelten ins Nachbarabteil.
20 »Also«, Frieda ließ sich wieder auf ihren Sitz fallen. »Die Pygmäen sind nebenan. Bis auf Willi. Aber der kommt wohl noch.«
»Na, das kann ja lustig werden«, sagte Sprotte und legte die langen Beine auf den Sitz gegenüber.
Jemand schob die Abteiltür auf. Melanie, auch die Schöne Melanie
25 genannt, steckte den Kopf durch den Vorhang. »Wie sieht's aus, ist hier noch Platz für zwei Wilde Hühner?«
»Hereinspaziert«, sagte Sprotte. »Ist Trude bei dir?«
»Klar.« Melanie schob eine riesige Reisetasche ins Abteil.
»Morgen«, murmelte Trude verschlafen.

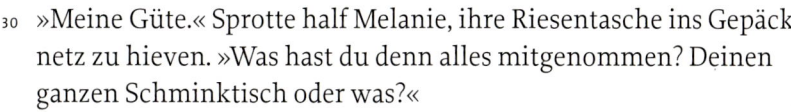

30 »Meine Güte.« Sprotte half Melanie, ihre Riesentasche ins Gepäcknetz zu hieven. »Was hast du denn alles mitgenommen? Deinen
ganzen Schminktisch oder was?«
»Haha!« Melanie setzte sich neben Frieda und strich sich die
Locken aus dem Gesicht. »Klamotten natürlich. Am Meer weiß
35 man nie, wie das Wetter wird.«
Sprotte zuckte die Achseln. »Hauptsache, du hast deine Kette dabei.«
»Na, was denkst du denn?« Melanie polierte mit einem Taschen-
tuch ihre Lackschuhe. Um ihren Hals baumelte ein Kettchen mit
einer Hühnerfeder. Genau wie bei den drei andern, nur dass deren
40 Federn an Lederbändern hingen.
Die Feder um den Hals war das Bandenzeichen und nur ein echtes
Wildes Huhn durfte sie tragen.
»Ich glaub, es geht los«, sagte Trude.
Mit einem Ruck setzte sich der Zug in Bewegung. Langsam fuhr er
45 aus dem dunklen Bahnhof hinaus ins Sonnenlicht.
»Genau das richtige Wetter für unsere Inselreise, was?« Melanie
zog eine Tüte Gummibärchen aus der Jacke und hielt sie den
andern dreien hin. »Hier, auf eine tolle Klassenfahrt.«
Sprotte und Frieda bedienten sich, aber Trude schüttelte den Kopf.

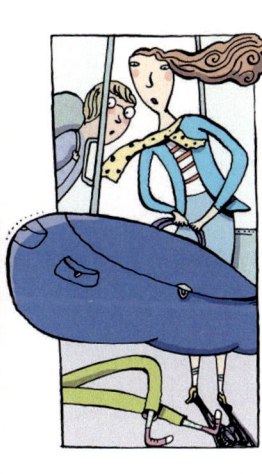

50 »Nee, danke, ich bin auf Diät.«
»Seit wann das denn?«, fragte Sprotte.
»Seit vorgestern.« Verlegen zupfte Trude an ihrem Pony herum.
»Ein Pfund hab ich schon abgenommen. Jedenfalls fast.«
»Auf Diät bei einer Klassenfahrt?« Melanie kicherte. »Keine
55 schlechte Idee. Bei dem Essen, das uns wahrscheinlich erwartet.«
»Stimmt.« Sprotte guckte aus dem Fenster und schrieb mit dem
Finger ihren Namen auf die staubige Scheibe. [...] »Wisst ihr was,
ich bin richtig aufgeregt.«
»Ach ja? Gestern wolltest du uns noch alle überreden krankzu-
60 spielen, damit wir zu Hause bleiben können«, sagte Frieda.
»Ja, gestern«, sagte Sprotte. »Gestern ist vorbei.«
Nebenan sangen die Pygmäen Fußballlieder.
»Vollkommen unbegabt«, stellte Melanie fest. »Was meint ihr,
sollen wir auch mal was singen?«
65 Sprotte stöhnte. »O nein! Verschon uns bitte.«
»Melanie hat eine gute Stimme«, sagte Trude. »Sie singt sogar
im Chor. Erster Sopran.« Trude war Melanies größter Fan.
Sie himmelte sie an. Vierundzwanzig Stunden am Tag.
»Na, wunderbar!« Spöttisch verzog Sprotte das Gesicht. »Aber
70 wenn sie hier singt, spring ich aus dem Fenster.«

Melanie machte gerade den Mund auf, um darauf etwas nicht sehr Freundliches zu erwidern, als es an der Abteiltür klopfte.
»Der Schaffner«, wisperte Trude. »Mein Gott, wo hab ich denn bloß meine Fahrkarte?«

2 Wer gehört zu den »Wilden Hühnern« und was erfährst du über die vier Mädchen? Erstelle zu jedem Cliquenmitglied einen Steckbrief.

75 Aber es war nur Torte, das kleinste und lauteste Bandenmitglied der Pygmäen.
»Hallo, ihr Federviecher!«, rief er. »Hier ist eine Nachricht für euch.«
Dann warf er Frieda einen zusammengerollten
80 Zettel in den Schoß, machte einen Knicks und knallte die Tür wieder zu.
»Oh!« Melanie verdrehte die Augen. »Ich wette, das ist eine Liebesnachricht. Torte hat schon lange ein Auge auf Frieda geworfen.«
»Quatsch!«, murmelte Frieda, aber krebsrot wurde sie trotzdem.
85 [...]
Widerstrebend rollte Frieda den Zettel auseinander. Die übrigen Hühner beugten sich neugierig vor.
»Kein Liebesbrief«, stellte Sprotte fest. »Das ist Freds Klaue.«
Fred war der Chef der Pygmäen.
90 »›Warnung an die Wilden Hüner‹«, las Frieda vor. »O Mann, nicht mal ›Hühner‹ schreibt der richtig. Warum nennen die sich nicht einfach ›die Analphabeten‹?«
»Was denn für ’ne Warnung?«, fragte Trude. Beunruhigt rückte sie ihre Brille zurecht.
95 »Moment«, Frieda strich den Zettel glatt, »das ist gar nicht so leicht zu entziffern. ›Hiermit verkünden wir, die berüchtichten Pygmäen, das der Friedensvertrak mit den jämmerlichen Wilden Hünern an fremden Orten nicht gültig ist. Also nehmt euch in Acht, Hüner. Unterschrift: die Pygmäen.‹«
100 Frieda hob den Kopf. »O nein, jetzt geht das wieder los.«
»Hab ich’s mir doch gedacht!«, rief Sprotte. Sie klatschte in die Hände. »Wunderbar, das werden sie bereuen.«

3 Beschreibe das Verhältnis zwischen den Mädchen und den Jungen. Wie bewertest du es?

4 Schreibe einen Antwortbrief der »Wilden Hühner« an die »Pygmäen«.

Daniel, sein jüngerer Bruder Lukas und ihre Freundin Anna leben auf einem Schlossgut abseits vom Dorf. Gemeinsam verbringen sie ihre Freizeit. Einmal wollen sie im Wassergraben Rotfedern fangen.

1 Legt fest, wer sich beim Lesen auf welche der drei Figuren konzentriert.

Jutta Richter

Hechtsommer

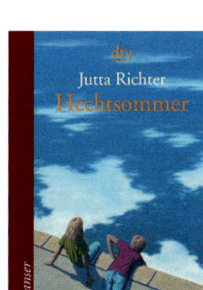

Das Rotfedernfangen war aber dann doch nicht so einfach gewesen, wie ich geglaubt hatte. Die Sache mit dem Eimer klappte nicht.
Wir hatten den Eimer an Giselas grüne Wäscheleine gebunden
5 und ihn knapp unter die Wasseroberfläche gesenkt, dann warfen wir Brotstückchen ins Wasser. Wenn das Wasser brodelte, weil die Rotfedern gierig nach dem Brot schnappten, zogen wir den Eimer hoch. Aber wir waren jedes Mal zu langsam. Die Rotfedern spritzten auseinander und der Eimer blieb leer.
10 »Das ist doch Angeln für Arme«, maulte Daniel.
»In hundert Jahren fängst du so keine Rotfeder! So was können sich doch nur Weiber ausdenken!« [...]
»Hast du etwa eine bessere Idee?«
»Hab ich!«, sagte Daniel. Er wühlte in seiner Hosentasche und
15 legte eine Rolle Nylonschnur auf die Mauer. Aus der anderen Tasche zog er einen kleinen Angelhaken mit einer scharfen Spitze. Er fing an, die durchsichtige Schnur in die Öse des Hakens zu fädeln, dann wickelte er das Ende fünfmal um die Schnur und zog den Faden fest.
20 »Woher hast du den Haken?«, fragte ich.
»Getauscht!«, antwortete Daniel und klebte ein Weißbrotkügelchen um den Haken.
»Aber das ist Angeln und das dürfen wir nicht!«, sagte Lukas.
Daniel ließ die Schnur ins Wasser gleiten.
25 »Und wenn uns einer erwischt?«, fragte Lukas.
Ich legte den Arm um ihn und wir guckten ins Wasser. Die kleinsten Rotfedern schwammen sofort näher und fingen an, am Brot zu knabbern. Plötzlich schoss eine große dazwischen und schluckte gierig den ganzen Klumpen. Daniel gab etwas Leine,
30 bevor er mit einem scharfen Ruck anzog. Die Schnur spannte sich und wir sahen, wie die Rotfeder versuchte abzutauchen. Sie schlug mit dem Schwanz, sie zog und zerrte, aber sie saß am Haken fest. Ein Fisch an der Leine, dachte ich. Wie 'n Hund. [...]

Und Daniel zog. Die Rotfeder zappelte wie wild, krümmte sich und
35 schlug mit dem Schwanz. Lukas packte sie, aber sie flutschte ihm
durch die Finger und hing dann in der Luft, bis er wieder zupackte
und diesmal festhielt.

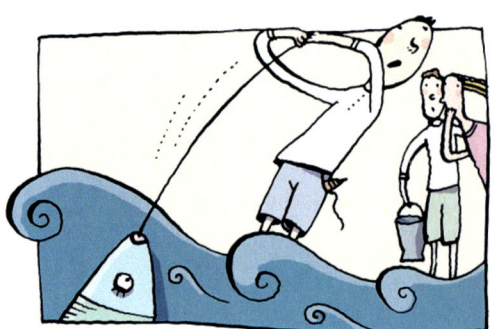

»Und jetzt?«, fragte ich.

»Jetzt muss man den Haken lösen«, sagte
40 Daniel.

»Dann tu das, aber mach schnell!«

»Ich pack die nicht an«, sagte Daniel.

»Feigling!«

Lukas sperrte mit Daumen und Zeigefinger
45 das Fischmaul auf. Der Haken hatte sich
vorn festgebohrt. Lukas fasste den Haken an
und schob ihn ein wenig tiefer. Wir hörten
ein leises Knacken, als er sich löste. Die Rotfeder zappelte nicht
mehr. Sie sah ziemlich tot aus.

50 »Die ist hin«, sagte ich. »Wirf sie wieder rein!«
Eine Sekunde lang lag die Rotfeder reglos im Wasser, dann schlug
sie plötzlich mit dem Schwanz und tauchte ab ins Schwarze.
Lukas' Hand war ganz schleimig und roch nach Fisch. Er wischte
sie an seiner Hose ab.

55 »Wenn die Stress kriegen, schleimen die immer«, sagte Daniel.
Das ist der Angstschweiß der Fische, dachte ich. [...] Wenn sie sich
glitschig machen, rutschen sie sogar dem Fischreiher aus dem
Schnabel. Aber irgendwie war es auch eklig und eigentlich hatte
ich keine große Lust weiterzuangeln.

60 »Wir sollten was anderes machen«, schlug ich vor. »Wie wär's mit
Pfeilwerfen?«

»Du spinnst ja wohl«, sagte Lukas. »Jetzt haben wir endlich den
Bogen raus mit dem Angeln und du hast keine Lust mehr.«

»Aber ich find das nicht gut«, sagte ich. »Der Haken tut dem Fisch
65 bestimmt weh. Eigentlich ist das Tierquälerei!«

»Quatsch«, sagte Daniel. »Du hast doch gesehen, wie lebendig der
war. Der weiß doch schon gar nicht mehr, dass er angebissen hat.
Fische haben kein Gedächtnis.«

Und keine Stimme, dachte ich. Fische können nicht mal schreien.

70 Daniel versuchte, die Nylonschnur wieder aufzuwickeln. Aber das
ging nicht, weil sie sich verheddert hatte. Er fluchte leise. Dann
nahm er sein Opinelmesser[1] und schnitt das verhedderte Stück
einfach raus.

[1] Klappmesser mit
Holzgriff

2 Untersuche, wer die Geschichte erzählt.

3 Erzählt den Ablauf der Ereignisse aus der Sicht eurer Figur nach.

→ S.35 Gewusst wie: Innere und äußere Handlung

4 Nennt Beispiele für innere und äußere Handlungen im Text.

5

a Erläutere, wie die Ich-Erzählerin das Angeln bewertet.

b Stelle deine Meinung zum Angeln dar.

6 Lies nun, wie die Geschichte weitergeht.
Zwar hat die Rotfeder überlebt, dennoch hat das Angeln Schaden angerichtet.

Solange ich denken kann, lebte das Pfauenpärchen im Schlosshof.
75 Den Hahn nannten wir Paulchen, und wenn ich im Winter das
Fenster öffnete, konnte ich ihn sogar vom Dach rufen. Dann stieß
er sich ab und flog schwerfällig über den Wassergraben, weil er
wusste, dass ich Maiskörner streuen würde. Die Henne war scheu
und kam immer etwas später. Sie fraß uns auch nicht aus der
80 Hand. [...]
Lukas hatte es zuerst gesehen. Er wartete vor der Tür auf mich, als
ich aus der Schule kam.
»Die Henne ist krank«, sagte er. »Die Henne humpelt und hat
einen ganz schwarzen Fuß. Komm mit, du musst dir das angu-
85 cken!«
Wir liefen zur Südwiese, wo die Pfauen tagsüber nach Würmern
suchten. Ich hatte eine Hand voll Maiskörner mitgenommen. Und
wir riefen Paulchen und Paulchen kam und hinter ihm zögernd
und misstrauisch die Pfauenhenne. Als sie nah genug war, sah ich,
90 was geschehen war:
Die dünne durchsichtige Angelschnur hatte sich fest um ihr Bein
gewickelt. Der Fuß war schwarz angelaufen und die Zehen hingen
schlaff und leblos herab. Sie hatte das kranke Bein angezogen und
hüpfte auf dem andern Fuß.
95 Lukas hielt meine Hand ganz fest.
»Das ist unsere Angelschnur«, flüsterte er. »Wir müssen was
machen!«

Drei Nachmittage lang hatten wir versucht, die Henne zu fangen. Mit Netzen und Decken und Brotstückchen und Maiskörnern.

100 Aber die Henne war schneller als wir gewesen. Sie flatterte immer wieder laut schreiend über den Wassergraben. Und am dritten Nachmittag erwischte uns der Verwalter.

Er stand plötzlich vor uns wie aus dem Boden gewachsen. Mit seinen schweren Jagdstiefeln und der grünen Kniebundhose, die

105 Hände in die Hüften gestemmt, blickte er zornfischäugig auf uns herab und brüllte dann los. [...] Wie wir es wagen könnten, die Pfauen des Grafen zu jagen!

Er hatte gar nicht gemerkt, dass die Henne ein krankes Bein hatte. Und wir trauten uns nicht, es ihm zu sagen, weil dann das mit dem

110 Angeln rausgekommen wäre und weil wir Angst vor ihm hatten. Als er weg war, schmiss Daniel sich auf die Wiese und weinte. Ich hatte ihn noch nie so weinen sehen. Seine Schultern zuckten und er schluchzte laut ins Gras.

»Das ist meine Angelschnur! Ich bin schuld! Ich bin schuld, wenn

115 sie stirbt!«

»Aber nein«, sagte ich. »Das war ein Unfall! Du kannst nichts dafür!«

7 Vergleicht die Eigenschaften und das Verhalten eurer beim Lesen beobachteten Figuren.

8 Überlege, was die drei Freunde tun können, um die Pfauenhenne zu retten. Schreibe die Geschichte aus der Sicht einer der Figuren weiter. Verwende die Ich-Form.

Balladen lesen und verstehen

Balladen untersuchen

→ S. 63, 64

1

a   Lies das folgende Gedicht von Friedrich Schiller (1759–1805).

Friedrich Schiller

Der Handschuh

Vor seinem Löwengarten,
Das Kampfspiel zu erwarten,
Saß König Franz,
Und um ihn die Großen der Krone,
5 Und rings auf hohem Balkone
Die Damen in schönem Kranz.

Und wie er winkt mit dem Finger,
Auf tut sich der weite Zwinger,
Und hinein mit bedächtigem Schritt
10 Ein Löwe tritt,
Und sieht sich stumm
Rings um,
Mit langem Gähnen,
Und schüttelt die Mähnen,
15 Und streckt die Glieder,
Und legt sich nieder.

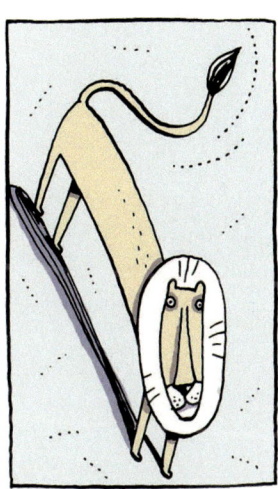

Und der König winkt wieder,
Da öffnet sich behänd
Ein zweites Tor,
20 Daraus rennt
Mit wildem Sprunge
Ein Tiger hervor.
Wie der den Löwen erschaut,
Brüllt er laut,
25 Schlägt mit dem Schweif
Einen furchtbaren Reif
Und recket die Zunge,
Und im Kreise scheu
Umgeht er den Leu
30 Grimmig schnurrend;

Drauf streckt er sich murrend
Zur Seite nieder.

Und der König winkt wieder,
Da speit das doppelt geöffnete Haus
35 Zwei Leoparden auf einmal aus,
Die stürzen mit mutiger Kampfbegier
Auf das Tigertier,
Das packt sie mit seinen grimmigen Tatzen,
Und der Leu mit Gebrüll
40 Richtet sich auf, da wird's still,
Und herum im Kreis,
Von Mordsucht heiß,
Lagern die gräulichen Katzen.

Da fällt von des Altans[1] Rand   [1] *ital.* Balkon
45 Ein Handschuh von schöner Hand
Zwischen den Tiger und den Leun
Mitten hinein.

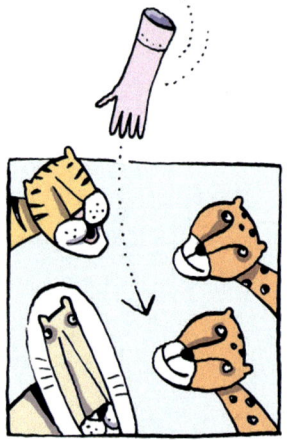

Und zu Ritter Delorges spottenderweis
Wendet sich Fräulein Kunigund:
50 »Herr Ritter, ist Eure Lieb so heiß,
Wie Ihr mir's schwört zu jeder Stund,
Ei, so hebt mir den Handschuh auf.«

Und der Ritter in schnellem Lauf
Steigt hinab in den furchtbarn Zwinger
55 Mit festem Schritte,
Und aus der Ungeheuer Mitte
Nimmt er den Handschuh mit keckem Finger.

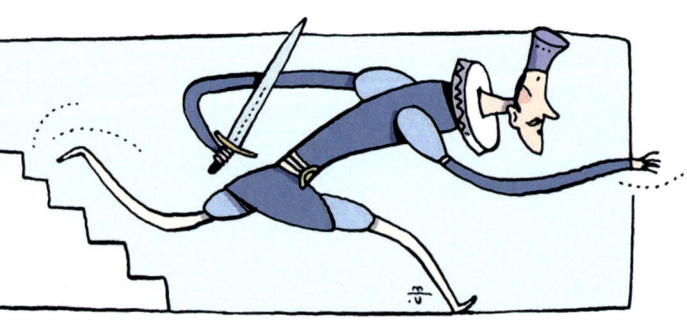

Und mit Erstaunen und mit Grauen
Sehen's die Ritter und Edelfrauen,
60 Und gelassen bringt er den Handschuh zurück,
Da schallt ihm sein Lob aus jedem Munde,
Aber mit zärtlichem Liebesblick –
Er verheißt ihm sein nahes Glück –
Empfängt ihn Fräulein Kunigunde.

65 Und er wirft ihr den Handschuh ins Gesicht:
»Den Dank, Dame, begehr ich nicht!«
Und verlässt sie zur selben Stunde.

b Male oder skizziere eine Szene aus der Handlung, die dich
besonders bewegt.

 c Erzähle die Ballade für deine Lernpartnerin / deinen Lernpartner nach.
Notiere vorher Stichpunkte. Wechselt euch ab.

– Kampfspiel bei König Franz
– Hofdamen auf dem Balkon ...

d Betrachte die handelnden Figuren genauer. Wie wird ihr Auftreten
beschrieben? In welcher Beziehung stehen die Personen zueinander?

 **e** Verfasse einen Bericht über den »Handschuh-Vorfall«. Achte dabei auf
→ S. 84 Berichten die Merkmale eines Berichts.

! Eine **Ballade** (Erzählgedicht) ist ein mehrstrophiges, meist gereimtes
Gedicht, das die **Merkmale** von Geschichten, Gedichten und Dramen
in sich vereint:
• Es wird eine spannende Geschichte erzählt.
• Sie hat einen ähnlichen Aufbau wie ein Gedicht (Strophen, Reime).
• Sie enthält meist wörtliche Rede und einen dramatischen
Handlungsverlauf.

Eine Ballade untersuchen

2 Weise nach, dass »Der Handschuh« eine Ballade ist.

a Bestimme den Spannungshöhepunkt der erzählten Geschichte. Begründe deine Meinung.

b Untersuche, wodurch Spannung erzeugt wird. Belege deine Meinung mit passenden Textstellen.

c Untersuche den Text anhand deiner Kenntnisse über Gedichte. Übertrage die Tabelle in dein Heft und vervollständige sie.

	»Der Handschuh«
Dichter	Friedrich Schiller
Thema	...
Stimmung	
Strophen	
Verse	
Reimschema	
sprachliche Bilder	
sprachliche Besonderheiten	

d Suche aus dem Text Sätze heraus, die wörtliche Rede enthalten. Überlege, was durch ihre Verwendung bewirkt wird.

Zu einer Ballade schreiben

3 Wähle eine der folgenden Aufgaben aus und bearbeite sie.

1 Fasse die Ereignisse in einem Tagebucheintrag aus der Sicht von Ritter Delorges zusammen.

→ **S. 187** Zeichensetzung bei der direkten (wörtlichen) Rede

2 Die Hofdamen treffen sich später im Speisesaal der Burg. Formuliere Dialoge, in denen sie sich über das Geschehene austauschen.

3 Schreibe die Ballade weiter. Welche Szenen könnten dem Kampfspiel folgen?

Eine Ballade vortragen

4 Bereitet die Ballade »Der Handschuh« für einen Lesevortrag mit verteilten Rollen vor. Bringt die Stimmung des Textes durch Tonfall und Sprechtempo zum Ausdruck.

TIPP
Nutzt dabei euer Wissen über Gedichtvorträge.

Vor seinem Löwengarten, /
Das Kampfspiel zu erwarten, /
Saß König Franz, //

a Lies die folgende Ballade von Theodor Fontane (1819–1898).

Die Brück am Tay

(28. Dezember 1879)

> *When shall we three meet again?*
> Macbeth

»Wann treffen wir drei wieder zusamm?«
»Um die siebente Stund, am Brückendamm.«
»Am Mittelpfeiler.«
»Ich lösche die Flamm.«
5 »Ich mit.«
»Ich komme von Norden her.«
»Und ich von Süden.«
»Und ich vom Meer.«
»Hei, das gibt einen Ringelreihn,
10 Und die Brücke muss in den Grund hinein.«
»Und der Zug, der in die Brücke tritt
Um die siebente Stund?«
»Ei, der muss mit.«
»Muss mit.«
15 »Tand, Tand,
Ist das Gebilde von Menschenhand!«

Auf der Norderseite, das Brückenhaus –
Alle Fenster sehen nach Süden aus,
Und die Brücknersleut ohne Rast und Ruh
20 Und in Bangen sehen nach Süden zu,
Sehen und warten, ob nicht ein Licht
Übers Wasser hin »Ich komme« spricht,
»Ich komme, trotz Nacht und Sturmesflug,
Ich, der Edinburger Zug.«

25 Und der Brückner jetzt: »Ich seh einen Schein
Am anderen Ufer. Das muss er sein.
Nun, Mutter, weg mit dem bangen Traum,
Unser Johnie kommt und will seinen Baum,

Und was noch am Baume von Lichtern ist,
30 Zünd alles an wie zum Heiligen Christ,
Der will heuer zweimal mit uns sein –
Und in elf Minuten ist er herein.«

Und es war der Zug. Am Süderturm
Keucht er vorbei jetzt gegen den Sturm,
35 Und Johnie spricht: »Die Brücke noch!
Aber was tut es, wir zwingen es doch.
Ein fester Kessel, ein doppelter Dampf,
Die bleiben Sieger in solchem Kampf.
Und wie's auch rast und ringt und rennt,
40 Wir kriegen es unter: das Element.

Und unser Stolz ist unsre Brück;
Ich lache, denk ich an früher zurück,
An all den Jammer und all die Not
Mit dem elend alten Schifferboot;
45 Wie manche liebe Christfestnacht
Hab ich im Fährhaus zugebracht
Und sah unsrer Fenster lichten Schein
Und zählte und konnte nicht drüben sein.«

Auf der Norderseite, das Brückenhaus –
50 Alle Fenster sehen nach Süden aus,
Und die Brücknersleut ohne Rast und Ruh
Und in Bangen sehen nach Süden zu;
Denn wütender wurde der Winde Spiel,
Und jetzt, als ob Feuer vom Himmel fiel',
55 Erglüht es in niederschießender Pracht
Überm Wasser unten ... Und wieder ist Nacht.

»Wann treffen wir drei wieder zusamm?«
»Um Mitternacht, am Bergeskamm.«
»Auf dem hohen Moor, am Erlenstamm.«
60 »Ich komme.«
»Ich mit.«
»Ich nenn euch die Zahl.«
»Und ich die Namen.«
»Und ich die Qual.«
65 »Hei!
Wie Splitter brach das Gebälk entzwei.«
»Tand, Tand,
Ist das Gebilde von Menschenhand.«

b Gib deine Gedanken und Fragen zum Balladengeschehen wieder.

c Suche Beispiele im Balladentext dafür, wie Mensch und Natur miteinander ringen.

d In der ersten und dritten Strophe treten drei Hexen auf. Probiert aus, wie der Text gesprochen werden könnte, z. B. bedrohlich, geheimnisvoll, belustigt.

e Vergleiche den Inhalt der Ballade mit dem Inhalt der folgenden Zeitungsmeldung.

Das Zugunglück auf der Tay-Brücke

England. Während eines furchtbaren Windsturms brach am 29. (Dezember 1879) nachts die große Eisenbahnbrücke über dem Taystrom in Schottland zusammen, im Moment, als der Zug darüberfuhr. 90 Personen, nach anderen[1] 300, kamen dabei ums Leben, der verunglückte Zug hatte nämlich sieben Wagen, die alle fast voll waren, und er stürzte über 100 Fuß hoch ins
5 Wasser hinunter. Alle 13 Brückenspannungen sind samt den Säulen, worauf sie standen, verschwunden. Die Öffnung der Brücke ist eine halbe englische Meile lang. Der Bau der Brücke hat seinerzeit 350 000 Pfund Sterling gekostet, und sie wurde im Frühjahr 1878 auf ihre Festigkeit hin geprüft. Bis jetzt waren alle Versuche zur Auffindung der Leichen oder des Trains[2] vergeblich.   (Zürcherische Freitagszeitung vom 2. Januar 1880)

[1] andere Quellen

[2] *engl.* Zug

6 Erzähle die Ballade nach.

a Wiederhole zunächst, wie man dabei vorgeht.

– den Text genau lesen
– ihn in Abschnitte einteilen …

Eine Nacherzählung planen

b Wähle eine Erzählperspektive und fertige einen Stichpunktzettel an. Lass genügend Platz für Ergänzungen.

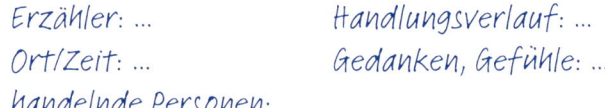

Ich-Erzähler oder Sie-/Er-Erzähler?

Erzähler: …   *Handlungsverlauf: …*
Ort/Zeit: …   *Gedanken, Gefühle: …*
handelnde Personen: …

c Vergleicht eure Stichpunkte und ergänzt sie, wenn nötig.

Eine mündliche Nacherzählung gestalten

d Erzähle die Ballade mündlich nach.

Eine schriftliche Nacherzählung gestalten

7 Verfasse jetzt mithilfe deines Stichpunktzettels eine schriftliche Nacherzählung.

a Schreibe zuerst einen Entwurf. Lass Platz für die Überarbeitung.

→ S.94 Texte überarbeiten

b Überprüfe deinen Entwurf mithilfe folgender Checkliste und überarbeite ihn anschließend.

Überarbeiten:
Wird die Schreibaufgabe beachtet?   ☑
Weckt die Einleitung Interesse?   ☑
Sind die Personen und deren Gedanken
*   und Gefühle anschaulich beschrieben?*   ☐
Wurde mithilfe treffender Adjektive und Verben
*   Spannung erzeugt?*   ☐
Wird die Erzählperspektive beachtet?   ☐
Rundet der Schluss die Geschichte ab?   ☐
Werden abwechslungsreiche Satzanfänge verwendet?   ☐
Werden überflüssige Wortwiederholungen vermieden?   ☐
Sind Rechtschreibung und Zeichensetzung korrekt?   ☐

Eine Inhaltsangabe schreiben

1 Auch heute noch werden Balladen geschrieben,
z. B. von Liedermachern wie Reinhard Mey (geb. 1942).

a Lies den folgenden Textauszug.

Nanga Parbat

1 Da steigen zwei hoch in die steinerne Wand,
überm Abgrund gehen sie den steilen Pfad,
verlassen den sicheren Unterstand
auf schimmerndem Eis, auf dem schroffen Grat.
5 Aufeinander von Kindheit an eingeschwor'n steigen
sie sicher und ohne ein Zögern bergan
in der eisigen, dünnen Luft, sie schweigen –
wie oft haben sie das gemeinsam getan!
Dem Gipfel entgegen ohne ein Seil,
10 zwischen beiden gespannt ist ein Lebensband:
Am Berg ist der eine des anderen Teil.
Zwei Brüder, der eine des and'ren Hand. [...]

2 Da war das verabredete Lichtsignal,
das ankündigt, dass das Wetter umschlägt!
15 Gleißend, feuerrot schießt es auf aus dem Tal –
alles Für, alles Wider ist längst abgewägt.
Also müssen sie heut noch den Gipfel erreichen
durch beißende Kälte, durch bitterste Qual.
Jetzt warten, das hieße die Fahne streichen,
20 absteigen und scheitern, bleibt da eine Wahl?
Mit keuchendem Atem, die Glieder wie Blei,
höhenkrank, wie im Wahn: Nur noch ein Gletscherfeld,
noch ein Eisüberhang, ein letzter Grat und die zwei
fall'n sich stumm in den Arm auf dem Dach der Welt!

25 3 Zu Tode erschöpft, den Gipfel bezwungen!
Stille, Zeitlupe, Rückblende: Zwei kleine Jungen
zieh'n die Handschuhe aus, geben sich die Hand
wie als Kinder, wie nach ihrer ersten Wand.
Ein Handschuh fällt auf das ewige Eis,
30 sie türmen Steine darauf: Der bleibt hier als Beweis!
So krönt ein Steinmann ihr Lebenswerk
auf dem Nanga Parbat, dem Nackten Berg! [...]

4 Jetzt gilt nur, sich irgendwie abwärtszutasten,
der einzige Ausweg ist der Weg voraus.
35 In der feindlichen Höhe nicht ausruh'n, nicht rasten,
nur noch irgendwie aus der Todeszone heraus!
Oder einfach nur in die Dunkelheit fallen
und liegen bleiben, sich einfach nicht rühr'n.
Der Atem sinkt nieder in Eiskristallen,
40 in Wimpern und Brau'n, nur die Kälte nicht spür'n!

5 Da steigen zwei auf in die steinerne Wand.
Und einer kehrt heim, hat die Füße erfror'n,
vom Schnee blind die Augen, das Gesicht ist verbrannt,
hat in der Lawine den Bruder verlor'n.
45 Zwei haben den Gipfel der Gipfel erklommen,
den höchsten Triumph und die höchste Qual.
Nur einer alleine ist wiedergekommen,
verzweifelt, gebrochen im tiefsten Tal.
Da kommt einer heim aus der steinernen Wand,
50 ein Schatten nur von jenem anderen Teil,
der im Dunkel im ewigen Eis verschwand,
und wird er je gesund, wird er doch nie mehr heil.

Reinhold Messner gewidmet

b Sprecht über den Inhalt der Ballade und klärt unbekannte Wörter und Wendungen.

Den Inhalt eine Strophe zusammenfassen

a Mike soll den Inhalt der Ballade strophenweise zusammenfassen. Lies seine Stichpunkte zur ersten Strophe.

1. Strophe
– Zwei Bergsteiger erklimmen sehr steile Felswand.
– Seit ihrer Kindheit machen sie gefährliche Touren.
– Die Brüder sind aufeinander angewiesen.

b Schreibe Mikes Stichpunkte ab und ergänze die Zeilenangaben.

a Peggy zeichnet zur 2. Strophe eine Skizze, um den Inhalt zu erfassen.

2. Strophe

b Formuliere Peggys Skizze in Stichpunkte um und ergänze die Zeilenangaben.

4 Zeichne zu den Strophen 3 bis 5 entsprechende Skizzen. Notiere dann Stichpunkte zum Inhalt der Strophen.

5 Notiere zu den Strophen 3 bis 5 Stichpunkte mit Zeilenangaben in dein Heft.

6

a Lies den folgenden Merkkasten.

> **!**
> Die **Einleitung der Inhaltsangabe** gibt ähnlich einer Überschrift einen ersten Überblick zum Text. In die Einleitung gehören: Verfasser/in, Textsorte und Titel der Geschichte.
> Die Einleitung gibt Auskunft über Hauptpersonen, den Ort der Handlung, evtl. die Zeit und über **das Geschehen im Allgemeinen**.
> Es gehören keine Einzelheiten in die Einleitung.

Eine Einleitung verfassen

b Verfasse eine Einleitung für die Inhaltsangabe zu »Nanga Parbat« von Reinhard Mey.

c Stellt euch eure Einleitungen gegenseitig vor und besprecht, was ihr verbessern könnt.

7

Achtung, Fehler!

a Mike fasst die ersten beiden Strophen zusammen. Lies seine Inhaltsangabe.
Zwei Brüder erklimmen eine sehr steile Felswand. Seit ihrer Kindheit machen sie zusammen gefährliche Klettertouren. Sie sind aufeinander angewiesen.

Das Lichtsignal aus dem Tal zeigte ihnen an, dass das Wetter umschlägt. Sie entscheiden sich dafür weiterzugehen. »Wir können es schaffen!«, sagen sie. Absteigen wollten sie nicht, das wäre für sie wie Scheitern. Sie erreichen mit keuchendem Atem und Gliedern wie Blei den Gipfel.

b Untersuche Mikes Inhaltsangabe. Was ist ihm gut gelungen? Was muss er verbessern? Der Merkkasten hilft dir.

> **!** Um die **Reihenfolge der Ereignisse** verständlich zu formulieren, sollte man in der **Inhaltsangabe** verschiedene Konjunktionen benutzen (z. B. *früher, später, bald, danach, als, darauf, nachdem, weil, dann, während, obwohl*). Nach Möglichkeit sollte als **Zeitform** das **Präsens** verwendet werden, jedoch auf jeden Fall durchgehend die gleiche Zeitform. In die Inhaltsangabe gehört **keine wörtliche Rede**. Gedanken und Gefühle werden sachlich zusammengefasst.

Eine Inhaltsangabe überarbeiten

c Überarbeite Mikes Inhaltsangabe zu den Strophen 1 und 2 und schreibe sie in dein Heft.

8 Fasse den Inhalt der Strophen 3 und 4 in einem Text zusammen. Nutze die Informationen des Merkkastens.

9 Formuliere den Hauptteil einer Inhaltsangabe zur Ballade »Nanga Parbat«. Nutze dazu die Ergebnisse der Aufgaben 2 bis 7.

 10 Bereitet eine kleine Präsentation zur Ballade »Nanga Parbat« vor. Verteilt folgende Themen und sammelt die Informationen.

→ S.126 Präsentieren

A Vertonung der Ballade
B Film zur Ballade
C Die wahre Geschichte hinter der Ballade

Was habe ich gelernt?

11 Überprüfe, was du über Balladen gelernt hast. Beantworte dazu folgende Fragen:

1 Welche Merkmale hat eine Ballade?
2 Was musst du beim Nacherzählen einer Ballade beachten?
3 Wie schreibt man eine Inhaltsangabe zu einer Ballade?

Mit Balladen umgehen

Balladen kann man nicht nur lesen, sondern auch ausdrucksstark vortragen, mit Geräuschen untermalen, als Hörspiel vertonen, zu einem Song umschreiben oder als Comic gestalten.

Eine Ballade ausdrucksstark vortragen

1. Kopiere die Ballade.
2. Lies die Ballade und notiere dir Hinweise:
   - zu **Sprechpausen** am Satz- oder Strophenende oder vor wichtigen Wörtern, um die Spannung zu erhöhen,
   - zum **Sprechtempo**: Welche Stellen sollen ruhig und getragen klingen, welche schnell und aufgeregt?
   - zur **Stimmlage**: Eine beruhigende Stimme ist z.B. tiefer als eine ängstliche.
3. Übe jetzt den Balladenvortrag mehrere Male und setze auch Mimik und Gestik ein.
4. Wenn die Ballade mit verteilten Rollen gelesen wird, geht ihr genauso vor. Übt euren Einsatz bei Dialogen, damit keine Pausen entstehen oder ihr euch nicht ins Wort fallt.

Eine Ballade vertonen

1. Fertigt eine Liste mit allen Personen an, die in der Ballade vorkommen. Überlegt, mit welcher Stimme sie sprechen könnten. Vergesst den Erzähler nicht.
2. Überlegt, welche Geräusche in der jeweiligen Szene zu hören sind. Versucht, sie nachzuahmen.
3. Ihr könnt auch nach einer passenden Hintergrundmusik suchen.
4. Verteilt nun die Rollen und Geräusche in der Klasse, übt euren Balladenvortrag und nehmt ihn auf.

Eine Ballade zu einem Rap umschreiben

1. Mit einem Rap, der ja auch ein Sprechgesang ist, kannst du die Handlung der Ballade mit eigenen Worten und einem eigenen Rhythmus erzählen.
2. Erkenne zunächst den Rhythmus der Ballade. Klatsche oder klopfe dazu die betonten Silben.
3. Vereinfache den Balladentext so, dass du einen regelmäßigen Wechsel von betonter und unbetonter Silbe erhältst.

Zu einer Ballade einen Comic zeichnen

1. Lies die Ballade genau und überlege dir, welche Szenen du als Bilder gestalten möchtest.
2. Überlege dir für jede Figur etwas Charakteristisches, damit man sie in jedem Bild wiedererkennt.
3. Zeichne die Szenen der Balladenhandlung abwechslungsreich. Verwende unterschiedliche Perspektiven und Ausschnitte.
4. Vergiss nicht Sprech- und Denkblasen, in die du die wichtigsten Dialoge schreibst. Denke auch an Geräuschwörter.

1. Wählt eine Ballade dieses Kapitels (S. 43 – 71) aus und überlegt euch eine Form der Umsetzung. Bittet eure Musik- und Kunstlehrer um Unterstützung.

2. Präsentiert eure Ballade (z. B. bei einer Schulaufführung).

Erzählen

Gedanken und Gefühle anderer erkennen und darlegen

1 Lest den folgenden Text und tauscht euch über den historischen Hintergrund einer solchen Geschichte aus.

Die Ernte

Vor etwa 12 000 Jahren hatten die Menschen im Überschwemmungsgebiet zwischen Euphrat und Tigris gelernt, Kanäle zu bauen und das Land regelmäßig zu bewässern. Damit erzielten sie gute Ernten und konnten die Ernährung des Dorfes sichern.

5 Schlimm war es, wenn ein Unwetter die Ernte vernichtete oder ein Blitz in einen Getreidespeicher einschlug.

Sena, ein elfjähriges Mädchen, lebte damals mit ihrer Familie in einem Bergdorf im heutigen Irak. Das ganze Jahr über war ihnen die Urmutter, die Fruchtbarkeitsgöttin, wohlgesinnt und hatte

10 eine prächtige Ernte heranreifen lassen. Seit zwei Tagen waren alle Familienmitglieder auf den Feldern und schnitten mit Freude das Korn oder sammelten die Getreideähren ein. Die Sonne stand hoch am Himmel, die Arbeit war nicht schwer und Sena summte beim Sammeln ein Liedchen, mit dem sie der Urmutter dankte.

15 Ihr Vater dagegen machte ein besorgtes Gesicht. Er sah wieder und wieder zum Himmel, wo sich über den Bergen eine schwarze Wolkenwand zeigte. Er wusste, dass der Regen das Korn zerstören würde, und arbeitete immer schneller. Plötzlich zerbrach die Sichel. »Oh nein! Nicht jetzt!«, stieß der Vater hervor. Aufgeregt

20 rief er Sena heran, zeigte auf die Sichel und den Himmel und sagte: »Lauf schnell ins Dorf und hole eine neue Sichel. Wir müssen es schaffen, das Getreide zu ernten, bevor das Unwetter beginnt. Lauf, Sena, lauf!«

Das Mädchen rannte so schnell es
25 konnte. Sie wusste, was es bedeutet, im Winter kein Getreide zu haben. Ihr Gesicht war grau vor Angst, fast konnte sie den Hunger im Bauch wieder fühlen. Auf dem Rückweg hatte sie heftige
30 Seitenstiche, aber sie wollte nicht aufgeben. Als sie beim Vater ankam, verdeckte die erste Wolke bereits die Sonne und Wind kam auf. Der Vater

lächelte dankbar und machte sich gleich wieder an die Arbeit.
35 Auch er hatte Angst vor dem Hunger. Sena kam kaum hinterher
mit dem Einsammeln der Ähren. Jetzt sang sie auch nicht mehr,
sondern flüsterte: »Urmutter, lass das Unwetter warten, bis wir
fertig sind. Bitte, hilf uns, damit wir im Winter nicht hungern
müssen!« Der Wind wurde zum Sturm, aber es war immer noch
40 trocken. Blitze zuckten am Himmel und Donnergrollen setzte ein.
Sena hatte furchtbare Angst vor dem Donnern, aber sie arbeitete
weiter. Sie hatte jetzt nur noch einen Gedanken: »Wir müssen es
schaffen!«
Als der Vater die letzten Ähren schnitt, fielen die ersten Tropfen.
45 Mit den letzten vollen Körben rannten alle ins Dorf zum schützen-
den Haus. Kaum waren sie in Sicherheit, brach das Unwetter los.
Donner und Blitz fielen zusammen, das Wasser stürzte zur Erde.
Keine Getreidepflanze hätte das überstanden, aber sie hatten ja
rechtzeitig alles ins Trockene gebracht. Sena tanzte und lachte vor
50 Freude und überhörte sogar den Donner.
»Hab Dank für deine Güte, Urmutter!«, rief sie zum Himmel.
Einen Teil der Ernte werden sie ihr opfern.

2 Im Text werden die Gedanken und Gefühle der Personen genau
dargestellt.

a Suche Textbeispiele und bezeichne die dargestellten Gefühle.

„sie schnitten mit Freude das Korn" (Z. 11–12)
–> Freude, Zufriedenheit
...

b Tauscht euch darüber aus, welche Wirkung die Erzählung durch
die Wiedergabe der Gedanken und Gefühle hat.

c Der Text wird durch die Verwendung verschiedener sprachlicher Mittel
anschaulich. Suche Beispiele dafür.

treffende Adjektive: schlimm, ...
treffende Verben: ...
Vergleiche: ...
bildhafte Ausdrücke: ...
Ausrufesätze: ...

Aus der Perspektive anderer Personen erzählen

③ Erzähle das Geschehen aus der Perspektive einer der beteiligten Personen. Achte besonders auf die Darstellung ihrer Gedanken und Gefühle.

a Lies dazu den Text »Die Ernte« (S. 57, Aufgabe 1) noch einmal und nenne Personen, die das Ereignis miterlebt haben.

b Wähle eine Person aus und benenne das Grundgefühl, welches das Denken und Handeln dieser Person bestimmt hat.

c Entwirf einen Erzählplan. Gliedere in Einleitung, Hauptteil und Schluss. Notiere dir Angaben zur Person, zu ihren Wahrnehmungen und Gefühlen. Halte die Handlungsschritte des Hauptteils fest.

> <u>Einleitung:</u> Zeit und Ort: ...
>   Personen: ...
> <u>Hauptteil:</u> Handlungsschritte: Was nimmt die Person wahr? ...
> <u>Schluss:</u> ...

d Verfasse einen Entwurf deiner Erzählung. Lass einen breiten Rand für die Überarbeitung.

 e Lest euch eure Entwürfe gegenseitig vor und beurteilt sie mithilfe der Überarbeitungsschritte auf Seite 50 (Aufgabe 3 b).

TIPP
Notiere dir alle Hinweise.

f Überarbeite deinen Entwurf und schreibe die Endfassung in dein Heft.

④ Lies noch einmal die Ballade »Die Brück am Tay« (S. 47, Aufgabe 1a).

a Erzähle das Geschehen aus der Perspektive einer der beteiligten Personen. Gehe dazu vor wie in Aufgabe 3.

b Schreibe einen Tagebucheintrag aus der Sicht eines Teilnehmers an der Suche nach den Vermissten. Beachte dazu besonders die letzte Strophe der Ballade.

⑤ Wähle einen Text aus deinem Sprach- und Lesebuch aus und erzähle die Handlung aus der Perspektive einer anderen Person. Stelle dabei auch die Gedanken und Gefühle dieser Person dar.

Eigene Gedanken und Gefühle wiedergeben

 1

a Übertrage die Tabelle in dein Heft. Ergänze angenehme und unangenehme Grundstimmungen.

☻	☹
Freude …	Ärger …

 b Tauscht euch über Erlebnisse, Nachrichten, Filme, Bücher, Musik oder Ähnliches aus, die solche Stimmungen bei euch ausgelöst haben.

TIPP
Plane deine Erzählung. Nutze dazu verschiedene Methoden: Brainstorming, Cluster oder Mindmap.

2 Schreibe eine Erzählung. Erzähle, was du erlebt, gesehen, gelesen oder gehört hast. Gib dabei vor allem die Gedanken und Gefühle wieder, die in dir ausgelöst wurden.

a Überlege zuerst, worüber du schreiben könntest und welche Wirkung du damit erzielen möchtest.

b Entwirf einen Erzählplan (Personen, Ort und Zeit der Handlung, Handlungsschritte, Gedanken und Gefühle).

c Schreibe einen Entwurf deiner Erzählung, überarbeite den Entwurf und schreibe die Endfassung in dein Heft. Die Checkliste auf Seite 50 hilft dir.

Was habe ich gelernt?

3 Überprüfe, was du über das Erzählen gelernt hast: Beantworte dazu folgende Frage: Worauf muss man bei der Wiedergabe von Gedanken und Gefühlen achten?

Eine Schreibwerkstatt durchführen

→ S. 93, 94 Texte
verfassen

! In einer **Schreibwerkstatt** steht der Spaß am gemeinsamen Schreiben im Mittelpunkt. Wie in einer Werkstatt wird gemeinsam an Texten gearbeitet. Die einzelnen Arbeitsschritte sind das Werkzeug und die Sprache ist das Material.

1 Es gibt verschiedene Möglichkeiten, Texte gemeinsam zu planen und zu gestalten. Probiert folgendes Vorgehen aus.

Themen finden

a Bringt interessante Gegenstände oder Bilder mit und sammelt sie in einem Karton. Wählt einen Gegenstand bzw. ein Bild aus.

Ideen sammeln, Texte planen

b Schreibt alles auf, was euch zu dem Gegenstand oder Bild einfällt.

TIPP
Führt ein Brainstorming durch oder notiert eure Ideen in einem Cluster.

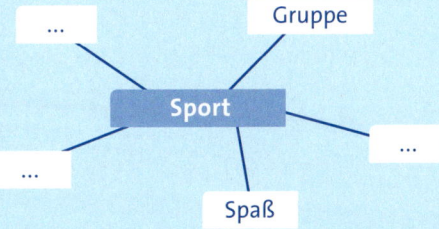

 c Vergleicht eure Notizen, ergänzt und überarbeitet sie.

d Entscheidet, was für einen Text ihr schreiben möchtet: ein Gedicht, eine Erzählung, einen Brief o. Ä.

Textentwürfe schreiben und überarbeiten

e Schreibt eure Textentwürfe mithilfe der Notizen.

f Einigt euch, wie ihr beim Überarbeiten vorgehen wollt. Überarbeitet eure Texte allein, zu zweit oder in der Gruppe.

Endfassungen gestalten

g Präsentiert die fertigen Texte. Gestaltet z. B. eine Wandzeitung / eine Mappe.

 2 Ihr könnt auch eine Fließbanderzählung schreiben.

a Schreibt dazu einen möglichen Anfangssatz auf, gebt das Blatt reihum und ergänzt immer nur einen passenden Satz.

Es regnete bereits seit Tagen. …

TIPP
Wiederholt, wie man Texte gemeinsam überarbeiten kann.

b Einigt euch, wie ihr die Erzählung beenden wollt, und sucht eine passende Überschrift.

c Überarbeitet den Text gemeinsam und schreibt eine Endfassung.

 3 Gemeinsam lassen sich Geschichten besonders gut am Computer schreiben, z. B. Fortsetzungs-, Hypertext- oder E-Mail-Geschichten. Probiert Folgendes aus.

Texte planen und gestalten

a Erfindet zwei Figuren, die sich gegenseitig E-Mails schreiben und darin ihre alltäglichen Erlebnisse, Gedanken und Gefühle erzählen.

TIPP
Speichert alle E-Mails in einem extra Ordner. Ihr könnt sie zusätzlich auch ausdrucken.

b Schreibt diese E-Mails aus der Sicht eurer Figuren. Geht dabei so vor: Eine Schülerin/Ein Schüler beginnt und schickt die E-Mail an die/den nächsten, diese/dieser verfasst die Antwort und schickt sie weiter. Das geht so lange, bis jede/jeder mindestens einmal dran war.

c Fasst die Texte in einer Datei zusammen und sucht gemeinsam eine passende Überschrift.

Texte überarbeiten, Endfassung schreiben

d Überarbeitet die Texte so, dass sie eine zusammenhängende Geschichte ergeben.

Fachübergreifend: Zur Geschichte der Ballade »Der Handschuh«

Die Geschichte, die Schiller in seiner Ballade »Der Handschuh« erzählt, soll sich tatsächlich am Hofe des französischen Königs Franz I. zugetragen haben. Dieser regierte von 1515 bis 1547 und hielt sich Löwen für Kampfspiele. Zu dieser Zeit mussten die Ritter
5 ihren Mut und ihre Tapferkeit nicht mehr in gefährlichen Turnieren beweisen, um das Herz einer höfischen Dame zu gewinnen. Turniere und Kampfspiele dienten nur noch der Unterhaltung und dem Zeitvertreib.

10 Bei einem dieser Löwenkämpfe, bei dem der König mit seinem Hofstaat zugesehen hat, soll eine Dame ihren Handschuh zwischen die Raubkatzen fallen lassen haben.
15 Schiller hat diese unnötige Forderung nach einem Liebesbeweis in seiner Ballade scharf kritisiert. Und er hat mit seiner Darstellung auch höfische Regeln verletzt.
20 Charlotte von Stein, eine vornehme Hofdame der Weimarer Herzogin Anna Amalia, soll von Schiller verlangt haben, dass er die letzte Strophe ändert. Deshalb hieß es
25 in einer späteren Fassung auch:

Und der Ritter, sich tief verbeugend, spricht:
»Den Dank, Dame, begehr ich nicht!«
Und verlässt sie zur selben Stunde.

1 Überlege, warum Frau von Stein auf eine Änderung der Zeile gedrängt hat.

2 Tauscht euch über den Liebesbeweis aus, den Fräulein Kunigunde in Schillers Ballade fordert. Entspricht er den höfischen Normen der damaligen Zeit?

Gereimte Geschichten mit dramatischer Handlung

Die Ballade ist ursprünglich ein Tanzlied. Das steckt auch schon im Namen, denn *ballare* heißt auf Lateinisch *tanzen*. Waren es im Mittelalter zunächst heitere Lieder, die im Volk entstanden und in verschiedenen Fassungen gesungen wurden, so hatten die späteren
5 Bänkellieder oft einen ernsten und tragischen Inhalt.
Ende des 18. Jahrhunderts haben sich auch viele Dichter für die Ballade interessiert. Johann Wolfgang von Goethe und Friedrich Schiller haben sich sogar über ein Jahr lang immer wieder neue Balladen zugeschickt und sich darüber ausgetauscht. Das war 1797,
10 im so genannten Balladenjahr.
Balladen beziehen sich oft auf überlieferte Geschehnisse, auf geschichtliche oder auch aktuelle Ereignisse. Man bezeichnet Balladen auch als Erzählgedichte, da sie meist gereimt und in Strophenform geschrieben sind. Darüber hinaus beinhaltet ihre span-
15 nende Handlung auch dramatische Elemente: Etwas Aufregendes passiert, das Geschehen spitzt sich zu, am Ende gibt es eine Lösung, die gut oder tragisch sein kann. In vielen Balladen gibt es auch Dialoge und Monologe. Deshalb kann man Balladen nicht nur vortragen, sondern auch vorspielen.

1 Fasse in einer Mindmap zusammen, welche Merkmale die Ballade aufweist.

2 Informiert euch im Lexikon oder im Internet, welche Balladen von Goethe und Schiller im Balladenjahr 1797 entstanden sind.

3 Gestaltet eine Wandzeitung zur Ballade. Verwendet eure Ergebnisse aus den Aufgaben 1 und 2.

Zeitgenössische Zeichnung von Goethe und Schiller

1 Lies die folgende Ballade. Schreibe die Balladenmerkmale auf. Weise nach, dass es sich hier um eine Ballade handelt.

Johann Wolfgang von Goethe

Der Zauberlehrling

Hat der alte Hexenmeister
Sich doch einmal wegbegeben!
Und nun sollen seine Geister
Auch nach meinem Willen leben.
5 Seine Wort' und Werke
Merkt' ich und den Brauch,
Und mit Geistesstärke
Tu ich Wunder auch.

Walle! walle!
10 Manche Strecke,
Dass zum Zwecke
Wasser fließe
Und mit reichem, vollem Schwalle
Zu dem Bade sich ergieße.

15 Und nun komm, du alter Besen!
Nimm die schlechten Lumpenhüllen!
Bist schon lange Knecht gewesen;
Nun erfülle meinen Willen!
Auf zwei Beinen stehe,
20 Oben sei ein Kopf,
Eile nun und gehe
Mit dem Wassertopf!

Walle! walle!
Manche Strecke,
25 Dass zum Zwecke
Wasser fließe
Und mit reichem, vollem Schwalle
Zu dem Bade sich ergieße.

Seht, er läuft zum Ufer nieder;
30 Wahrlich! ist schon an dem Flusse,
Und mit Blitzesschnelle wieder
Ist er hier mit raschem Gusse.
Schon zum zweiten Male!
Wie das Becken schwillt!
35 Wie sich jede Schale
Voll mit Wasser füllt!

Stehe! Stehe!
Denn wir haben
Deiner Gaben
40 Voll gemessen! –
Ach, ich merk es! Wehe! wehe!
Hab ich doch das Wort vergessen!

Ach, das Wort, worauf am Ende
Er das wird, was er gewesen.
45 Ach, er läuft und bringt behände!
Wärst du doch der alte Besen!
Immer neue Güsse
Bringt er schnell herein,
Ach! und hundert Flüsse
50 Stürzen auf mich ein.

Nein, nicht länger
Kann ich's lassen;
Will ihn fassen.
Das ist Tücke.
55 Ach! nun wird mir immer bänger!
Welche Miene! welche Blicke!

O, du Ausgeburt der Hölle!
Soll das ganze Haus ersaufen?
Seh ich über jede Schwelle
60 Doch schon Wasserströme laufen.
Ein verruchter Besen,
Der nicht hören will!
Stock, der du gewesen,
Steh doch wieder still!

65 Willst's am Ende
Gar nicht lassen?
Will dich fassen,
Will dich halten
Und das alte Holz behände
70 Mit dem scharfen Beile spalten.

Seht, da kommt er schleppend wieder!
Wie ich mich nun auf dich werfe,
Gleich, o Kobold, liegst du nieder;
Krachend trifft die glatte Schärfe!
75 Wahrlich, brav getroffen!
Seht, er ist entzwei!
Und nun kann ich hoffen,
Und ich atme frei!

Wehe! wehe!
80 Beide Teile
Stehn in Eile
Schon als Knechte
Völlig fertig in die Höhe!
Helft mir, ach! ihr hohen Mächte!

85 Und sie laufen! Nass und nässer
    Wird's im Saal und auf den Stufen.
    Welch entsetzliches Gewässer!
    Herr und Meister! hör mich rufen! –
    Ach, da kommt der Meister!
90 Herr, die Not ist groß!
    Die ich rief, die Geister,
    Werd ich nun nicht los.

        »In die Ecke,
        Besen! Besen!
95   Seid's gewesen!
        Denn als Geister
        Ruft euch nur zu seinem Zwecke
        Erst hervor der alte Meister.«

2 Teile die Ballade mit Zeilenangaben in Abschnitte ein und bestimme den Höhepunkt der Handlung.

3 Untersucht, mit welchen Mitteln Spannung erzeugt wird. Nennt die entsprechenden Textstellen. Achtet dabei auf die wechselnden Gefühle des Zauberlehrlings.

4 Auch diese Ballade lässt sich illustrieren. Zeichnet zu den Handlungsschritten der Aufgabe 2 passende Bilder und tragt die Ballade anschließend ausdrucksstark dazu vor.

1 Lies die folgende Ballade. Schlage unbekannte Wörter im Wörterbuch nach. Notiere die Erklärungen und erstelle somit ein »Wörterbuch« zur Ballade.

Annette von Droste-Hülshoff

Der Knabe im Moor

O schaurig ist's, übers Moor zu gehn,
Wenn es wimmelt vom Heiderauche,
Sich wie Phantome die Dünste drehn
Und die Ranke häkelt am Strauche,
5 Unter jedem Tritte ein Quellchen springt,
Wenn aus der Spalte es zischt und singt,
O schaurig ist's, übers Moor zu gehn,
Wenn das Röhricht knistert im Hauche!

Fest hält die Fibel das zitternde Kind
10 Und rennt, als ob man es jage;
Hohl über die Fläche sauset der Wind –
Was raschelt drüben am Hage?
Das ist der gespenstische Gräberknecht,
Der dem Meister die besten Torfe verzecht;
15 Hu, hu, es bricht wie ein irres Rind!
Hinducket das Knäblein zage.

Vom Ufer starret Gestumpf hervor,
Unheimlich nicket die Föhre,
Der Knabe rennt, gespannt das Ohr,
20 Durch Riesenhalme wie Speere;
Und wie es rieselt und knistert darin!
Das ist die unselige Spinnerin,
Das ist die gebannte Spinnlenor',
Die den Haspel dreht im Geröhre!

25 Voran, voran, nur immer im Lauf,
Voran, als woll' es ihn holen;
Vor seinem Fuße brodelt es auf,
Es pfeift ihm unter den Sohlen

Wie eine gespenstische Melodei;
30 Das ist der Geigenmann ungetreu,
Das ist der diebische Fiedler Knauf,
Der den Hochzeitheller gestohlen!

Da birst das Moor, ein Seufzer geht
hervor aus der klaffenden Höhle;
35 Weh, weh, da ruft die verdammte Margret:
»Ho, ho, meine arme Seele!«
Der Knabe springt wie ein wundes Reh,
Wär' nicht Schutzengel in seiner Näh',
Seine bleichenden Knöchelchen fände spät
40 Ein Gräber im Moorgeschwele.

Da mählich gründet der Boden sich,
Und drüben, neben der Weide,
Die Lampe flimmert so heimatlich,
Der Knabe steht an der Scheide.
45 Tief atmet er auf, zum Moor zurück
Noch immer wirft er den scheuen Blick:
Ja, im Geröhre war's fürchterlich,
O schaurig war's in der Heide!

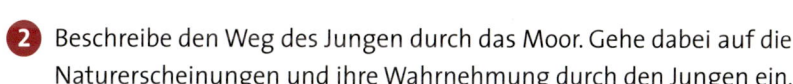

2 Beschreibe den Weg des Jungen durch das Moor. Gehe dabei auf die Naturerscheinungen und ihre Wahrnehmung durch den Jungen ein.

3 Arbeitet heraus, durch welche sprachlichen Mittel die Stimmungen und Gefühle des Jungen deutlich werden.

4 Erarbeitet gemeinsam einen Balladenvortrag. Versucht dabei, die Laute und Geräusche, die der Junge wahrnimmt, mit Instrumenten nachzuahmen.

Bertolt Brecht

Der Schneider von Ulm
(Ulm 1592)

Bischof, ich kann fliegen
Sagte der Schneider zum Bischof.
Paß auf, wie ich's mach!
Und er stieg mit so 'nen Dingen
5 Die aussahn wie Schwingen
Auf das große, große Kirchendach.

Der Bischof ging weiter.
Das sind lauter so Lügen
Der Mensch ist kein Vogel
10 Es wird nie ein Mensch fliegen
Sagte der Bischof vom Schneider.

Der Schneider ist verschieden
Sagten die Leute dem Bischof.
Es war eine Hatz.
15 Seine Flügel sind zerspellet[1]
Und er liegt zerschellet
Auf dem harten, harten Kirchenplatz.

Die Glocken sollen läuten
Es waren nichts als Lügen
20 Der Mensch ist kein Vogel
Es wird nie ein Mensch fliegen
Sagte der Bischof den Leuten. R

[1] *veraltet für* völlig spalten

① Erzähle die Geschichte vom Schneider nach.

② Schreibe zu der Ballade eine Zeitungsmeldung.

 ③ Hat es den Schneider wirklich gegeben? Sammelt Informationen dazu und stellt sie vor.

→ S.101 Das Internet nutzen

1 Auch in diesem Lied wird eine Geschichte erzählt. Entscheide, ob dieser Text eine Ballade ist, und begründe deine Meinung.

Burkhard Lasch

Jugendliebe

Er sprach von Liebe.
Dabei waren sie noch nicht mal 15 Jahr.
Schwor große Worte
Und er küsste sie und streichelte ihr Haar.

5 Sie sprach von Träumen.
Und wie gerne würde sie ihm alles glauben.
Malte mit ihm Bilder
Von dem Leben, das sie sich dann beide bauten.

Refrain: Jugendliebe bringt
10 den Tag, wo man beginnt,
Alles um sich her ganz anders anzusehn.
Ha-ha, Lachen trägt die Zeit,
Die unvergessen bleibt,
Denn sie ist traumhaft schön!

15 Er traf sie wieder.
Viele Jahre sind seit damals schon vergangen.
Sieht in ihre Augen
Und er denkt zurück, wie hat es angefangen.

Refrain: Jugendliebe …

2 Schreibt die ersten beiden Strophen so um, dass sie Dialoge enthalten.

3 Stellt Vermutungen darüber an, warum die Jugendliebe endete.
Ergänzt Strophen.

4 Das Lied hat Ute Freudenberg gesungen. Besorgt euch eine Aufnahme und hört sie euch an.

Beschreiben

Eine Person beschreiben

 1

a Tauscht euch darüber aus, wann und in welchen Formen euch Personenbeschreibungen bereits begegnet sind und welchen Zweck sie jeweils erfüllen.

b Wiederholt, was man bei einer Personenbeschreibung beachten sollte.

> **!** Manchmal ist es wichtig, eine **Person** zu **beschreiben,** damit andere sie erkennen oder sich gut vorstellen können, wie z. B. in **Steckbriefen** oder in **Beschreibungen literarischer Figuren.** Dabei werden die **äußeren Merkmale** von Personen bzw. Figuren (Gesamterscheinung, Einzelheiten, besondere Merkmale) genau und möglichst anschaulich benannt.

2

a Lies den folgenden Textauszug aus dem Buch »Wie eine Hecke voll Himbeeren«, in dem die 13-jährige Sylvia über ihre erste Liebe erzählt.

Pelle ist das Beste auf der Welt. Ist es nicht fantastisch, dass es ganz besondere Nasen gibt, die man überall wiedererkennen kann? Und besondere Ohren, die wie Blumen vom Kopf abstehen? Und Augen, die einen direkt von vorne oder rasch von der Seite und
5 manchmal vom anderen Ende des Klassenzimmers ansehen können! Pelle hat blaue Augen, die, ohne um Erlaubnis zu fragen, überall herumschauen. Pelles Nase ist rund und dick, eine Spezial-anfertigung, die ich auswendig kann. Pelle sieht immer gesund aus, er hat rote Backen wie ein kleines Kind. Und außerdem hat er
10 den komischsten Mund der Welt – seine Lippen laufen nach oben spitz zu, und im Winter sind sie immer rau.

Eine Figuren-
beschreibung
untersuchen

→ **S. 176** Attribut
(Beifügung)

 b Tauscht euch darüber aus, wie diese Beschreibung auf euch wirkt und wie ihr euch Pelle vorstellt.

 c Untersucht, mit welchen sprachlichen Mitteln es gelingt, Pelle anschaulich zu beschreiben.

d Besprecht, woran man erkennt, dass es sich bei dieser Beschreibung um einen Auszug aus einem Jugendbuch handelt.

> **!** In literarischen Texten werden die **handelnden Personen (literarischen Figuren)** aus der Sicht eines Erzählers (Ich-Erzähler, Sie-Erzählerin / Er-Erzähler) oder einer anderen Figur beschrieben. Die Darstellungen sind meist besonders anschaulich, sodass der Leser sich die Figur gut vorstellen kann.

Einen Steckbrief verfassen

3 Ihr wollt im Klassenraum Steckbriefe literarischer Figuren aus beliebten Jugendbüchern aushängen.

a Wiederholt, was ein Steckbrief beinhalten sollte und wie man ihn gestalten kann.

b Verfasst einen Steckbrief von Pelle (S. 72, Aufgabe 2 b).

TIPP
Stellt z. B. eure Lieblingsfigur aus einem Buch vor.

c Wählt eine weitere literarische Figur aus, deren Äußeres gut beschrieben ist, und gestaltet einen Steckbrief.

4 In dem Buch »Eine wie Alaska« lernt der 16-jährige Miles die geheimnisvolle Alaska kennen.

a Lies den folgenden Textauszug.

Ich beschloss, noch ein wenig auf der Schaukel sitzen zu bleiben, teils, weil die Hitze allmählich nachließ [...], teils, weil ich hoffte, dass Alaska vielleicht noch vorbeikam. [...]
Und jetzt ist ein guter Zeitpunkt, davon zu reden, wie schön sie
5 war. Wie sie neben mir in der Dunkelheit saß und nach Mädchen-schweiß und Sonnenschein und Vanille roch in dieser von einem schmalen Mond erhellten Nacht, in der ich kaum mehr sah als ihre Silhouette [...]. Doch selbst im Dunkeln konnte ich ihre Augen sehen – wie funkelnde Smaragde. Sie hatte die Art von Augen, die
10 einen von vornherein dazu verdammen, alles, was sie tat und sagte, gut zu finden.

b Beschreibe, welches Verhältnis der Erzähler zur beschriebenen Person hat. Suche Textstellen, die das belegen.

c Untersuche die sprachlichen Besonderheiten des Textauszugs.

5 Manchmal erfährt man nichts oder nur sehr wenig über das Äußere einer Figur. Trotzdem entsteht beim Leser eine bestimmte Vorstellung von der handelnden Person.

a Lies noch einmal den Textauszug über Alaska (S. 73, Aufgabe 4 a).

b Überlege, wie Alaska aussehen könnte, und fertige einen Steckbrief an.

Eine literarische Figur beschreiben

c Stelle dir vor, für eine Aufführung oder Verfilmung sollen eine geeignete Schauspielerin und ein passendes Kostüm gefunden werden. Beschreibe möglichst genau, wie Alaska aussehen sollte.

Gesamterscheinung: …
Einzelheiten: …
besondere Merkmale: …

6 Erfinde selbst eine literarische Figur, die im Mittelpunkt einer Erzählung stehen könnte. Entwirf zuerst einen Steckbrief. Beschreibe danach ihr Äußeres so anschaulich, dass ein Leser sich die Figur gut vorstellen kann.

TIPP
Gib deiner Figur einen Namen.

Eine Personen-beschreibung verfassen

7 Stelle dir vor, du hast ebenfalls ein besonderes Mädchen / einen besonderen Jungen kennen gelernt. In einer E-Mail an deine Freundin / deinen Freund möchtest du sie/ihn genau beschreiben.

a Notiere dir zuerst Stichpunkte zum Aussehen oder entwirf einen Steckbrief.

b Schreibe anschließend den Entwurf der E-Mail, überarbeite ihn und gestalte die Endfassung.

Einen Vorgang beschreiben

1 Hannah möchte ein Mikroskop benutzen, aber die Bedienungsanleitung ist leider verloren gegangen.

Über die
Schreibaufgabe
nachdenken

a Überlege, wofür eine Bedienungsanleitung gebraucht wird und welche Besonderheiten du beim Schreiben einer Anleitung beachten musst.

 b Besprecht, wie man beim Schreiben einer Bedienungsanleitung vorgehen könnte.

> **!** Eine Bedienungsanleitung ist eine besondere Form der **Vorgangsbeschreibung**, die zeigt, wie man ein Gerät bzw. einen Gegenstand sachgerecht benutzt.
> Es muss besonders auf die notwendigen Bestandteile, die richtige Reihenfolge der Handlungen und Teilhandlungen sowie auf die Genauigkeit der Aussagen geachtet werden. Ob die **persönliche** oder **unpersönliche Ausdrucksweise** verwendet wird, hängt vom Adressaten ab. Vorgangsbeschreibungen werden im **Präsens** verfasst.

2 Schreibe nun eine Bedienungsanleitung für das Mikroskop.

Eine Bedienungsanleitung planen

a Übertrage die Tabelle in dein Heft. Ordne die folgenden Bestandteile eines Mikroskops den Zahlen auf der Zeichnung zu. Schreibe auch die Funktionen der Einzelteile auf.

Okular – Lampe – Blende – Objekttisch – Revolver – Objektiv – Grobtrieb – Feintrieb

Nummer	Einzelteil	Funktion
1	Okular	...

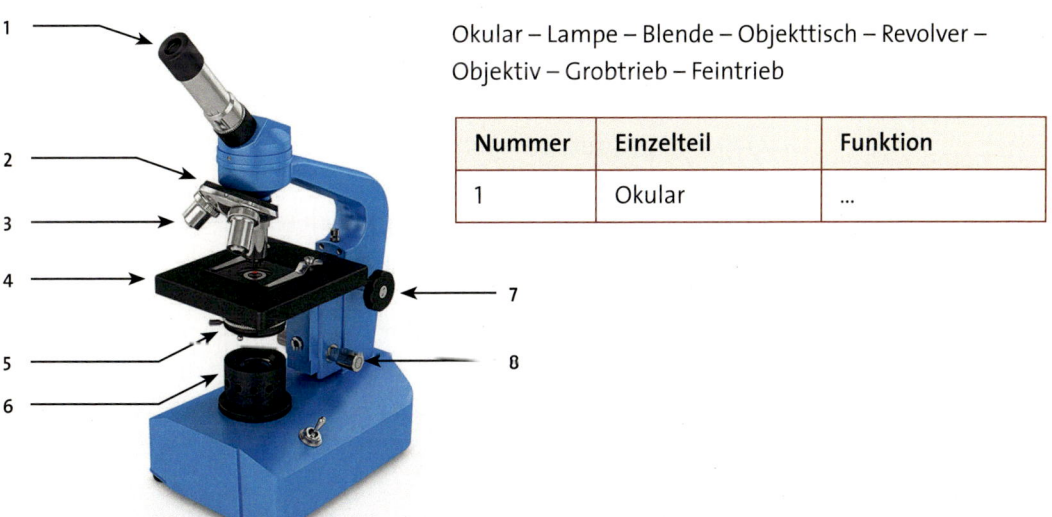

b Ordne den Bestandteilen in der Tabelle die folgenden Funktionen zu.

vergrößert das vom Objektiv entworfene Bild – drehbare Scheibe mit unterschiedlichen Objektiven – enthält Linsen, die das Bild des Objekts vergrößern – lässt durch die Öffnung in der Mitte das Licht durch das Objekt dringen – ermöglicht die Lichtregulierung – durchleuchtet das durchsichtige Objekt – bewegt den Objekttisch um Zentimeter – bewegt den Objekttisch um Millimeter – stellt das Bild scharf

 c Vergleicht eure Tabellen. Ergänzt oder verändert sie bei Bedarf.

d Ordne die folgenden Handlungen und Teilhandlungen in der Reihenfolge, wie sie bei der Benutzung eines Mikroskops nacheinander durchgeführt werden.

Mikroskop aufstellen – durchs Okular sehen – mit dem Grobtrieb Objekttisch an das Objektiv drehen – Lampe anschalten – Objektträger auf den Objekttisch legen – mit dem Feintrieb die Schärfe einstellen – passendes Objektiv aussuchen

1. Mikroskop aufstellen, ...

Einen Entwurf schreiben **e** Schreibe einen Entwurf der Bedienungsanleitung in dein Heft.

Einen Entwurf überarbeiten **3** Lisa hat ihre Bedienungsanleitung für das Mikroskop geschrieben.

a Lies den Entwurf.

Das Mikroskop ist ein Gerät, mit dem ich mir Sachen anschauen kann. Ich nehme es mit einem Tragegriff und stelle es vor mich hin. Dann schalte ich die Lampe an und gucke durch das Okular. Wenn ich Licht sehe, kann ich weitermachen. Ich nehme den
5 Objektträger, auf dem mein Haar und das Deckglas liegen, und lege ihn auf den Objekttisch. Ich drehe dann mit dem Grobtrieb den Objekttisch bis fast an die Objektive. Ich schaue durch das Okular und drehe mit dem Feintrieb den Objekttisch nach unten, bis ein Bild von meinem Haar, das ich untersuchen will, scharf ist. Ich
10 stelle am Revolver das Objektiv mit der schwächsten Vergrößerung ein. Dann schaue ich mir die Vergrößerung meines Haares an. Den Revolver kann ich übrigens drehen und er ist mit den Objektiven bestückt.

b Überarbeite Lisas Entwurf mithilfe der Arbeitsschritte und Tipps im Merkkasten auf der nächsten Seite.

!

Eine Vorgangsbeschreibung überarbeiten

Arbeitsschritte	Tipps
1. Schreibaufgabe bedenken	
• Für wen? Für welchen Zweck?	*Beachte z. B. die Besonderheiten einer Bedienungsanleitung.*
2. Inhalt überarbeiten	
• Reihenfolge der (Teil-)Handlungen? • Ergänzen oder streichen? • Einleitung und Schluss (um-)gestalten?	*Führe die Handlungen und Teilhandlungen selbst aus, um die Beschreibung zu prüfen.*
3. Wortwahl überarbeiten	
• Gegenstände, (Teil-)Handlungen genau bezeichnet? • Wortwahl verbessern?	*Prüfe besonders die Fachbegriffe und Verben. Untersuche, ob (un-)bestimmte Artikel richtig verwendet wurden.*
4. Satzbau überarbeiten	
• Abwechslungsreiche und sinnvolle Satzverknüpfungen? • Zusammengesetzte Sätze bilden oder zu lange Sätze auflösen?	*Untersuche die Satzanfänge. Prüfe, ob Satzglieder umgestellt werden können bzw. sollten. Betrachte die Wörter, die eine zeitliche Abfolge ausdrücken. Nutze geeignete Konjunktionen. Probiere aus, ob Sätze mithilfe nominalisierter/substantivierter Verben umzuformulieren sind.*
5. Rechtschreibung und Zeichensetzung korrigieren	
• Alles richtig geschrieben? • Alle Satzzeichen vorhanden?	*Nutze Nachschlagewerke. Berate dich mit anderen.*

→ S. 192
Textgestaltung durch Satzverknüpfung

TIPP
Ihr könnt auch eine Schreibkonferenz durchführen.

4 Überarbeite deine Bedienungsanleitung mithilfe des Merkkastens.

5 Stelle dir vor, du borgst dein Handy einem Freund. Beschreibe ihm, wie er die wichtigsten Funktionen nutzen kann, z. B. Lautstärke regeln, Tastensperre aktivieren und deaktivieren, Weckfunktion nutzen.

Ein Experiment beschreiben

 1 Tragt zusammen, wozu man Experimente beschreiben muss. Denkt dabei an den naturwissenschaftlichen Unterricht.

2

a Lies die folgende Beschreibung eines Experiments.

Nachweis der Lebenstätigkeit von Bakterien

Materialien: 2 Kartoffeln

2 Wassergläser

etwas Erde

Wasser

5 Eine der beiden Kartoffeln wird etwas eingeschnitten, an der Schnittfläche wird ein wenig Erde aufgetragen. Dann legt man die Kartoffel vorsichtig in ein Glas und gießt dieses randvoll mit Wasser. Das Glas wird nun an einen warmen Ort gestellt und drei Tage lang beobachtet.

10 Das Vorgehen wird mit der zweiten Kartoffel wiederholt. Das Glas wird dieses Mal aber in den Kühlschrank gestellt und ebenfalls drei Tage beobachtet.

b Untersuche, welche Angaben für die Beschreibung eines Experiments notwendig sind.

→ S.164 Verben

c Untersuche, in welcher Ausdrucksweise die Beschreibung verfasst wurde. Betrachte dazu die Subjekte und Prädikate in den Sätzen.

! **Experimente** kann man **beschreiben,** um zu ihrer Durchführung anzuleiten oder um ihren Verlauf ausführlich und genau zu dokumentieren.

Je nach Zweck der Beschreibung muss Folgendes enthalten sein:
- das Ziel des Experiments bzw. die Untersuchungsaufgabe,
- die benötigten Geräte und Materialien,
- die auszuführenden Handlungen und Teilhandlungen,
- die beobachteten Ergebnisse des Experiments.

Die Beschreibung eines Experiments wird meist im **Präsens** und in **unpersönlicher Ausdrucksweise** verfasst, z.B.:

Die Kartoffel wird etwas eingeschnitten.   (Verbform im Passiv)

Man legt die Kartoffel in ein Glas.   (*man*-Form)

3 In den folgenden Notizen für die Beschreibung eines Experiments ist einiges durcheinandergeraten.

Eine Beschreibung planen

a Bringe die folgenden Angaben in die richtige Reihenfolge.

- auf jede Lebensmittelprobe 2–3 Tropfen der Iod-Kaliumiodid-Lösung
- Nachweis von Stärke in Lebensmitteln
- je ein kleines Stück Käse, Banane, Apfel und Brot + Iod-Kaliumiodid-Lösung
- blauviolette bis schwarze Färbung → Stärke in den Lebensmitteln

Einen Textentwurf schreiben

b Formuliere die Beschreibung des Experiments so, dass andere es exakt durchführen können. Schreibe in dein Heft.

Den Entwurf überarbeiten

c Überarbeite den Entwurf. Achte dabei besonders auf die Gliederung, die Zeitform der Verben und die unpersönliche Ausdrucksweise. Schreibe die Endfassung in dein Heft.

TIPP
Überlege, wie deine Beschreibung enden könnte, wenn du die beobachteten Ergebnisse nicht verraten willst.

4 Wähle ein Experiment aus dem naturwissenschaftlichen Unterricht. Beschreibe es so, dass andere es durchführen können.

So kannst du ein Experiment beschreiben
1. Denke über die Schreibaufgabe nach. (Wem beschreibst du was? Zu welchem Zweck?)
2. Ordne die Angaben zu den Materialien und zur Durchführung des Experiments in der richtigen Reihenfolge.
3. Formuliere das Ziel bzw. die Aufgabe des Experiments. Entscheide, ob und wenn ja wie du die Ergebnisse beschreiben willst.
4. Schreibe einen Entwurf. Lass einen breiten Rand zum Überarbeiten.
5. Überarbeite den Entwurf.
6. Schreibe die Endfassung.

5 Veranschauliche das Experiment aus Aufgabe 4 auf einer Wandzeilung.

6 Wähle ein Experiment aus dem naturwissenschaftlichen Unterricht. Beschreibe den Verlauf und auch die beobachteten Ergebnisse.

Vorgänge beobachten und mitschreiben

! Während des Experimentierens muss man genau beobachten, was passiert. Seine **Beobachtungen** sollte man **in Stichpunkten mitschreiben,** um das Experiment zum Schluss mithilfe dieser Beobachtungen auswerten zu können.
Man kann die Stichpunkte kurz formulieren, indem man
- Nominalisierungen/Substantivierungen verwendet, z.B.: *Verfärbung bei Kartoffeln und Brot,*
- Abkürzungen benutzt, z.B.: *ca., u., usw., u.a., d.h.,*
- Tabellen vorbereitet.

1 Tragt zusammen, welche Abkürzungen ihr kennt, und schreibt sie in euer Heft. Ergänzt die Bedeutung.

2 Führe das Experiment aus Aufgabe 3 a (S. 79) durch.

TIPP
Du kannst in die rechte Spalte auch die Farbe eintragen.

a Übertrage vorher die folgende Tabelle in dein Heft und ergänze sie mit deinen Beobachtungen.

Lebensmittel	Verfärbung (ja/nein)
Käse	...

b Werte das Experiment anhand deiner Beobachtungen aus.

Folgende Lebensmittel enthalten Stärke: ...

3 Führe das Experiment aus Aufgabe 2 a (S. 78) durch.

a Überlege zuerst, welche Form der Notizen sich eignen würde, um die Beobachtungen schnell notieren zu können.

→ S. 159
Nominalisierte/
Substantivierte
Verben und Adjektive

b Führe das Experiment durch und notiere deine Beobachtungen.

Ein Bild beschreiben

1 Charles Ebbets (1905–1978) war ein US-amerikanischer Fotograf, der in den 1930er-Jahren den Bau des Rockefeller-Centers dokumentierte.

a Sieh dir das Bild genau an, das 250 m über New York entstand. Welche Gedanken gehen dir durch den Kopf?

b Überlege, wodurch die Wirkung des Fotos ausgelöst wird.

> **!**
>
> Will man ein **Bild beschreiben,** muss man darauf eingehen, *was* dargestellt ist und *wie* es dargestellt wurde. Daraus ergibt sich die Wirkung des Bildes auf den Betrachter.
> Eine Bildbeschreibung kann auf folgende Weise gegliedert werden:
> - **Einleitung:** Informationen zum Maler bzw. Fotografen, zum Titel des Bildes, zur Entstehungszeit und zum Thema
> - **Hauptteil:**
>   – Beschreibung dessen, *was* dargestellt wird (in bestimmter Reihenfolge, z. B. vom Vordergrund zum Hintergrund, von oben nach unten oder vom Auffälligen zum Unauffälligen)
>   – Beschreibung, *wie* es dargestellt wird (Gestaltungselemente und ihre Wirkung: Farbe, Linien, Raum, Formen, Kontraste, …)
> - **Schluss:** Zusammenfassung der Wirkung des Bildes auf den Betrachter
> Eine Bildbeschreibung wird im **Präsens** verfasst.

Einen Textentwurf
schreiben

2 Stelle dir vor, deine Freundin / dein Freund kennt das Foto aus Aufgabe 1 a (S. 81) nicht. Beschreibe es, damit sie/er sich das Foto vorstellen kann.

a Informiere sie/ihn kurz über den Fotografen, den Titel des Bildes und die Entstehungszeit bzw. den Entstehungsgrund.

b Beginne mit der Beschreibung des Vordergrunds. Wähle aus den folgenden Wortgruppen einige für deine Beschreibung aus.

im Vordergrund – lesen – im Zentrum des Bildes – auf dem Stahlträger – elf Männer – essen – in der Bildmitte – rauchen

c Beschreibe, was man im Hintergrund sieht. Wähle wieder geeignete Wortgruppen aus.

im Hintergrund – unter dem Stahlträger – hinter den elf Männern – Häuser von New York – weit unten – Hochhäuser

d Überlege, aus welcher Perspektive der Betrachter auf das Bild sieht. Wo stand der Fotograf vermutlich?

e Fasse zusammen, welche Wirkung das Bild auf den Betrachter hat.

Den Entwurf
überarbeiten
→ S. 94

f Überarbeite deine Bildbeschreibung und schreibe die Endfassung in dein Heft.

So kannst du ein Bild beschreiben
1. Denke über die Schreibaufgabe nach. (Wem und wozu beschreibst du das Bild?)
2. Betrachte das Bild und notiere in Stichpunkten Wichtiges zu seiner Wirkung.
3. Betrachte das Bild genauer und notiere Wichtiges zum Aufbau (Vorder-, Mittel-, Hintergrund) und zu den Gestaltungselementen (Farbe, Linien, Raum, Formen, Kontraste).
4. Sammle Informationen zum Bild (Maler bzw. Fotograf, Titel des Bildes, Entstehungszeit).
5. Ordne deine Notizen (Einleitung, Hauptteil, Schluss).
6. Schreibe einen Entwurf. Lass dabei einen breiten Rand für Überarbeitungen frei.
7. Überarbeite den Entwurf und schreibe die Endfassung.

3 Ilja Jefimowitsch Repin (1844–1930) war ein berühmter russischer Maler.

a Sieh dir das Bild an, auf dem er seine Tochter Vera dargestellt hat.

Flattergeist, 1884

→ S.72 Eine Person beschreiben

b Entwirf eine Bildbeschreibung. Lass einen breiten Rand für spätere Überarbeitungen.

 c Lest euch eure Bildbeschreibungen vor und gebt euch gegenseitig Hinweise zur Überarbeitung. Achtet auf den Inhalt und die sprachliche Gestaltung.

TIPP
Achte besonders auf die Satzverknüpfung und die Zeitform der Verben.
→ S.94

d Überarbeite deine Bildbeschreibung und schreibe die Endfassung in dein Heft.

Was habe ich gelernt?

4 Überprüfe, was du über das Beschreiben gelernt hast. Beantworte dazu die folgenden Fragen.

1 Welche Besonderheiten muss man bei der Beschreibung einer literarischen Figur beachten?
2 Worauf musst du bei einer Bedienungsanleitung achten?
3 Wozu kann man Experimente beschreiben?
4 Wie kann man eine Bildbeschreibung gliedern?
5 Welche der Beschreibungen sind dir leichtgefallen?
6 Was ist dir schwergefallen?

Berichten

→ S.93 Gewusst
wie: Texte verfassen

Über eine Exkursion berichten

TIPP
Schlagt die
Merkmale von
Berichten im
Merkwissen nach.

1 Tragt zusammen, welche Arten von Berichten ihr schon kennt und welche Besonderheiten diese aufweisen.

2 Anna soll für das Fach Geografie einen kurzen Bericht über die Exkursion der Arbeitsgemeinschaft »Gesteinskunde« schreiben.

a Lies Annas Text.

Unsere Exkursion nach Flöha

Am Sonntag, dem 5. Juni, traf sich die Arbeitsgemeinschaft »Gesteinskunde« gegen 6:15 Uhr am Chemnitzer Hauptbahnhof. Die einzige Person, die um diese Zeit fröhlich dastand, war unsere Geografielehrerin. Wir waren noch müde und trotteten lustlos

5 zum Zug, der 6:30 Uhr nach Flöha fuhr. Im Zug schliefen einige gleich noch mal ein. Aber lange konnten sie nicht schlafen, denn nach 25 Minuten hieß es aussteigen.

Zuerst mussten wir durch die ganze Stadt marschieren und dann ging es mindestens eine halbe Stunde nur bergauf. Celine und

10 Lukas jammerten die ganze Zeit, denn beide kamen auf dem Weg ganz schön ins Schwitzen. Endlich, nach 35 Minuten: der Wald, unser Ziel.

Dort bekamen wir unsere Aufträge. Wir sollten am Steinbruch und im Wald Tonschiefer,

15 Porphyrtuff und Quarzporphyr sammeln. Die Sucherei ging auch gleich los. Wir fanden alle Gesteinsarten. Die Fundstellen mussten wir in eine Geländekarte eintragen sowie die Steine nach Festigkeit und Farbe beschreiben. Ein Proto-

20 koll sollte auch geschrieben werden. Wir hatten also ganz schön zu tun. Nach drei Stunden war unsere Arbeit aber getan. Leider hatte es so ange- fangen zu regnen, dass wir fast bis auf die Haut nass waren. Aber die Zeit im Wald war schön,

25 verging sehr schnell und wir hatten trotz des Arbeitsauftrags viel Spaß.

b Beurteile, ob Anna ihre Aufgabe erfüllt hat. Begründe deine Meinung.

3 Schreibe für Anna den Bericht über die Exkursion.

Einen Bericht
planen

   a Schreibe aus dem Text in Aufgabe 2a (S. 84) alle Angaben heraus, die du für diesen Bericht benötigst, und ordne sie den *W*-Fragen zu.

Einen Textentwurf
schreiben

   b Schreibe mithilfe deiner Notizen den Bericht über die Exkursion. Lass einen breiten Rand für spätere Überarbeitungen.

Den Entwurf
überarbeiten

   c Überarbeite deinen Entwurf. Gehe dabei folgende Schritte:
   - Überdenke die Schreibaufgabe.
   - Überarbeite den Inhalt.
   - Überprüfe die Wortwahl.
   - Kontrolliere den Satzbau.
   - Korrigiere die Rechtschreibung.

4 Berichte mündlich über einen Wandertag, einen Projekttag oder eine Exkursion. Nutze dazu Stichpunkte.

● **5** Schreibe für die Internetseiten der Schule einen Bericht über eine Klassenfahrt oder einen Ausflug mit den Eltern, mit Verwandten oder Freunden.

   a Notiere Stichpunkte zu den *W*-Fragen.

   b Schreibe mithilfe deiner Notizen den Bericht. Lass einen breiten Rand für Überarbeitungen.

   c Überarbeite den Entwurf und schreibe eine Endfassung in dein Heft.

> **So kannst du einen Bericht schreiben**
> 1. Denke über die Schreibaufgabe nach.
>   (Wem berichtest du worüber und zu welchem Zweck?)
> 2. Ordne die Fakten sinnvoll, die du berichten möchtest.
>   Nutze dazu z. B. die *W*-Fragen.
> 3. Schreibe einen Entwurf. Lass einen breiten Rand zum Korrigieren.
> 4. Überarbeite den Entwurf und schreibe die Endfassung.

●●● **6** Schreibe für die Homepage der Schule einen Bericht über ein Ereignis aus eurem Schulalltag, z. B. über das Sportfest oder eure Lesenacht.

Ein Protokoll schreiben

 Ein **Protokoll** ist eine besondere Form des Berichts, mit dem man andere kurz, sachlich und genau informiert oder etwas dokumentiert. Im **Verlaufsprotokoll** werden der Ablauf und die Ergebnisse einer Veranstaltung, einer Diskussion oder eines Experiments festgehalten. Im **Ergebnisprotokoll** werden nur Ergebnisse bzw. Beschlüsse notiert.

Ein Protokoll untersuchen

TIPP
Sieh dir die Gliederungspunkte an.

→ **S.78** Ein Experiment beschreiben

1 Untersuche, um welche Protokollform es sich hier handelt.

Name: Nina Zabel   Klasse: 7a   Datum: 12.10.2014

Aufgabe:
Prüfe, ob die vorliegenden Lebensmittel Stärke enthalten.

Materialien: reine Stärke
Iod-Kaliumiodid-Lösung
je ein kleines Stück Banane, Apfel und Brot

Durchführung:
Zuerst werden 2 oder 3 Tropfen der Iod-Kaliumiodid-Lösung auf die reine Stärke gegeben, um die Verfärbung zu beobachten. Anschließend gibt man auf jede Lebensmittelprobe 2 bis 3 Tropfen der Lösung.

Beobachtung:

Proben	Verfärbung
Stärke	schwarz
Banane	graublau
Apfel	keine
Brot	blauviolett

Entsorgung:
Die getesteten Lebensmittel werden im Hausmüll entsorgt. Die Iod-Kaliumiodid-Lösung ist für weitere Versuche zu verwenden.

Auswertung:
Das Brot zeigt die stärkste Verfärbung, was auf den größten Stärkeanteil hinweist. Bananen verfärben sich nicht so intensiv, das bedeutet, sie enthalten weniger Stärke. Bei Äpfeln ist keine Verfärbung zu beobachten, das heißt, sie enthalten keine Stärke.

> **!** Ein **Versuchsprotokoll** ist eine besondere Form des Verlaufsprotokolls.
> Es sollte folgende Angaben enthalten:
> - Name, Klasse, Datum,
> - Aufgabe bzw. Fragestellung,
> - Materialien und Geräte,
>
> - Durchführung des Experiments,
> - Beobachtungen,
> - Entsorgung der Materialien,
> - Auswertung der Beobachtungen.

Ein Protokoll schreiben

2 Schreibe mithilfe der folgenden Angaben ein Versuchsprotokoll.

a Ordne die Textbausteine nach den Gliederungspunkten im Merkkasten.

- Untersuche, welche Lebensmittel Fett enthalten.
- Filterpapier, Olivenöl, Wasser, Sonnenblumenkerne, Erdnuss, ein wenig Pflanzenmargarine, je ein kleines Stück Banane und Apfel
- Es wird ein Tropfen Olivenöl auf Filterpapier gegeben, außerdem zur Kontrolle (getrennt davon) ein Wassertropfen.
- Olivenöl, Sonnenblumenkerne, Pflanzenmargarine und Erdnüsse enthalten Fett; Wasser, Bananen und Äpfel dagegen nicht.
- Die getesteten Lebensmittel und das Filterpapier werden im Hausmüll entsorgt.
- Man umrandet den Ölfleck rot und den Wasserfleck blau.
- Nach 10 Minuten hält man das Filterpapier gegen das Licht.
- Nun drückt man einen Sonnenblumenkern und Proben der anderen Lebensmittel auf Filterpapier.
- Olivenöl ist reines Fett und hinterlässt auf Filterpapier einen Fettfleck.

Lebensmittel	Fettfleck	Lebensmittel	Fettfleck
Olivenöl	ja	Sonnenblumenkern	ja
Erdnuss	ja	Pflanzenmargarine	ja
Banane	nein	Apfel	nein

b Schreibe das Versuchsprotokoll in dein Heft.

Was habe ich gelernt?

3 Überprüfe, was du über das Berichten gelernt hast.
Erkläre deiner Lernpartnerin/ deinem Lernpartner, worauf es beim Berichten ankommt.

Mitteilungen verfassen

Offizielle Briefe und E-Mails schreiben

1 An der Pinnwand hängen Notizzettel.

a Entscheide, ob es in den beschriebenen Situationen sinnvoller ist, einen kurzen Brief bzw. eine E-Mail zu schreiben oder anzurufen. Begründe deine Meinung.

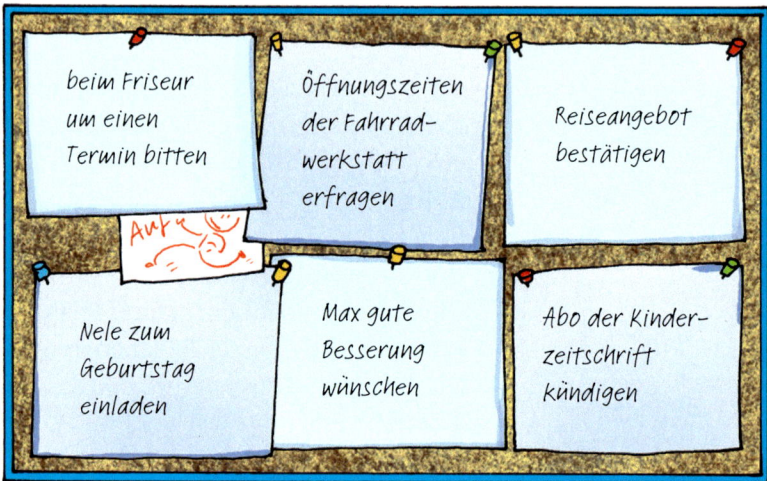

b Tragt zusammen, welche Vorteile es hat, eine Anfrage oder Mitteilung schriftlich zu verfassen.

c Entscheide, welche der schriftlichen Mitteilungen als private, welche als offizielle Briefe oder E-Mails verfasst werden.

> **!** **Private Briefe** und E-Mails sind persönliche Mitteilungen einer Privatperson an eine andere, z. B. Einladungen, Trostbriefe, Liebesbriefe, Urlaubsgrüße und Geburtstagskarten.
> **Offizielle Briefe** und E-Mails sind Mitteilungen an eine Institution oder ein Unternehmen, z. B. Anträge, Beschwerdebriefe und Bewerbungsschreiben.

d Überlegt, zu welchen Anlässen ihr offizielle Briefe oder E-Mails verfassen müsst.

2 Für das Verfassen eines offiziellen Briefs gibt es genaue Vorgaben.

a Sieh dir den Musterbrief an und ordne den Teilen des offiziellen Briefs die folgenden Benennungen zu.

Absender – Empfänger – Ort, Datum – Betreffzeile – Anrede – Brieftext – Grußformel – Unterschrift

---

Klasse 7a   Stendal, 1. Oktober 2014
Komarow – Sekundarschule
Stadtseeallee 95
39576 Hansestadt Stendal

Reisebüro „Aktivreisen"
Bergstr. 15
39576 Hansestadt Stendal

Planung einer Klassenfahrt nach Rostock

Sehr geehrte Damen und Herren,

wir möchten im Juni des nächsten Jahres eine dreitägige Klassenfahrt nach Rostock unternehmen. Wir sind 26 Schülerinnen und Schüler. Senden Sie uns bitte Prospekte und mögliche Angebote zu.

Mit freundlichen Grüßen

Sandra Meier

Sandra Meier
Klassensprecherin der Klasse 7a

---

b Erkläre, warum es wichtig ist, die Absender- und Empfängeranschrift korrekt zu vermerken.

c Schreibe deine Privatadresse und die Anschrift deiner Schule richtig in dein Heft.

! **Offizielle Briefe** und **E-Mails** sollten sachlich und knapp, aber höflich formuliert sein. Man verwendet die **Anredepronomen** *Sie, Ihr(-e)*. Außerdem sollte man auf fehlerfreie Rechtschreibung und Zeichensetzung achten.

In Abhängigkeit davon, ob man den Namen seines Ansprechpartners kennt, schreibt man in der **Anrede:**

Sehr geehrte Frau Müller, ...

Sehr geehrter Herr Lehmann, ...

oder *Sehr geehrte Damen und Herren, ...*

Der Anrede folgt ein Komma und es wird auf einer neuen Zeile klein weitergeschrieben.

In der **Betreffzeile** formuliert man kurz den Anlass des Briefs, z. B.:

Bewerbung um einen Praktikumsplatz.

Als **Grußformel** am Schluss des Briefs schreibt man:

Mit freundlichen Grüßen / Mit freundlichem Gruß.

Darunter folgt die **persönliche Unterschrift.**

3 Formuliere zu folgenden Inhalten eine passende Betreffzeile.

1 Schüler bitten in einem Brief die Geschäftsleitung eines Baumarkts um Unterstützung bei der Renovierung des Klassenraums.
2 Eine Klasse bittet eine Jugendbuchautorin, eine Lesung in der Schule zu halten.
3 Schüler einer 7. Klasse möchten wissen, ob es möglich ist, die Druckerei der Lokalzeitung zu besichtigen.
4 Eine Klasse übermittelt Ideen zur Neugestaltung des Sportplatzes.

4 Formuliere die folgenden Sätze kürzer.

TIPP
Vermeide Füll-wörter, wie *recht, halt, gewiss, völlig, eigentlich, einiger-maßen, geradezu.*

1 Wir sind uns ziemlich sicher, dass Sie uns bei dem Projekt unterstützen könnten.
2 Man kann wohl mit Recht sagen, dass wir von Ihrem Angebot sehr begeistert sind.
3 So würden wir halt gerne wissen, ob Sie noch freie Plätze haben.
4 Da man wirklich ehrlich sagen kann, dass wir sportbegeistert sind, möchten wir mehr über diesbezügliche Sportangebote wissen.
5 Wir hoffen, wir haben Ihnen unsere Ideen einigermaßen verständlich und relativ klar dargestellt.

1. Wir sind uns sicher, dass ...

5 Ersetze hier die langen Nominalgruppen durch Verben.

1 Ich möchte Ihnen die Informationen geben, die zur Abfahrtszeit vorliegen.

2 Hiermit möchten wir Sie um die Zusendung eines Katalogs bitten.

3 Wir werden Ihr Angebot einer genauen Prüfung unterziehen.

4 Könnten Sie uns davon in Kenntnis setzen, ob es zu dieser Zeit noch freie Plätze gibt?

1. Ich möchte Sie über die Abfahrtszeit informieren. ...

6 Schreibe den folgenden Brief in dein Heft. Verwende die Pronomen in richtiger Groß- oder Kleinschreibung.

Sehr geehrte Frau Heilmann,
vielen Dank für i/Ihren Antwortbrief. Ich bin sehr froh, dass s/Sie eine passende Sprachschule für meine Tochter in London gefunden haben. Wie s/Sie wissen, reist s/Sie bereits im Mai dorthin. Bitte
5 teilen s/Sie mir noch i/Ihre Londoner Adresse mit, damit meine Tochter s/Sie im Notfall auch dort erreichen kann. Könnten s/Sie bitte auch ein paar Prospekte beilegen, damit sich meine Tochter besser auf i/Ihren Aufenthalt in London vorbereiten kann?
Vielen Dank für i/Ihre Bemühungen!

10 Mit freundlichen Grüßen
Sibylle Bergmann

7 Bei der Beschriftung eines Briefumschlags muss man bestimmte formale Regeln beachten.

a Betrachte die Abbildung und trage wichtige Regeln zusammen.

b Beschrifte selbst einen Briefumschlag mit ausgedachten Anschriften.

8 Verfasst eine Checkliste, mit der ihr die Qualität der von euch verfassten offiziellen Briefe kontrollieren könnt.

> <u>Checkliste für das Verfassen offizieller Briefe</u>
> − Formale Aspekte:
>   Absender und Anschrift korrekt?   ☐
>
>   ...
>
> − Inhaltliche Aspekte: ...   ☐
> − Sprachliche Aspekte: ...   ☐
> − Äußeres Erscheinungsbild: ...   ☐

9 Ihr plant ein Schulfest im zweiten Schulhalbjahr.
Für die Durchführung sucht ihr Sponsoren und Unterstützer.

a Überlegt, wen ihr anschreiben möchtet und um welche Form der Unterstützung ihr bitten könntet.

Ansprechpartner?

b Prüft, welche Informationen für die Briefe euch noch fehlen, und überlegt, wie ihr diese beschaffen könnt.

10 Verfasse einen Brief an einen möglichen Sponsor oder an eine Firma, die euch helfen könnten.

Den Textentwurf schreiben

a Schreibe zuerst einen Entwurf. Orientiere dich an dem Musterbrief aus Aufgabe 2 a (S. 89).

Den Entwurf überarbeiten

b Kontrolliert eure Briefe gegenseitig mithilfe der Checkliste aus Aufgabe 8.

c Überarbeite deinen Entwurf. Achte besonders auf Rechtschreibung und Zeichensetzung.

TIPP
Wähle am PC die Schriftart *Arial* oder *Times* und die Schriftgröße 11 oder 12.

d Schreibe die Endfassung des Briefs handschriftlich oder am Computer. Verwende weißes DIN-A4-Papier.

Was habe ich gelernt?

11 Überprüfe, was du über offizielle Briefe und E-Mails gelernt hast. Fertige ein Schaubild mit den Bestandteilen und Regeln an.

Texte verfassen

Um Texte inhaltlich und sprachlich angemessen zu gestalten, sind verschiedene **Arbeitsphasen** notwendig. Je nach Textsorte, Schreibsituation bzw. Schreibaufgabe kann man dazu verschiedene **Arbeitsschritte und Methoden** nutzen, wie z. B.:

TIPP
Überlege auch, welche Textsorte entstehen soll, z. B. Bericht, Beschreibung, Erzählung.

1. Thema/Schreibaufgabe durchdenken	
Worüber soll geschrieben werden?	→ Thema, Inhalt
Welche Funktion hat der Text, welchem Zweck dient er?	→ z. B.: informieren, anleiten, dokumentieren, unterhalten
Für wen soll geschrieben werden?	→ z. B.: Mitschüler, Fremde, für mich

2. Text planen: Ideen, Informationen sammeln, ordnen, gliedern	
ein Brainstorming durchführen	*China, chinesisches Essen, chinesische Oper, …*
einen Cluster erstellen	
eine Mindmap gestalten	
Ober- und Unterbegriffe suchen	*Heimische Pflanzen* • *Bäume: Laubbäume, Nadelbäume* • *Sträucher: …*
W-Fragen stellen	*Wer? Wann? Was? Wie? …*
eine spezielle Gliederung zugrunde legen	*1. Name, Datum, Ort* *2. Untersuchungsziel* *3. Geräte und Materialien …*

TIPP
Lass einen breiten Rand für spätere Überarbeitungen.

3. Text gestalten

Einleitung, Schluss u.a. Textteile entwerfen	*Ein Foto, das mich besonders beeindruckt hat, ist von dem US-amerikanischen Fotografen Charles Ebbets (1905–1978) und hat den Titel ...*
Textentwurf schreiben	*Ein Foto, das beeindruckt*

TIPP
Lege vor dem Überarbeiten eine längere Pause ein.

TIPP
Überlege, was ein fremder Leser fragen würde.

4. Den Textentwurf überarbeiten

Schreibaufgabe überdenken	Worüber, für wen, warum sollte/wollte ich schreiben?
Inhalt überarbeiten	Ist alles Wesentliche in sinnvoller Reihenfolge dargestellt? Sind alle Aussagen richtig? Was müsste genauer dargestellt werden? Sind überflüssige Informationen enthalten?
Wortwahl überarbeiten	Wurden genaue Bezeichnungen verwendet (Verben, Adjektive, Fachbegriffe)? Lassen sich Vergleiche oder Synonyme nutzen? Passen die bestimmten/unbestimmten Artikel?
Satzbau, Satzverknüpfung überarbeiten	Schließen die Satzanfänge sinnvoll an vorher Gesagtes an? Sollten Satzglieder umgestellt oder passende Konjunktionen genutzt werden? Sollten einfache Sätze verbunden oder mehrfach zusammengesetzte Sätze aufgelöst werden? Lassen sich Sätze mithilfe von Nominalisierungen/Substantivierungen umformulieren?
Rechtschreibung, Zeichensetzung korrigieren	Welche Wörter bzw. Kommaregeln sollte ich nachschlagen?

5. Endfassung schreiben und ggf. gestalten

Mit Medien umgehen

Werbung untersuchen

1 »Werbung ist die Kunst, auf den Kopf zu zielen und die Brieftasche zu treffen.« (Vance Packard, amerikanischer Publizist)

a Welcher Werbeslogan fällt dir spontan ein? Welche Werbemelodie kannst du ansummen? Nenne drei Beispiele.

b Zeichne aus dem Gedächtnis ein Firmenlogo auf.
Vergleiche es mit dem Original. Nutze dazu z.B. das Internet.

c Überlegt, an welchen Orten man auf gedruckte Werbung stößt.

2

a Lies, was Michael Paul über Werbung sagt.

»Werbung muss vor allem einfach sein«, sagt Michael Paul, Inhaber des Marketingunternehmens »Marketing Pilots« und Gründer des ersten virtuellen Markenmuseums. »Denn bei rund 3000 Werbebotschaften pro Tag, die auf die Kunden einströmen,
5 bleiben nur die einfachen hängen.« Beste Beispiele für Werbeslogans, die schon seit Jahren aktuell sind und damit in den Ohren der Kunden klingen: »Kinderschokolade für die Extraportion Milch« oder auch »Persil – da weiß man, was man hat«. »Die Produkte heute sind austauschbar, da muss die Werbung
10 emotional sein«, sagt Markenexperte Michael Paul. Klassische Werbung wie früher wird immer unwichtiger.

b Fasse die Aussage von Michael Paul zusammen.

Werbung sollte …

> ! **Werbung** beeinflusst Menschen gezielt und bewusst. Sie möchte durch meist einfache Botschaften zum Kauf eines Produkts anregen, um neue Kunden werben (z.B. Stromversorger) oder auf verschiedene Sachverhalte aus dem Leben aufmerksam machen (z.B. in der Politik). Werbung löst Neugierde aus, spricht Gefühle an, enthält Versprechen und Appelle, die zum Handeln anregen sollen.

3 Die Geschichte der Werbung reicht Jahrtausende zurück.

a Lies den folgenden Text. Suche die Gründe für den Aufschwung
der Werbung heraus und notiere sie in Stichpunkten.

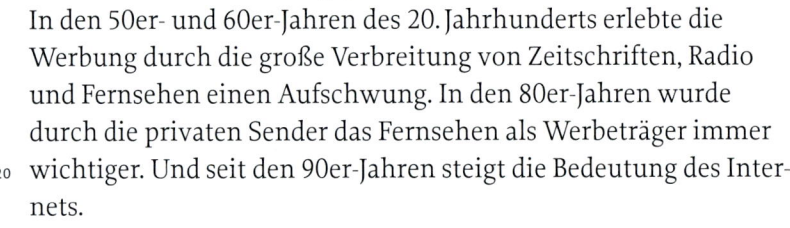

Schon die alten Ägypter kannten Werbung. 4000 Jahre vor Christus
gab es öffentliche Ausrufer, die staatliche und private Termine
sowie die Ankunft bestimmter Händler ankündigten.
Im Jahre 2000 vor Christus schrieben die babylonischen Händler
5 ihre Waren auf Tafeln mit Keilschrift und boten diese an.
Durch die Erfindung des Buchdrucks durch Johannes Gutenberg
und die Entstehung der ersten Papierfabriken im 15. Jahrhundert
nahm die Werbung einen Aufschwung. Der Druck der ersten
Tageszeitung der Welt in Leipzig um 1650 ermöglichte Werbung
10 in Zeitungen. Durch neue Druckverfahren, die Erfindung der
Lithografie und des Siebdrucks konnten um 1846 auch bunte
Plakate gedruckt werden. 1855 wurden in Berlin die ersten Litfaß-
säulen aufgestellt.
Ende des 19. Jahrhunderts blühte die Werbung immer mehr auf
15 und die ersten Ausbildungsplätze für Werbefachleute entstanden.
In den 50er- und 60er-Jahren des 20. Jahrhunderts erlebte die
Werbung durch die große Verbreitung von Zeitschriften, Radio
und Fernsehen einen Aufschwung. In den 80er-Jahren wurde
durch die privaten Sender das Fernsehen als Werbeträger immer
20 wichtiger. Und seit den 90er-Jahren steigt die Bedeutung des Internets.

b Übertrage folgende Tabelle in dein Heft und ergänze sie.

Werbeträger (Wo?)	Werbemittel (Wie?)
Zeitungen und Zeitschriften Hörfunk Fernsehen Außenwerbung …	Anzeige, Bilder … … … Onlineangebote

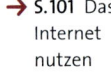 c Tauscht euch aus, welche Art der Werbung euch besonders anspricht.
Sucht mögliche Gründe.

→ **S. 101** Das
Internet
nutzen d In welchem Medium ist Werbung am überzeugendsten?
Recherchiert dazu im Internet oder führt selbst eine Umfrage durch.

4 Vergleicht eine Jugendzeitschrift, eine Tageszeitung und ein Wissenschaftsmagazin.

a Untersucht die Zeitungen nach folgenden Kriterien:
- Verhältnis von Werbung und anderen Informationen,
- Zielgruppe der Werbung,
- Produkte, für die geworben wird.

b Tragt die Ergebnisse zusammen und vergleicht sie. Benennt Gemeinsamkeiten und Unterschiede.

5

Eine Werbeanzeige untersuchen

a Beschreibe, welche Wirkung folgende Werbeanzeigen auf dich haben. Überlege, was versprochen wird.

! Werbung ist nach der **AIDA-Formel** aufgebaut. Sie soll

• **Aufmerksamkeit** erregen,	**A** ttention
• **Interesse** wachrufen,	**I** nterest
• den **Wunsch** nach dem Produkt wecken,	**D** esire
• das **Handeln**, d. h. den Kauf, auslösen.	**A** ction

b Bewerte, ob die Werbeanzeigen aus Aufgabe a der AIDA-Formel gerecht werden. Was erregt deine Aufmerksamkeit und ruft dein Interesse wach? Wodurch wird der Kaufwunsch hervorgerufen?

! Werbung muss in **einfacher,** aber **einprägsamer Sprache** verfasst
sein. Dazu nutzt sie gern folgende **sprachliche Mittel:**
- Übertreibung, z.B.: *So wurden Sie noch nie erfrischt.*
- Aufzählung, z.B.: *Quadratisch. Praktisch. Gut.*
- Alliteration (gleicher Anfangsbuchstabe), z.B.: *Milch macht müde
  Männer munter.*
- Reim, z.B.: *Mars macht mobil, bei Arbeit, Sport und Spiel.*
- Wortspiel, z.B.: *Bemannte Räumfahrt.*
- Gegensatz, z.B.: *Sind sie zu stark, bist du zu schwach.*
- Ausruf, z.B.: *Wie gut, dass es Nivea gibt!*
- Wortneuschöpfung, z.B.: *Los Wochos!*
- ungewöhnlicher Satzbau, Auslassung z.B.: *Jetzt zuschlagen!*
- Abweichung von der Grammatik, z.B.: *Hier werden Sie geholfen!*

 6

a Hier ist alles durcheinandergeraten. Setze die Werbeslogans
wieder richtig zusammen.

Have a break	Gut.	Mars

entspannt die Sinne.	Bifi	weiß, was Frauen wünschen.

Bauknecht	macht Kinder froh und Erwachsene ebenso.

Haribo	macht mobil bei Arbeit, Sport und Spiel.

Quadratisch. Praktisch.	muss mit!

Beruhigt die Haut,	have a KitKat.

b Untersuche, welche sprachlichen Mittel aus dem Merkkasten
in den Werbeslogans von Aufgabe a enthalten sind.

Quadratisch. Praktisch. Gut. (Aufzählung)

Einen
Werbeslogan
untersuchen

7 Untersuche folgende Werbeslogans auf verwendete sprachliche
Mittel.

1 Keine Creme – Ein Wundermittel! 2 Für Frauen voller Fantasie.
3 Eine Praline für 'ne gute Miene. 4 Heute noch grau, morgen schon
wäscheweiß. 5 Ist es im Haus, geht's mir gut! 6 Spidermanklebrigstark.
7 Damit (k)lebt man besser. 8 Klein – eckig – explosiv

8

a Sieh dir das Plakat an und erkläre seine Aussage.

Eau wie gut!

Ohne uns wäre es nur nass. *Berliner Wasserbetriebe*

Ein Werbeplakat
untersuchen

b Untersuche das Plakat jetzt genauer. Finde heraus, warum es so
einprägsam ist. Nutze dazu die Schrittfolge im Kasten.

So kannst du Werbung untersuchen
1. Was fällt zuerst ins Auge?
2. Welche **Zielgruppe** wird angesprochen?
3. Welche **Wirkung** ist beabsichtigt?
4. Wie tragen **Bild** und **Text** zu dieser Wirkung bei?
    • Was ist abgebildet (Vordergrund, Hintergrund, Mittelpunkt)?
        – Welche Rolle spielen Licht, Farben und Formen?
        – Wie lässt sich die Bildbotschaft zusammenfassen?
    • Wie lautet der Slogan?
        – Welche sprachlichen Mittel wurden verwendet?
        – Welche Informationen über das Produkt erhält man?
        – Wie lässt sich die Textbotschaft zusammenfassen?
5. Welche weiteren **Gestaltungsmittel** spielen eine Rolle (z. B. Ton,
    Musik, Bewegung, Bildfolge)?
6. Welche Gründe sprechen für bzw. gegen das beworbene Produkt?

9 Wähle aus Zeitungen verschiedene Werbeanzeigen aus und untersuche diese mithilfe der Schrittfolge.

 **10** Oft werden Prominente in der Werbung eingesetzt. Seht euch solche Anzeigen an und besprecht deren Wirkung. Belegt eure Meinungen mit aktuellen Beispielen.

11 Auch Fernseh- und Radiosender finanzieren sich durch Werbung.

a Wähle einen öffentlich-rechtlichen Fernseh- bzw. Radiosender (z.B. ARD, MDR, NDR) und einen privaten Anbieter (z.B. RTL) aus. Sieh bzw. höre einmal genauer hin. Welche Sendungen für welche Zielgruppe werden zu bestimmten Zeiten ausgestrahlt? Welche Werbung unterbricht diese?

> **TIPP**
> Wähle einen
> Werbespot, der
> häufig ausge-
> strahlt wird,
> zeichne ihn auf.

b Wähle einen Werbespot aus und untersuche, mit welchen Gestaltungs-mitteln gearbeitet wird. Nimm die Schrittfolge von S. 99 zu Hilfe.

 c Tragt Unterschiede und Gemeinsamkeiten von gedruckten Werbe-anzeigen und Werbespots aus Funk und Fernsehen zusammen.

12 Heute gewinnt Onlinewerbung immer mehr an Bedeutung.

a Suche heraus, auf welchen Internetseiten sich welche Werbung findet.

b Wähle ein Beispiel aus und untersuche genauer, wie die Werbung gestaltet ist. Nutze dazu die Schrittfolge von S. 99.

13 Entwirf selbst einen Werbeslogan und eine Werbeanzeige für
- ein Haarwaschmittel, das Haare wachsen lässt,
- einen Geschirrspülautomaten-Ausräumer,
- ein Auto, das auf Straßen und Wasser fahren kann,
- einen Navigator für den Kleiderschrank.

Was habe ich gelernt?

14 Überprüfe, was du über Werbung gelernt hast. Beantworte dazu die folgenden Fragen.

1 Was versteht man unter der AIDA-Formel?
2 Mit welchen bildlichen Mitteln wird in der Werbung Wirkung erreicht?
3 Mit welchen sprachlichen Mitteln wird in der Werbung Wirkung erreicht?

Das Internet als Informationsmedium nutzen

1 Führt in der Klasse eine Umfrage zur Internetnutzung durch.

a Beantwortet schriftlich die folgenden Fragen.

TIPP
Ihr könnt auch
einen eigenen
Fragebogen
entwerfen.

1 Wer nutzt in deiner Familie das Internet am häufigsten?

2 Wie viele Stunden pro Tag bist du online?

3 Wozu nutzt du das Internet? Wähle aus.

a) Onlinespiele

b) Senden und Empfangen
   von E-Mails

c) Informationssuche

d) Einkaufen (Onlineshopping)

e) Videos bzw. TV sehen

f) Freunde »treffen«

g) Musik hören

h) Communitys besuchen

i) Sonstiges

b Vergleicht die erhaltenen Daten und wertet sie gemeinsam aus.

→ S.112 Informationen
   veranschaulichen

c Stellt die Ergebnisse in einer Tabelle oder Grafik dar.

 **d** Führt die Umfrage auch in anderen Klassen oder in eurer Familie durch.

Zur Suche im Internet kann man verschiedene **Suchmaschinen**
verwenden, z.B.:
http://www.google.de
http://www.fireball.de
Man gibt einen oder mehrere Suchbegriffe in das Suchfeld ein.
Die Trefferliste zeigt diejenigen Seiten an, die die Suchbegriffe
enthalten. Um zu beurteilen, ob die Suchergebnisse die erwarteten
Informationen enthalten, liest man die Kurzbeschreibungen.
Es werden auch **Web-Kataloge** geführt, in denen man suchen kann.
Das sind Sammlungen von Internetadressen, die bereits nach
bestimmten Themen oder Sachgebieten sortiert sind, z.B.:
https://www.thueringen.de/th7/tlv/linksammlung/index.aspx/
zum Thema „Verbraucherschutz in Thüringen"

2

 a Gebt folgende Suchbegriffe in alle genannten Suchmaschinen ein.
Vergleicht, wie viele Ergebnisse jeweils angezeigt werden.

1 Johann Wolfgang Goethe

2 Berlin

3 den Namen deiner Heimatstadt bzw. deines Heimatdorfs

b Was interessiert dich? Erstelle eine Liste eigener Suchbegriffe.

So kannst du im Internet nach Informationen suchen

1. Schreibe Fachbegriffe, Eigennamen und Schlüsselwörter zu deinem Thema auf, z. B.: *Johann Wolfgang von Goethe Weimar Lebenslauf.*
2. Suchst du nach einer Übersicht mit interessanten Internetseiten, dann ergänze »Linkliste«, z. B.: *Goethe Linkliste.*
3. Beschränke die Suchergebnisse auf die gesuchten Begriffe, indem du die Suchbegriffe mit einem Plus (ohne Leerzeichen) verbindest, z. B.: *Goethe+Weimar.*
4. Schließe Begriffe aus, indem du den Suchbegriff mit einem Minus verbindest, z. B.: *Goethe-Weimar.*
5. Sollen nur Seiten angezeigt werden, auf denen alle Suchwörter nacheinander auftauchen, setze sie in Anführungszeichen z. B.: *»die Geister, die ich rief«* (Goethe »Der Zauberlehrling«).

c Probiere die verschiedenen Suchmöglichkeiten mit deinen Suchbegriffen aus. Überlege, wann du welches Vorgehen wählen solltest.

a Recherchiere Informationen zu folgenden Fragen.

Wer ist Joanne K. Rowling? Suche Informationen über ihr Leben. Beschränke dich dabei auf ihre Kindheit. Was sagt sie über ihre Bücher? Suche mindestens drei Zitate.

b Präsentiere die Ergebnisse mit vollständigen Quellenangaben. Orientiere dich dabei am Merkkasten unten.

Eine **Quellenangabe** für Texte aus dem **Internet** sollte folgende Informationen enthalten:
- Autorin/Autor (wenn möglich)
- Titel und Untertitel des Beitrags
- »Online im Internet« sowie die Internetadresse
- Abrufdatum, z. B.:
  Misdorf, Hans: Johann Wolfgang von Goethe – Deutschlands größter Dichter. Online im Internet: http://derweg.org/mwberdeu/goethe.htm [28.01.10]

c Bewerte deine Suchergebnisse nach den Kriterien aus dem folgenden Merkkasten.

! Die **Beurteilung der Suchergebnisse** sollte nach folgenden Punkten erfolgen:
- **Autor:** Ist ein Autor oder eine Autorengruppe angegeben oder erscheint die Seite anonym?
- **Herkunft:** Gibt es Kontaktdaten bzw. ein Impressum zu dieser Internetseite? Wurde die Seite von einer offiziellen Organisation erstellt oder privat? Ist es ein Diskussionsforum?
- **Aktualität:** Seit wann existiert diese Seite? Wann erfolgte die letzte Aktualisierung?
- **Inhalt:** Sind die angegebenen Fakten überprüfbar? Werden Quellen oder Verweise genannt, die die Richtigkeit bestätigen?

d Tauscht euch über die Vor- und Nachteile von Internetquellen aus, vor allem über ihre Zuverlässigkeit. Wann sollte man sie verwenden, wann eher nicht?

4 Wähle ein Buch oder einen Film aus. Suche verschiedene Internetseiten dazu. Bewerte sie nach den Kriterien aus dem Merkkasten.

5 Viele Internetseiten sind kostenpflichtig, einige seriöse Informationsquellen sind jedoch frei zugänglich. Stelle fest, um welche Angebote es sich bei den folgenden handelt.

    1 http://www.wissen.de

    2 http://www.tagesschau.de

    3 http://de.wikipedia.org/wiki/Hauptseite

6 Wähle eine Schauspielerin/einen Schauspieler oder eine Musikgruppe aus. Suche Informationen dazu auf den in Aufgabe 5 angegebenen Internetseiten. Berichte von deiner Recherche.

7 Recherchiere die folgenden Informationen.

    1 Welche Sicherheitsregeln wurden bei Wikipedia eingeführt, um Internet-Piraterie und bewusste Falschmeldungen zu verhindern?

    2 Informiere dich über Enzyklopädien[1] in Buchform. Recherchiere über ihre Geschichte und bewerte, wie sicher diese „Wissensspeicher" sind.

[1] *griech. Nachschlagewerk*

Eine E-Mail-Geschichte schreiben

Du kannst mit einer Partnerin / einem Partner eine eigene E-Mail-Geschichte schreiben. Die folgenden Arbeitsschritte helfen dir dabei. Bei technischen Fragen kannst du auch deine Computerlehrerin / deinen Computerlehrer um Hilfe bitten.

1. **Eine Schreibpartnerin / Einen Schreibpartner finden**
   Das kann neben der besten Freundin / dem besten Freund auch jemand sein, den ihr noch nicht so gut kennt.

2. **Ideen für eine Geschichte sammeln**
   Sucht euch ein Thema aus, zu dem ihr einen E-Mail-Roman schreiben wollt. Es kann um eure Ferienerlebnisse gehen, um Bücher oder Filme oder um ein Geheimnis, das gelüftet werden soll.

3. **Eine Gliederung entwerfen**
   Überlegt euch, ob ihr selbst Figuren der Handlung sein möchtet oder ob ihr euch Figuren ausdenken wollt. Legt Eckpunkte der Handlung fest, bevor ihr mit dem Schreiben beginnt.

4. **Im Austausch von E-Mails eine Geschichte entwickeln**
   Tauscht die ersten E-Mails aus. Gestaltet die Figuren eurer Geschichte. Denkt euch Namen, Charaktereigenschaften und E-Mail-Adressen aus. Lasst euch auch überraschen, welche Wendungen die Handlung nehmen kann, wenn zwei Menschen an einer Geschichte schreiben.

5. **Korrekturlesen des Computerausdrucks**

1 Sucht euch eine E-Mail-Partnerin / einen E-Mail-Partner und schreibt eine eigene Geschichte. Geht dabei nach der Schrittfolge vor.

2 Führt eine Schreibkonferenz durch, mit deren Hilfe ihr eure E-Mail-Geschichten überarbeiten könnt.

3 Gestaltet für den Computerausdruck der überarbeiteten Geschichte ein Deckblatt.

Mona will David kennen lernen, aber sie will ihn nicht treffen, sie will ihm Briefe schreiben. Und der wortkarge David soll zurückschreiben. Nur zögerlich lässt er sich darauf ein, doch nach und nach gefällt ihm die altmodische Art der Kommunikation. Man kann sich hinter Briefen verstecken und muss auf unangenehme Fragen nicht sofort eine Antwort geben, sondern kann sich Zeit zum Überlegen nehmen.

1 Sieh dir diese und die folgende Seite an und trage zusammen, welche Bestandteile der Brief enthält.

Anja Tuckermann, Andreas Steinhöfel

David Tage. Mona Nächte

Berlin, den 21.07.98

Hallo, Mona,

wie fang ich jetzt bloß an? Du hast mich ganz schön überrumpelt. Als du gesagt hast, du würdest mir schreiben, da dachte ich: Das macht die nie. Die erzählt nur so rum. Und was soll das überhaupt,
5 sich zu schreiben, schließlich, wozu gibt's Telefon? Briefeschreiben finde ich altmodisch.
Warum hast du mir nicht einfach deine Telefonnummer gegeben? Früher musste ich immer meiner Patentante schreiben. Die wohnt irgendwo in Süddeutschland, ich hab sie nie besucht in ihren
10 Schwäbischen Alpen. Zu jedem Geburtstag und zu jedem Weihnachten hat sie mir ein Buch geschickt. Was okay war, weil meine Eltern nie Geld für Bücher ausgeben wollten – tun sie heute noch nicht. Ich lese gern. Aber bei den Dankschreiben an meine Patentante hab ich mir regelmäßig die Finger abgebrochen. Ich kann
15 nicht so gut von mir erzählen. Ich bin kein guter Briefeschreiber. Sich zu treffen wäre doch viel netter, findest du nicht? Ich würde dich wirklich gern wiedersehen, Mona. In dieser blauweiß karierten Bluse zum Beispiel. Die könnte von mir aus irgendwelche Flecken haben oder auch Mickymäuse drauf, völlig egal.
20 Hättest du vielleicht mal Lust auf ein Eis oder so was? Soll ich wirklich bei dir klingeln? Würdest du aus den Wolken fallen?
Ich weiß nicht. Ich dachte halt: Die siehst du nie wieder, schade. Und jetzt schreibst du mir was von meinen Augen. Das bringt
25 mich durcheinander. Das würde jeden durcheinanderbringen, oder?

O Mann, was für ein Gekritzel, und dabei ist das schon der siebte Anlauf, also schick ich diesen Brief einfach mal los, sonst wird ja nie was draus. Der nächste wird besser.
30 Versprochen! Aber denk noch mal über das Telefon nach, ja? Am Telefon bin ich wirklich besser.

Dein David

PS: Das mit dem alten Mann tut mir leid. Ich
35 frag mich, was wohl aus seinem Dackel geworden ist …

2 Suche aus dem Brief heraus, was du über Mona erfährst. Nenne die Textstellen.

3 Tragt zusammen, was David über das Schreiben von Briefen denkt.

4 Tauscht euch darüber aus, in welchen Situationen ihr jemandem etwas schreiben oder lieber mit ihm telefonieren würdet.

5 Schreibe einen Antwortbrief von Mona an David.

Mia Thermopolis lebt mit ihrer Mutter in New York. Ihr Leben an der Schule ist nicht gerade leicht: Sie gehört nicht zu den coolen Mädchen, in Mathe ist sie eine Null und ihre Mutter verliebt sich ausgerechnet in Mias Mathelehrer. Und dann erfährt sie auch noch, dass ihr Vater das kleine Fürstentum Genovia regiert und sie, Mia, eine echte Prinzessin ist.

1 Lies den folgenden Auszug aus einem Chat zwischen Mia (FtLouie) und Michael (Crac-King), dem Bruder ihrer besten Freundin. Überlege, was vorher passiert sein könnte.

Meg Cabot

Plötzlich Prinzessin!

Crac-King He, Thermopolis, was war denn gestern Abend los? Ich hab schon gedacht, du wärst jetzt vollends durchgeknallt.

Ich? Durchgeknallt?

FtLouie Nur zu deiner Information: Ich bin keineswegs durchge-
5   knallt. Ich hab es bloß satt, dass deine Schwester mir immer vorschreiben will, wie ich mich zu verhalten hab. Aber das braucht dich nicht zu interessieren.
Crac-King Kein Grund, so überheblich zu werden. Natürlich inter-essiert es mich. Schließlich muss ich mit ihr zusammenleben.
10 **FtLouie** Wieso? Redet sie über mich?
Crac-King Könnte man so sagen.

Die haben sich also über mich unterhalten – ich pack es nicht. Und es ist ja wohl ganz klar, dass sie nichts Gutes über mich gesagt haben kann.

FtLouie Was hat sie gesagt?
15 **Crac-King** Ich dachte, das braucht mich nicht zu interessieren?

Bin ich froh, dass ich keinen Bruder hab.

FtLouie Hat es auch nicht. Also, was sagt sie über mich?
Crac-King Dass sie nicht versteht, was in letzter Zeit mit dir los ist. Sie meint, seit dein Vater da ist, benimmst du dich wie eine
20   Gestörte.
FtLouie Ich? Wie eine Gestörte? Und was ist mit ihr? Sie kritisiert mich die ganze Zeit. Ich habe es echt satt!! Wenn sie meine Freundin wäre, würde sie mich so akzeptieren, wie ich bin, oder etwa nicht????

25 **Crac-King** Kein Grund, so rumzuschreien.
FtLouie Ich schreie nicht!!!
Crac-King Du benutzt übertrieben viele Satzzeichen und das ist im
Internet wie schreien. […] Stehst du in Mathe eigentlich immer
noch so schlecht?

30 *Die Frage kam ziemlich überraschend.*

FtLouie Ich glaub schon. Aber in Anbetracht der Tatsache, dass
Mr. G letzte Nacht bei uns geschlafen hat, lässt er mich vielleicht
noch mit einer Vier durchkommen. Wieso?
Crac-King Was? Mr. G hat bei euch übernachtet? Bei euch zu
35 Hause? Und, wie war das für dich?

Äh … warum hatte ich ihm das überhaupt erzählt? Morgen weiß es die
ganze Schule. Vielleicht verliert Mr. G dann seinen Job! Ich weiß gar
nicht, ob sich Lehrer überhaupt mit den Müttern ihrer Schülerinnen
einlassen dürfen. […]

40 **FtLouie** Ziemlich schrecklich. Aber dann hat er ein paar Witze
darüber gemacht und das war eigentlich ganz nett. Ich weiß
auch nicht. Ich müsste wahrscheinlich eine Wut auf meine
Mutter haben, aber sie kommt mir so glücklich vor, dass ich
echt nicht sauer auf sie sein kann. […] Wieso wolltest du wissen,
45 wie ich in Mathe stehe?
Crac-King […] Ich dachte, ich könnte dir in der T-&-B-Stunde ein
bisschen Nachhilfe geben, wenn du Interesse hast.

Michael Moscovitz will mir helfen? Ich war so platt, dass ich fast von
meinem Bürostuhl gefallen wäre. […] Ich glaube, ich sollte mich öfter
50 *mit Lilly verkrachen.*

2 Überlegt, wie sich Mia verändert haben kann, seit sie Prinzessin
geworden ist. Schreibt dazu einen Chat zwischen Mia und ihrer
Freundin.

3 Tragt zusammen, worin sich Chat, Brief und E-Mail unterscheiden.

Sachtexte erschließen

Einem Sachtext Informationen entnehmen

> **!** Um schnell einen Überblick über den Inhalt eines Sachtextes zu erhalten, überfliegt man ihn mit den Augen. Man nennt das **orientierendes Lesen.**

1 Probiere aus, welche Art des Überfliegens dir am leichtesten fällt.

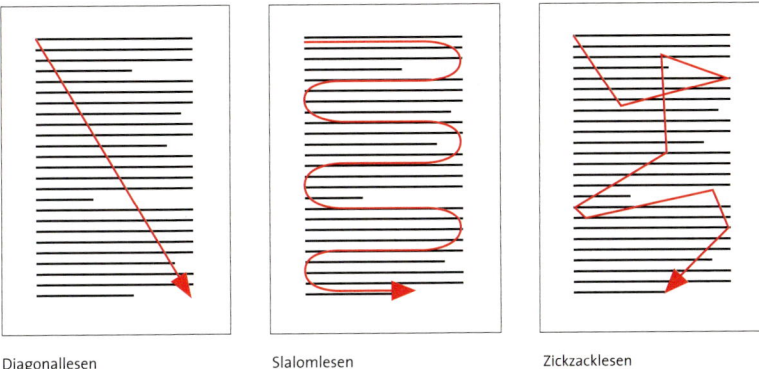

Diagonallesen   Slalomlesen   Zickzacklesen

2

Den Text überfliegen

a Erfasse das Thema des Textes durch orientierendes Lesen schon so genau wie möglich.

Stell dir vor, du öffnest morgens deine Zimmertür und musst feststellen, dass durch euren Flur neuerdings eine lärmende Autostraße verläuft. Dann wird der Weg in die Küche für dich zu einem riskanten Abenteuer! Und das Badezimmer ist leider einem Park-
5 platz gewichen ...
So ähnlich ergeht es den Koalas in Australien. Eukalyptusbäume sind gleichzeitig ihr Wohnzimmer und ihre Speisekammer. Herunter klettern Koalas nur gezwungenermaßen, denn auf dem Boden wird es für sie gefährlich. Weil aber diese Bäume immer
10 häufiger gefällt werden, um zum Beispiel einer Straße zu weichen, verlieren viele Koalas ihr Zuhause – und riskieren auf der Suche nach einem neuen Wohnraum Kopf und Kragen.
Vielleicht denkst du, dass die Koalas doch nur ein paar Stämme weiterziehen müssten. Aber so einfach ist es leider nicht. Denn
15 häufig sind alle Bäume in einem Koala-Revier bereits von den

Duftnoten der Artgenossen markiert. Um einen bereits markierten Baum aber machen Koalas einen großen Bogen – sogar wenn der »Eigentümer« längst woanders lebt oder tot ist. So bleiben manche Bäume bis zu einem Jahr »unbewohnt«, bis die Duftmarke
20 des früheren Besitzers verschwunden ist.

Koalas leben zwar gern in der Nähe der übrigen Familienmitglieder. Aber trotzdem will jeder seinen eigenen Baum. Sicher wärst du auch nicht begeistert, wenn deine jüngeren Geschwister an deine Zimmertür klopfen würden, um bei dir einzuziehen. Der
25 Wunsch nach Privatsphäre hat bei den Koalas aber einen lebenswichtigen Grund: Eukalyptusbäume sind für sie nämlich gleichzeitig Zufluchtsort und Nahrungsquelle. Von den Blättern verschlingen die Vegetarier bis zu 500 Gramm pro Tag. Von einem Baum können sich aber nicht mehrere ausgewachsene Tiere
30 ernähren. Hinzu kommt, dass nur 30 der rund 600 Eukalyptusarten in Australien von den Koalas genutzt werden. Das alles macht die Wohnungssuche schwierig.

Hat ein Koala seinen Baum eingebüßt, muss er sich ein neues Revier suchen. Doch diese Suche birgt große Gefahren: Denn so
35 geschickt sie beim Klettern im Baum sind, so hilflos sind Koalas auf ebenem Boden. Überhaupt bewegen sich Koalas im Zeitlupentempo: Meist verschlafen die Faulpelze bis zu 20 Stunden des Tages, während nur ihr Verdauungsapparat auf Hochtouren läuft. Denn die Eukalyptusblätter sind im Grunde giftig und müssen erst
40 von zahlreichen Bakterien im Blinddarm in einen bekömmlichen Speisebrei verwandelt werden. Da bleibt wenig Energie, um beispielsweise auf der Straße einem rasenden Auto auszuweichen, sich vor bissigen Hunden oder skrupellosen Felljägern in Sicherheit zu bringen. Und so sterben jährlich tausende Koalas auf der
45 Suche nach einem neuen Revier. Die »Australian Koala Foundation« schätzt, dass es heute nur noch 100 000 frei lebende Koalas gibt. Seit die ersten Europäer im Jahr 1788 nach Australien gereist sind, wurden über 80 Prozent des ursprünglichen Eukalyptuswaldes zerstört.

Das Thema benennen

b Lies den Text noch einmal und schreibe auf, welches Thema angesprochen und welche Hauptaussage gemacht wird.

Der Text beschäftigt sich mit …

c An wen ist der Text gerichtet? Belege deine Antwort mit Textstellen.

d Zu welchem Zweck hat die Autorin den Text geschrieben?
Suche diejenigen Antworten heraus, die nicht zutreffen.

1 Die Autorin findet Koalas niedlich und will deshalb über sie berichten.

2 Die Autorin will weiteres Sterben der Koalas verhindern.

3 Die Autorin spricht sich gegen das Fällen von Eukalyptusbäumen aus.

4 Die Autorin spricht das Problem an, dass durch das Fällen
von Eukalyptusbäumen Koalas vernichtet werden.

5 Die Autorin will Geld für die bedrohten Koalas sammeln.

6 Die Autorin will darüber informieren, dass Koalas gefährdet sind.

7 Die Autorin appelliert an die Menschen, keine Eukalyptusbäume mehr
zu fällen.

e Entscheide dich für eine Aussage, die du am zutreffendsten findest.
Begründe deine Entscheidung.

f Wie würde sich die Absicht der Autorin verändern, wenn an den
Schluss des Textes noch folgender Abschnitt angefügt wäre?
Formuliere die Absicht in einem Satz und schreibe ihn in dein Heft.

Ihr wollt euch für bedrohte Tiere einsetzen und wisst nicht wie?
Oder ihr habt zu Hause ein Kaninchen, einen Hund oder ein Pferd
und möchtet euch mit anderen Tierbesitzern austauschen? Dann
willkommen in unserem Forum für Tierschutz!

> **!** Will man durch überfliegendes Lesen feststellen, ob bestimmte
> Informationen im Text enthalten sind, dann kann man sich an
> **Schlüsselwörtern** orientieren, die man sich vorher überlegt.

Schlüsselwörter finden

3

a Im Text von Aufgabe 2a (S.109) wird die Frage beantwortet: »Was
macht die Suche der Koalas nach einem neuen Eukalyptusbaum so
schwer?« Überlege dir Schlüsselwörter zum Thema.

Eukalyptusbaum, ...

b Suche mithilfe dieser Schlüsselwörter diejenigen Textstellen heraus,
die diese Frage beantworten.

Informationen veranschaulichen

 Informationen aus einem Text kann man auf verschiedene Arten notieren. Besonders einprägsam ist es, wenn man sie **veranschaulicht** (z. B. in Übersichten, Grafiken oder Mindmaps).

1

a Übernimm die folgende Übersicht in dein Heft.

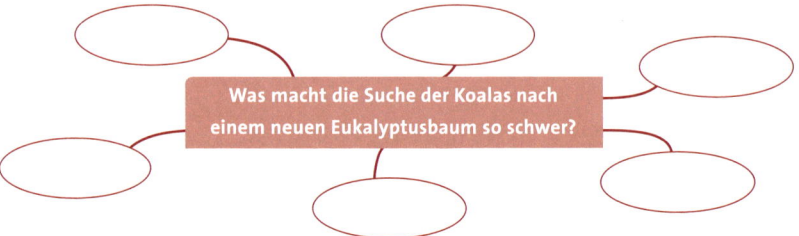

Was macht die Suche der Koalas nach einem neuen Eukalyptusbaum so schwer?

b Trage in die Kreise jeweils einen Grund ein. Nutze dazu die Arbeitsergebnisse der Aufgaben 3a und b (S. 111).

c Besprecht, welche Vorzüge es hat, die gefundenen Antworten in einer Übersicht festzuhalten.

2

a Suche aus dem Text die Merkmale einer tansanischen Schule heraus.

In Tansania ist es nicht selbstverständlich, lesen und schreiben zu können, obwohl 1978 eine allgemeine Schulpflicht für die Klassen 1 bis 7 eingeführt wurde. Denn Tansania ist eines der ärmsten Länder der Welt. Zwar sind staatliche Grundschulen umsonst,
5 doch Bücher, Hefte und Schuluniformen kosten Geld, sodass viele Eltern vor der Entscheidung stehen: Stifte für ein Kind oder eine warme Mahlzeit für die ganze Familie?
Bei mehreren Geschwistern kann oft nur ein Kind eine weiterführende Schule besuchen, da diese Schulgeld kostet. Oder die Schüler
10 müssen das Geld für die Gebühren neben der Schule selbst verdienen.
Die Schulen sind oft in keinem guten Zustand, die Räume sind kahl. In ländlichen Gegenden fehlen sogar Tische und Stühle, auch eine Tafel gibt es nicht immer. Durchschnittlich 60 Mädchen und
15 Jungen gehen in eine Klasse.
Der Ablauf in einer Schule in Tansania sieht oft so aus: Bei einer morgendlichen Versammlung wird zunächst die Nationalhymne

gesungen. Danach folgt der Unterricht bis zum Nachmittag. In der
Schule gibt es Mittagessen, das von den Eltern bezahlt wird. Die
20 Schüler bekommen auch Hausaufgaben und sie müssen viele Tests
schreiben. Die Noten dafür sind in Stufen von A bis E eingeteilt,
die beste Note ist das A.

Informationen
veranschaulichen

b Überlege, wie du die Merkmale, die du im Text gefunden hast,
anschaulich darstellen kannst. Fertige eine Übersicht an.

Den Text
überfliegen

a Suche durch überfliegendes Lesen alle Textstellen heraus, die
beschreiben, was bei den Ausgrabungen in Guatemala gefunden
wurde.

Im Grab des Herrschers

Irgendetwas stimmt nicht mit dem Boden in der Maya-Pyramide
El Diablo. Ausgrabungsleiter Stephen Houston merkt das sofort.
Vorsichtig beginnen er und sein Team von der US-amerikanischen
Brown University[1] zu buddeln. Und machen eine schaurige Entde-
5 ckung: blutrote Schalen mit menschlichen Fingerknochen darin!
Sie graben weiter.
Schon ohne diesen Fund ist die alte Maya-Stadt El Zotz mit ihren
Pyramiden und Tempelruinen ein ungemütlicher Ort. Vor allem,
wenn es dämmert. Dann färben tausende Fledermäuse den
10 Himmel über dem Urwald von Guatemala schwarz. So viele Tiere
schwirren durch die Luft, dass die Ruinenstadt nach ihnen – den
»Zotz« – benannt wurde. Und die El-Diablo-Pyramide war einst so
steil und sie zu besteigen so gefährlich, dass sie den Namen
des Teufels trägt. Mittlerweile hat sie der Dschungel verschluckt.
15 Bäume und Moos wuchern über die sumpfige Erde, die den Prunk
von damals unter sich begräbt.
Im Inneren der Pyramide tragen die Archäologen nun vorsichtig
Kalkstein und Schlamm vom Boden ab, Schicht für Schicht. Nach
zwei Metern stoßen sie auf Steinplatten. Um nach Hohlräumen
20 darunter zu suchen, treibt Stephen Houston einen Stock zwischen
die Fugen. Und bei einem der Versuche verschwindet der Stock
plötzlich tiefer und tiefer. Die Archäologen blicken in ein schwar-
zes Loch. Stephen Houston wird klar: Sie sind auf etwas Bedeu-
tendes gestoßen. Er ruft einen Kollegen herbei, Edwin Román.
25 Gemeinsam lassen sie eine kleine Glühbirne in die Dunkelheit

[1] *englisch* Universität

hinab. »Diese Farben explodierten geradezu«,
sagt Edwin Román später. In Rot, Grün und
Gelb leuchten ihnen Stoffe, Jade, mit Affen und
Schweinen bemalte Keramik, Schnitzereien
30 und Gemälde einer Grabkammer entgegen.
Als sie das Grab dann öffnen, steckt Stephen
Houston wagemutig seinen Kopf hinein. »Es
riecht noch immer nach Verwesung darin«, teilt
er seinen Kollegen mit. Eiskalte Schauer jagen
35 ihm den Rücken hinab. Die Kammer war wohl
so gut versiegelt, dass über 1600 Jahre lang
keine Luft eingedrungen ist. Selbst Stoffe und
Holzschnitzereien, die sonst schnell verrotten,
sind dadurch erhalten geblieben.
40 Aber für wen waren all die Schätze bestimmt?
Wer war der Tote in der Gruft? »Wir glauben, dass es sich um die
Überreste eines etwa 50 Jahre alten Mannes handelt«, sagt Edwin
Román. Ein stattliches Alter für einen Maya. Und er ruhte nicht
allein: Im Grab entdecken die Archäologen noch weitere Skelette
45 von sechs Kindern. Keines davon war älter als fünf Jahre, als es
starb. Die Mayas hatten sie dem Toten geopfert.
Die Schätze, die über dem Grab errichtete Pyramide, die Men-
schenopfer – all das lässt Stephen Houston und sein Team vermuten, dass der Tote ein König gewesen sein muss: Chak »fish-
50 dog« Ahk. Der Name setzt sich aus den Wörtern rot, Fisch, Hund
und Schildkröte zusammen. Bislang kennen ihn die Wissen-

schaftler nur aus Hieroglyphen²-Aufzeichnungen. »Wahrscheinlich ist es sogar der Begründer einer Dynastie«, erklärt Stephen
Houston. »Zu einer Studentin, die mir bei den Ausgrabungen half,
55 habe ich daraufhin gesagt: So etwas wirst du wohl nie wieder
ausgraben. Das passiert dir nur einmal im Forscherleben.«
Die Entdeckung stellt alle bisherigen Erkenntnisse der Forscher
auf den Kopf. Die berühmte Maya-Stadt Tikal liegt nur etwas mehr
als 20 Kilometer entfernt. Von El Diablo aus kann man über die
60 Baumwipfel hinweg deren Tempel IV erspähen. El Zotz war im
sechsten Jahrhundert explosionsartig gewachsen, nachdem der
Gigant Tikal an Macht verloren hatte. Das Volk von El Zotz baute
damals prächtige Paläste und Grab-Pyramiden, verbündete sich
mit den Feinden Tikals. Doch ebenso schnell wie El Zotz aufge-
65 stiegen war, ging es auch wieder unter – glaubten die Forscher,
bis sie die Grabkammer aus dem vierten Jahrhundert fanden.
Vermutlich betteten die Maya ihren ersten König erst 200 Jahre

nach dessen Tod in die luxuriöse Ruhestätte. Aber warum?
Das wollen Stephen Houston und sein Team bei weiteren Aus-
70 grabungen im Sommer 2011 herausfinden. Vermutlich wird es
Jahre dauern, bis sie all die Geheimnisse entschlüsselt haben,
die das Grab 1600 Jahre lang für sich behalten hat.

Eine Mindmap anlegen

→ S.123

b Übertrage die folgende Mindmap in dein Heft und ergänze sie.

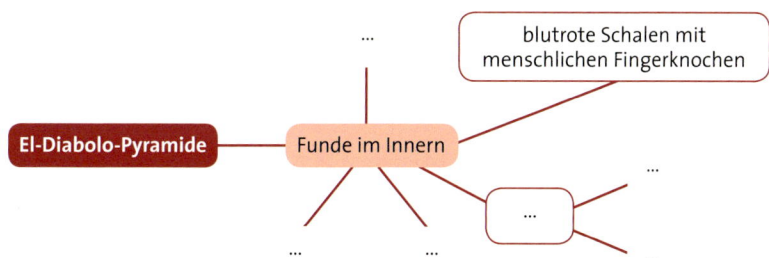

c Ergänze deine Mindmap (Aufgabe 3 b) um Informationen zu Aussehen und Lage der Pyramide.

4

a Erprobe eine andere übersichtliche Darstellung zur El-Diabolo-Pyramide.

TIPP
Du kannst auch am Computer arbeiten.

b Überarbeite deine Übersicht so, dass du sie der Klasse vorstellen kannst.

c Halte einen kurzen Vortrag über die El-Diabolo-Pyramide.
Nutze dazu deine Ergebnisse aus den Aufgaben 3 und 4.

TIPP
Wiederhole, wie du deinen Vortrag richtig präsentieren kannst.
→ S.131

Die Gliederung eines Textes untersuchen

 Um einen Sachtext genau zu erfassen, ist es hilfreich, sich mit seiner **Gliederung** zu beschäftigen. Dabei helfen Zwischenüberschriften und die Einteilung in Textabschnitte. Hat der Text keine Zwischenüberschriften, formuliert man selbst welche.

Einen Text abschnittweise lesen und zusammenfassen

a Lies jetzt den Text „Im Grab des Herrschers" (S. 113) Abschnitt für Abschnitt. Fasse zusammen, was im jeweiligen Textabschnitt mitgeteilt wird.

b Formuliere für jeden Abschnitt eine Überschrift, die auf den Inhalt des Abschnitts hinweist.

 Ist ein umfangreicher Text nicht in Abschnitte gegliedert, sollte man ihn selbst **in Abschnitte unterteilen.** Dabei orientiert man sich an Einleitesätzen. Das sind Sätze, die ein neues Teilthema einführen. Oft erkennt man sie an Formulierungen wie z. B.:
Im Folgenden wird ...   Ein weiterer Aspekt ist ...

a Lies den folgenden Text Abschnitt für Abschnitt. Prüfe, ob jeweils mit dem ersten Satz ein neuer Gedanke eingeleitet wird.

Weltraumeroberer Juri Gagarin

»Das Kommando zum Zünden ist erfolgt ... Vorstufe ... Zwischenstufe ... Voller Aufschub«, hört Juri Gagarin durch den Funk. »Pojechali! Auf geht's!«, meldet er zurück. Mit diesen Worten ist eines der aufregendsten Ereignisse der Menschheit festgehalten:
5 der erste bemannte Weltraumflug.
Am 12. April 1961 um 9:08 Uhr hob der Russe mit seinem Raumschiff Wostok 1 ins Universum von Baikonur ab und betrat Raum, den vor ihm keiner betreten hat. 108 Minuten dauerte der Flug. Dann landete Gagarin unsanft auf einem Feld in der Nähe des
10 russischen Dorfes Smelowka. Der Kosmonaut wurde bereits erwartet. Ganz Russland hatte im Radio von dem ersten bemannten Weltraumflug erfahren. Die Menschen tanzten auf den Straßen, feierten Juri Gagarin und jubelten über den geglückten Flug.

¹ *lateinisch* Lichtkranz

Der erste bemannte Raumflug war eine Sensation. Zum Teil auch
wegen der weltpolitischen Umstände: Russland und die USA
befanden sich im sogenannten Kalten Krieg – die große Auseinan-
dersetzung um das geeignete Staatssystem. Der Westen war kapita-
listisch, der Osten kommunistisch. Beide wollten den jeweils
anderen übertrumpfen. Somit war der gelungene Weltraumflug
für die Russen ein symbolischer Sieg über die westliche Welt und
des Kommunismus. Bei den Feierlichkeiten schwang dieser Punkt
mit.
Doch im Mittelpunkt stand der Weltraumflieger selbst. In Moskau
wurde ein großer Empfang organisiert. Tausende Menschen
wollten den Helden sehen und von ihm erfahren, wie die Erde aus
dem All ausschaut, was er auf dem Flug erlebt hat. Bereits während
des Fluges gab er über Funk bekannt: »Achtung, ich sehe den
Horizont. Welch schöne Aureole¹. Zuerst der Regenbogen von der
Oberfläche der Erde selbst, und dann zieht ein solcher Regenbogen
unten vorbei. Er ist sehr schön und schon am rechten Bullauge
vorbeigezogen. Durch das optische Visier sind die Sterne zu sehen,
wie sie vorbeiziehen. Ein wunderbares Schauspiel.« Es war die
erste Beschreibung der Welt eines Menschen aus dem All.
Neben der fantastischen Aussicht ließ sich Juri Gagarin durch die
Schwerelosigkeit beeindrucken: »Das ist ein bemerkenswertes
Gefühl. Du hebst die Hände, und sie bleiben ohne jede Anstren-
gung in der Lage, die du ihnen gegeben hast. Und für deine Sachen
ist das bequem. Man braucht weder einen Tisch noch Regale – man
kann sie direkt in der Luft ablegen. Sie fallen nicht herunter,
sondern schweben ganz ruhig.« [...]
1934 wurde Juri Gagarin in dem kleinen Dorf Kluschino nahe der
Stadt Gshatsk in Russland geboren. Sein Vater war Tischler, seine
Mutter Bäuerin. Seine Kindheit fiel in die Zeiten des Zweiten Welt-
kriegs. Während der Kriegsjahre ereignete sich ein Vorfall, der ihn
prägte: Gagarin beobachtete, wie ein sowjetischer Jagdflieger einen
notgelandeten Pilotenkollegen aufsammelte und ihn damit
vor einer deutschen Gefangenschaft rettete. Anschließend wuchs
in ihm der Wunsch, selbst Pilot zu werden. [...]
Als er 27 Jahre alt war, kam sein großer Tag.
In der Folgezeit wollte die ganze Welt ihn sehen. Zahlreiche Reisen
unternahm er, um Leuten von seinen Erlebnissen zu erzählen. Er
traf die Queen ebenso wie japanische und indische Staatsober-
häupter. Doch Gagarin hatte einen anderen Wunsch: Er wollte
nicht nur durch die Welt geflogen werden, sondern wieder selber
fliegen – am liebsten natürlich erneut ins All.

1968 unternahm er mehrere Testflüge. Auch am Morgen des 27. März. Scherzend stieg er ins Flugzeug. Nichts deutete an diesem Tag auf eine Besonderheit hin. Doch 22 Minuten nach dem Start ereignete sich ein bis heute ungeklärter Zwischenfall:

60 Juri Gagarins Flugzeug stürzte ab und er starb. Ganz Russland trauerte über den Tod seines Helden. […]

 b Seht euch die Einleitesätze der Abschnitte genau an. Überlegt euch, woran man erkennt, dass sie einen neuen Gedanken einführen.

c Ordne jedem Textabschnitt den passenden Begriff zu.

Kindheit – Abgehoben – Gelandet – Eindrücke – Schwerelosigkeit – Politik – Tod – Reisen

d Formuliere mithilfe der Begriffe aus Aufgabe c für jeden Abschnitt eine Teilüberschrift.

→ **S.123** Eine Mindmap anlegen **3** Fertige zum Text von Aufgabe 2a (S.116) eine Mindmap an. Schreibe in die Mitte das Thema. Die Hauptäste sind die Teilüberschriften. Die Informationen der einzelnen Abschnitte sind die Nebenäste.

 Jeder Text folgt einem vom Autor beabsichtigten **gedanklichen Aufbau** (Gedankengang). Um diesen zu erfassen, muss man die Abfolge der einzelnen Gedanken verstehen. Solche Gedanken können z. B. folgende sein:
- Aufwerfen von Fragen,
- Erläutern durch Beispiele,
- Mitteilen von Fakten und Informationen,
- Benennen von Ursachen,
- Aufzeigen von Folgen,
- Ziehen eines Vergleichs,
- Zusammenfassen von Aussagen.

a Lies den einleitenden Abschnitt des Textes von Aufgabe 2a (S.109). Welche Funktion hat der Abschnitt?

 b Erklärt, wie der Abschnitt gestaltet ist. Tauscht euch darüber aus, was die Autorin dadurch erreicht.

a Untersuche die Textabschnitte aus Aufgabe 2a (S.116).
Welche Elemente aus dem Merkkasten von S.118 enthalten sie?

b Schreibe die gefundenen Elemente des Textes geordnet untereinander
auf und notiere dazu jeweils ein bis drei Stichpunkte.

 **c** Besprecht, wie der Text aufgebaut ist.

> **!** Die **Sätze und Abschnitte eines Textes** sind in der Regel inhaltlich
> und sprachlich miteinander verbunden. Häufig wird ein **Bezug zum
> vorhergehenden Satz** hergestellt, z.B. durch die Verwendung von:
> • Pronomen, z.B.: *er, seine, diese,*
> • Adverbien, z.B.: *daher, folglich, also, vorher, danach,*
> • Präpositionen, z.B.: *während, zwecks.*

d Untersucht, wie die Sätze und Abschnitte des Textes sprachlich miteinander verbunden sind. Notiert Wörter, die Bezüge zwischen Textteilen
herstellen.

*Mit diesen Worten ... (Z. 3) – Pronomen
... Raum, den vor ihm keiner betreten hat. (Z. 7–8) –
Pronomen ...*

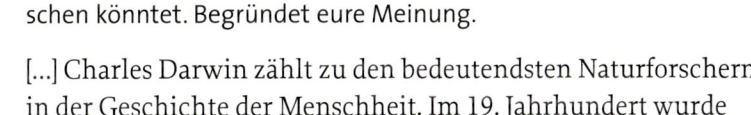

6

→ S.192 Textgestal-
tung durch Satzver-
knüpfung

a Probiert aus, ob ihr die Sätze des folgenden Textes wahllos vertau-
schen könntet. Begründet eure Meinung.

[...] Charles Darwin zählt zu den bedeutendsten Naturforschern
in der Geschichte der Menschheit. Im 19. Jahrhundert wurde
der britische Biologe durch seine Evolutionstheorie bekannt und
sollte in der Zukunft das Weltbild nachhaltig beeinflussen. Im
5 Alter von nur 22 Jahren ging Darwin 1831 an Bord des Segelschiffs
»HMS Beagle«, um mit dem Kapitän Robert Fitzroy die Welt
zu erkunden. Auf der fünfjährigen Reise sammelte er wertvolle
Informationen über die Tier- und Pflanzenwelt. Nach der Rück-
kehr veröffentlichte Darwin seine Erkenntnisse über die Arten-
10 vielfalt, die er mit seinen Theorien über die Anpassung an den
Lebensraum und die natürliche Selektion[1] zu erklären versuchte.

[1] *lateinisch* Auslese,
Auswahl

b Sucht aus dem Text diejenigen Wörter heraus, die den Bezug zum
vorhergehenden Satz herstellen.

c Untersucht den inhaltlichen Aufbau des Textes. Führt dazu die folgende Reihe fort.

Charles Darwin – bedeutender Naturforscher – 19. Jahrhundert – ...

d Erklärt, warum dieser Aufbau des Textes sinnvoll ist.

7 Hier sind einige Sätze durcheinandergeraten. Füge sie wieder so zusammen, dass ein Text entsteht.

a Notiere zunächst jeden Satz des Textes. Beginne immer mit einer neuen Zeile. Ordne die Sätze und nummeriere sie. Schreibe sie in der richtigen Reihenfolge ab.

Die Reise beginnt mit einem Flug über die Wiesen und Felder Englands im 19. Jahrhundert. In seinem Arbeitszimmer scheint alles zum Greifen nah. Fast entsteht das Gefühl, das eigene Gesicht spiegele sich in den Gläsern auf seinem Schreibtisch. Ziel ist das
5 südlich von London gelegene Down House, in dem Darwin die letzten vierzig Jahre seines Lebens verbrachte. Und schon schwebt man in das Innere eines Buddelschiffs. In der spannenden Planetariumsshow nimmt Charles Darwin den Zuschauer mit auf seine große Expeditionsreise, die ihm zum Durchbruch als Wissen-
10 schaftler verhalf. Inmitten eines riesigen Fischschwarms geht es vorbei an Korallenriffen und seltenen Pflanzen. Immer wieder taucht ein Seestern vor den Augen auf – und wer genau aufpasst, entdeckt das fast verborgene Seepferdchenpärchen. Umgeben von dem Kreischen der Möwen und mystischen Klängen beginnt die
15 Reise ins Ungewisse. Gerade noch auf dem Schiff, taucht der Zuschauer plötzlich in das tiefe Blau des Ozeans. Im Handumdrehen verwandelt sich das Modell in die »HMS Beagle«. Die Wellen tosen, die Segel wehen, die Masten knarren – alle Sinne werden angesprochen. Einzelne Sonnenstrahlen treffen auf den Meeres-
20 boden und lassen die Farben der bunten Unterwasserwelt schimmern. […]

b Erkläre, woran du die Reihenfolge der Sätze erkannt hast. Nutze dazu die Informationen aus dem Merkkasten (S. 119).

Informationen aus Grafiken entnehmen

> ! **Grafiken** stellen Informationen übersichtlich und anschaulich dar.
> Man erhält schnell einen Überblick über Daten und Fakten.
> Zur Auswertung einer Grafik muss man die dort enthaltenen
> Angaben in einen Text umformulieren.

a Lies die Überschriften und formuliere zu den angegebenen Zahlen
und Prozenten ganze Sätze. Beantworte folgende Fragen.

1 Zu welchem Thema werden Angaben gemacht?
2 Welche Fragestellungen werden veranschaulicht?

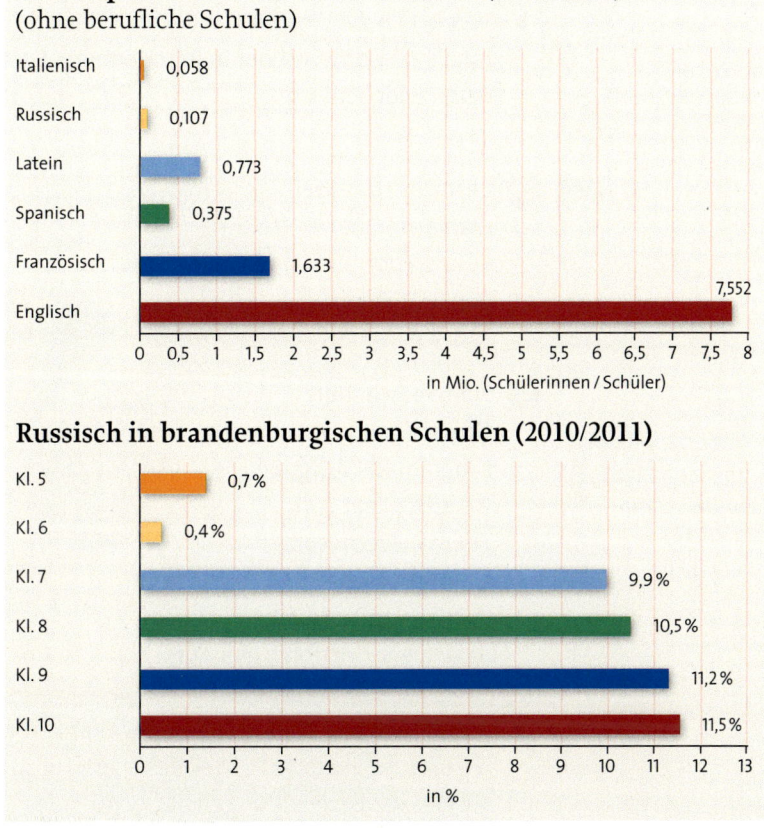

Fremdsprachen in deutschen Schulen (2011/2012)
(ohne berufliche Schulen)

Sprache	in Mio. (Schülerinnen / Schüler)
Italienisch	0,058
Russisch	0,107
Latein	0,773
Spanisch	0,375
Französisch	1,633
Englisch	7,552

Russisch in brandenburgischen Schulen (2010/2011)

Klasse	in %
Kl. 5	0,7 %
Kl. 6	0,4 %
Kl. 7	9,9 %
Kl. 8	10,5 %
Kl. 9	11,2 %
Kl. 10	11,5 %

b Erfasse die Angaben des Balkendiagramms zum Fremdsprachenunterricht in Deutschland, indem du dir den höchsten, den niedrigsten und
einen für dich interessanten Wert heraussuchst. Schreibe jeweils einen
Satz.

c Betrachte jetzt das Balkendiagramm zum Russischunterricht in Brandenburg. Suche die beiden höchsten und den niedrigsten Wert heraus. Formuliere die Informationen jeweils in einem Satz.

2 Führe nun die Angaben aus den Aufgaben 1 b und c zusammen.

a Schreibe die folgenden Sätze in dein Heft und vervollständige sie.

   1 Am meisten Schülerinnen und Schüler lernten in Deutschland im Schuljahr 2011/2012 ▬▬▬, nämlich ▬▬▬ Schülerinnen und Schüler. ▬▬▬ Schülerinnen und Schüler lernten in deutschen Schulen Russisch.

   2 In Brandenburg lernten im Schuljahr 2010/2011 ▬▬▬ % der Fünftklässler Russisch. In der achten Klasse waren es ▬▬▬ % der Schülerinnen und Schüler.

b Vergleiche die „Position" von Russisch als Fremdsprache in Deutschland insgesamt mit der in Brandenburg. Suche eine Erklärung für deine Beobachtung.

3 Betrachte das Kreisdiagramm und werte es aus. Formuliere in ganzen Sätzen.

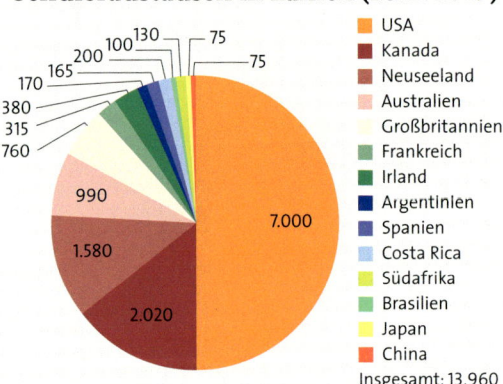

Schüleraustausch in Zahlen (2012/2013)

- USA
- Kanada
- Neuseeland
- Australien
- Großbritannien
- Frankreich
- Irland
- Argentinien
- Spanien
- Costa Rica
- Südafrika
- Brasilien
- Japan
- China

Insgesamt: 13.960

4 Schreibe auf der Grundlage der Diagramme (Aufgabe 1a) einen Text zum Thema »Fremdsprachenunterricht in Deutschland«. Nutze dazu die Schrittfolge aus Aufg. 1.

TIPP
Nutze dazu deine Arbeitsergebnisse aus den vorangegangenen Aufgaben.

So kannst du Informationen aus Grafiken entnehmen
1. Lies die Überschrift. Welches Thema wird behandelt?
2. Lies die Bezeichnungen der Achsen des Diagramms bzw. die Legende. Was wird jeweils angegeben?
3. Entnimm den Darstellungen die konkreten Werte.
4. Vergleiche die Werte miteinander. Fasse ähnliche Aussagen zusammen und hebe auffällige Angaben hervor.
5. Ziehe Schlussfolgerungen aus dem Vergleich.

Eine Mindmap anlegen

> **!** Eine **Mindmap** (engl. *mind* – Gedanken, Gedächtnis; *map* – Land-
> karte) dient der übersichtlichen Sammlung und logischen Struk-
> turierung von Informationen zu einem Thema. Man kann diese
> Methode deshalb gut zur Vorbereitung einer **Diskussion** oder zur
> **Gliederung** eines Textes nutzen.
> Ausgehend von dem zentralen Begriff, der in der Mitte steht, werden
> weiterführende Informationen ringsherum angeordnet. Linien (z.B.
> Haupt- und Nebenäste) verdeutlichen Beziehungen, z.B. zwischen
> Ober- und Unterbegriff, Teil und Ganzem.

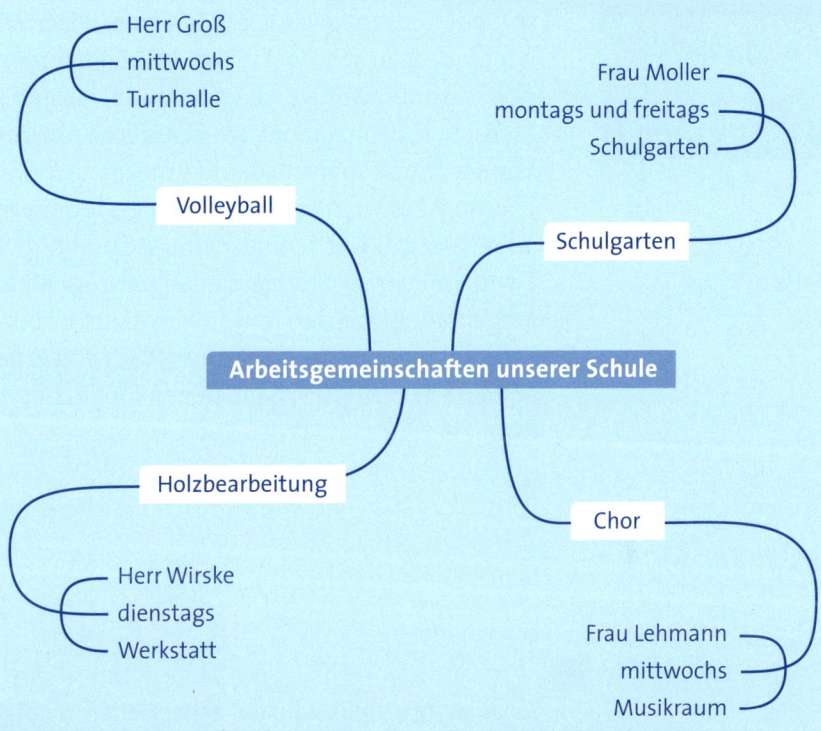

TIPP
Verwende
unterschiedliche
Farben und
Formen.
Aber stelle
Gleichwertiges
auch gleich dar.

1 Entwirf eine Mindmap, in der du Informationen über die
Arbeitsgemeinschaften an eurer Schule sinnvoll anordnest.

2 Überlegt, in welchen anderen Unterrichtsfächern Mindmaps sinnvoll
eingesetzt werden können. Gestaltet unterschiedliche Mindmaps.
Bittet ggf. die Fachlehrer um Hilfe.

Das Thema des
Textes erfassen

1

a Lies den folgenden Text.

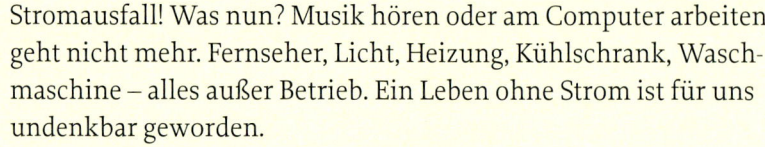

Stromausfall! Was nun? Musik hören oder am Computer arbeiten
geht nicht mehr. Fernseher, Licht, Heizung, Kühlschrank, Wasch-
maschine – alles außer Betrieb. Ein Leben ohne Strom ist für uns
undenkbar geworden.

5 Derzeit steigt der Stromverbrauch nach wie vor an. Aber wo
kommt der Strom her, den wir täglich so sorglos verbrauchen?
Knapp 600 Milliarden Kilowattstunden (kWh) Strom werden pro
Jahr von verschiedenen Kraftwerken in Deutschland erzeugt.
Früher wurde Strom ausschließlich in Kohlekraftwerken erzeugt.

10 1961 gab es dann das erste Kernkraftwerk in Deutschland.
Öl, Kohle, Uran und Plutonium sind Brennstoffe, die in der Natur
gefunden und abgebaut werden. In den letzten 100 Jahren haben
wir Menschen sehr viel von diesen Rohstoffen verbraucht. Deshalb
gibt es immer weniger davon. Damit sie auch noch von den

15 Menschen, die nach uns auf der Erde leben, genutzt werden
können, muss sparsam damit umgegangen werden.
Ebenso ist es wichtig, verstärkt Energie aus erneuerbaren Quellen,
wie Wasser, Wind, Sonne, Biomasse und Erdwärme, zu gewinnen.
Denn erneuerbare Energien können vom Menschen nicht

20 aufgebraucht werden und stehen daher unbegrenzt zur Verfügung.
Trotz der grenzenlosen Verfügbarkeit von erneuerbaren Energien
sollten wir weiterhin nach neuen Möglichkeiten suchen, wie
Strom hergestellt werden kann.

b Formuliere kurz, mit welchem Thema sich der Text beschäftigt.

c Notiere eine treffende Überschrift.

Den Gedanken-
gang erfassen

2

a In jedem Abschnitt wird ein neuer Gedanke mitgeteilt.
Fasse ihn mit einer kurzen Wortgruppe zusammen.

b Im Text werden drei Schlussfolgerungen gezogen.
Notiere sie in geeigneter Form.

Informationen aus einer Grafik entnehmen

3

a Formuliere in einem Satz, was das Diagramm darstellt.

Stromerzeugung in Deutschland

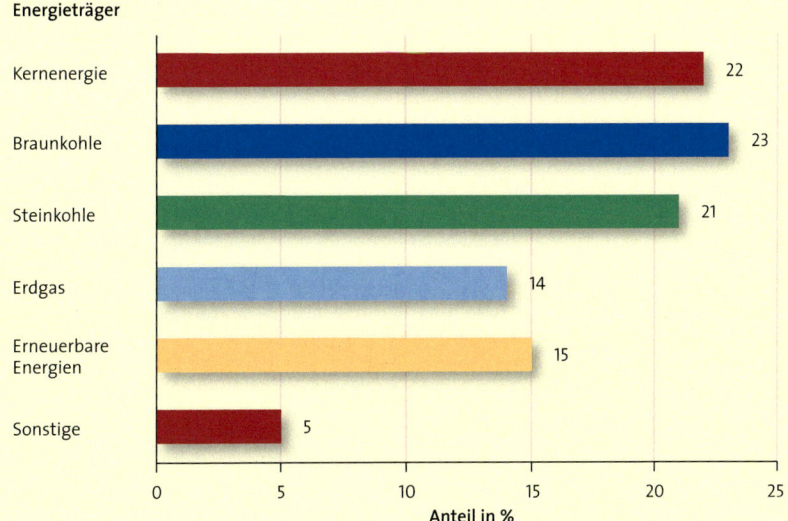

Energieträger

Energieträger	Anteil in %
Kernenergie	22
Braunkohle	23
Steinkohle	21
Erdgas	14
Erneuerbare Energien	15
Sonstige	5

b Beantworte die folgenden Fragen.

1 Welcher Energieträger hat den höchsten Anteil an der Strom-erzeugung in Deutschland?

2 Welche Aussage kannst du bezüglich der erneuerbaren Energien treffen?

c Bringe die Energiearten in eine Reihenfolge entsprechend ihres Anteils an der Energiegewinnung und notiere diese.

d In welcher Beziehung steht das Diagramm zum Text von Aufgabe 1?

e Schreibe die beiden Angaben aus dem Text und aus der Grafik heraus, die du benötigst, um herauszubekommen, wie viele kWh durch erneuerbare Energien erzeugt werden.

Präsentieren: Über fremde Länder informieren

1 Im Rahmen eines Projekts sollen die Schülerinnen und Schüler der 7a eine Präsentation erarbeiten, mit der sie über das Leben der Menschen in einem asiatischen Land informieren. Sie haben 10 bis 15 Minuten Zeit für die Präsentation.

a Sieh im Atlas nach, wo Asien liegt, und nenne die asiatischen Staaten.

b Überlege, welche Informationsquellen du für die Recherche nutzen kannst.

c Trage zusammen, welche Vor- und Nachteile diese Informations-quellen haben.

d Übertrage die Tabelle in dein Heft und ergänze sie stichpunktartig.

Quelle	Vorteile	Nachteile
Internet	jederzeit zugänglich	…

2 Tom hat sich für einen Vortrag über das Leben der Menschen in China entschieden.

a Tragt zusammen, was ihr bereits über China wisst.

b Formuliert einige Fragen, auf die Tom eurer Meinung nach in seiner Präsentation eingehen müsste.

Informationen im Internet suchen

→ S.101 Das Internet nutzen

3 Tom möchte sich einen Überblick verschaffen und recherchiert im Internet. Dazu benutzt er verschiedene Suchmaschinen.

a Probiert bei den verschiedenen Suchmaschinen aus, wie viele Einträge es zum Suchbegriff »China« jeweils gibt.

b Grenzt die Suche durch weitere Begriffe ein.

China+Lebensweise, China+...

4 Seht euch folgende Suchergebnisse an und beurteilt, ob die Seiten Material für den Vortrag enthalten.

a Lest dazu die Kurzbeschreibungen der Seiten in der Trefferliste.

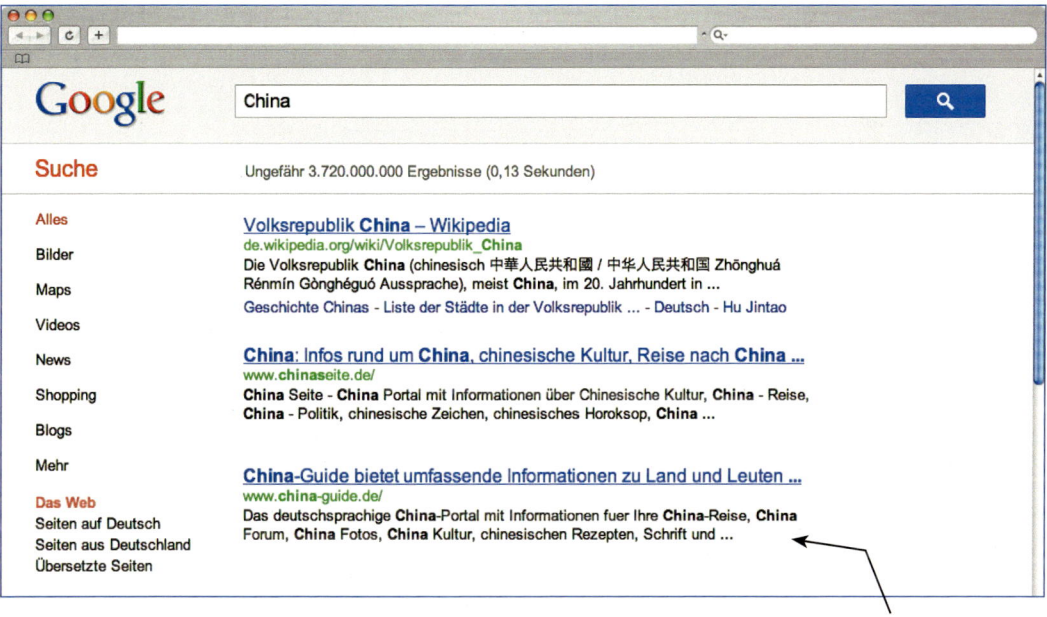

Kurzbeschreibung

TIPP
Seiten von Bundesbehörden oder großen Organisationen sind meist glaubwürdiger als die von privaten Anbietern.
→ S.103

b Überlegt, von wem die Webseite angeboten wird, und beurteilt, ob das eine vertrauenswürdige Quelle ist.

c Klickt entsprechende Seiten an und überprüft, ob sie Informationen zum gesuchten Thema enthalten und wann die Seiten das letzte Mal aktualisiert wurden.

d Notiert euch die Adressen derjenigen Seiten, die Tom für die Vorbereitung auf seine Präsentation nutzen könnte.

Informationen in der Bibliothek suchen

5 Informiert euch in eurer örtlichen Bibliothek oder der Schulbücherei, welche Bücher oder Zeitschriften ihr für die Vorbereitung des Vortrags nutzen könnt.

TIPP
Vergesst die genaue Quellenangabe nicht (Autor, Titel, Verlag, Ort, Jahr, Seite).
→ S.102

6 Sammle Informationen zum Thema und notiere während der Recherche Stichpunkte und Hinweise auf einem Notizzettel.

Das Leben der Menschen in China
– Hauptstadt: Peking
– ...

7 Tom hat ebenfalls eine Stichpunktsammlung angelegt. Sieh dir seine Stichpunkte an und vergleiche sie mit deiner Sammlung.

Das Leben der Menschen in China

– Hauptstadt: Peking	– 1,4 Mrd. Einwohner
– chinesische Küche	– chinesisches Neujahrsfest
– längster Fluss: Jangtse	– Akupunktur
– Reis, Nudeln	– Schattenboxen
– traditionelle chin. Medizin	– mehr als 1000 Dialekte
– die Flagge	– Familienleben
– Sprache	– Ess-Stäbchen aus Holz
– Pingpong, Kung-Fu	– der Mount Everest
– die Große Mauer	– Kalligrafie
– Symbolschrift, Schriftzeichen	– Erfindung des Schießpulvers
– bevölkerungsreichstes Land der Erde	– Mandarin
	– Ein-Kind-Familie
– Yin und Yang	– bedrohte Tierarten

Informationen ordnen

8 Tom ist überrascht, wie viele Informationen er innerhalb kürzester Zeit zusammengetragen hat. Nun will er die Informationen ordnen.

→ **S.123** Gewusst wie: Eine Mindmap anlegen

a Sieh dir seine Mindmap an.

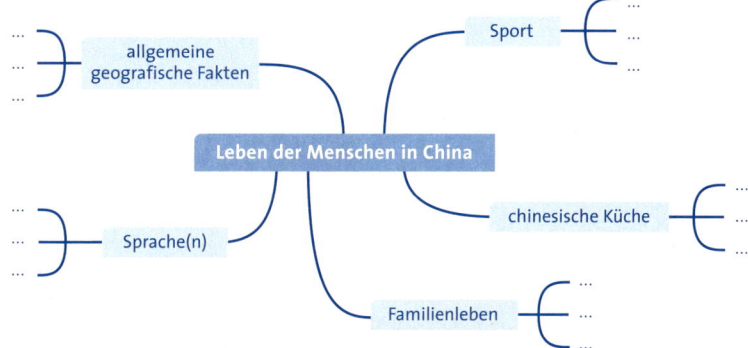

TIPP
Überlege auch, welche Notizen du nicht in die Mindmap aufnehmen willst.

b Übertrage die Mindmap in dein Heft und vervollständige sie. Nutze dazu deine Notizen aus Aufgabe 6 (S.128).

! Eine **Präsentation** sollte einer **Gliederung** folgen:
- **Einleitung:** das Thema nennen, grundlegende Informationen vermitteln, das Interesse der Zuhörer wecken,
- **Hauptteil:** Informationen zum Thema geordnet vortragen, dabei unterschiedliche Medien zur Veranschaulichung nutzen,
- **Schluss:** Wesentliches noch einmal knapp zusammenfassen.

9 Mache einen Gliederungsvorschlag. Nutze die Mindmap aus Aufgabe 8 und den Merkkasten.

10

a Nun muss Tom eine Gliederung entwerfen. Sieh dir noch einmal die Mindmap an und entscheide, welche Punkte für die Einleitung und welche für den Hauptteil geeignet wären.

Einleitung: allgemeine geografische Fakten
Hauptteil: 1. ... 2. ...

Schwerpunkte festlegen

b Tom wählt drei Punkte für den Hauptteil aus. Überlege, welche Punkte du auswählen würdest, und ordne sie.

c Entwirf eine Gliederung des Vortrags.

11 Tom bereitet nun die Karteikarten vor, die er bei der Präsentation nutzen will. Vervollständige sie.

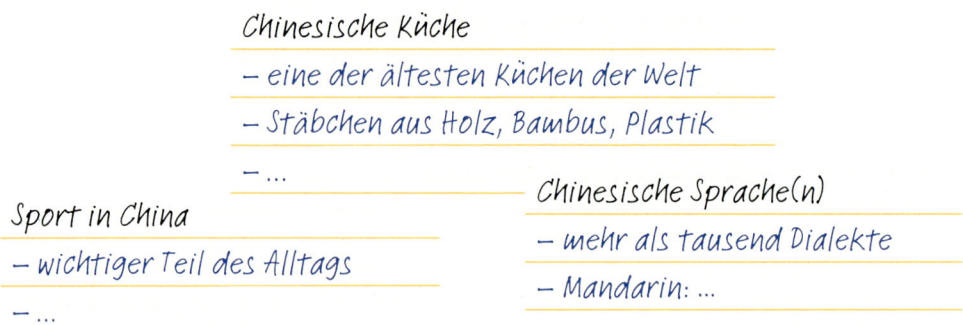

Chinesische Küche
- *eine der ältesten Küchen der Welt*
- *Stäbchen aus Holz, Bambus, Plastik*
- *...*

Sport in China
- *wichtiger Teil des Alltags*
- *...*

Chinesische Sprache(n)
- *mehr als tausend Dialekte*
- *Mandarin: ...*

> Mithilfe von **Medien** (z. B. OH-Projektor, Tafel, Bilder, Poster, Beamer, CD-Spieler) kann man dem Zuhörer passende Fotos, Karikaturen, Diagramme, Landkarten, Hörbeispiele u. Ä. präsentieren. Wenn die Materialien sinnvoll ausgesucht wurden, wird der Vortrag dadurch verständlicher, anschaulicher und lebendiger.

12 Überlege, welche Informationen durch Medien anschaulicher und verständlicher vermittelt werden können.

a Notiere auf den Karteikarten die Medien, die zur Veranschaulichung sinnvoll sind.

Chinesische Küche
- *eine der ältesten Küchen der Welt*
- *Stäbchen aus Holz, Bambus, Plastik*
- *...*

–> Stäbchen zeigen

b Welche Medien wollen die Schüler einsetzen? Überlege, was sie folglich vor der Präsentation besorgen und überprüfen müssen.

Jan Ich zeige nur drei Fotos, die ich auf OH-Folien kopiert habe.
Samira Ich habe ein Poster gestaltet, das ich an der Tafel befestige.
Ben Ich werde eine Landkarte aus dem Geografieraum einsetzen.
Lisa Ich möchte einen kurzen Filmausschnitt auf DVD zeigen.
Raissa Ich möchte ein kurzes Musikstück von einer CD anspielen.

 **13** Wie würdest du beginnen? Gestalte eine eigene Einleitung für die Präsentation und stelle sie den anderen vor.

14 Tom hat die Einleitung seines Vortrags ausformuliert. Beurteile, ob die Einleitung gelungen ist.

Hier seht ihr die wohl berühmteste Sehenswürdigkeit des Landes, in das ich euch heute mitnehmen möchte. Wer von euch kennt sie? Ihr werdet heute etwas über das Leben der Menschen in China erfahren. Zuerst möchte ich das Land kurz vorstellen. China ist mit seinen 1,4 Milliarden Einwohnern das bevölkerungsreichste Land der Erde. Die Hauptstadt dieses asiatischen Staates ist Peking.

15 Überlege, wie der Schluss der Präsentation aussehen könnte. Formuliere den Schluss aus.

> **So kannst du einen Vortrag richtig präsentieren**
> 1. Übe, aus deinen Stichpunkten klare und aussagekräftige Sätze zu formulieren. Achte besonders auf die Wortwahl und die Satzverknüpfung.
> 2. Übe den gesamten Vortrag mehrmals. Halte ihn z. B. vor deinen Freunden, Eltern oder Geschwistern.
> 3. Beim Halten des Vortrags solltest du
>   • möglichst frei sprechen,
>   • langsam, deutlich und betont sprechen,
>   • das Publikum anschauen, auch wenn du etwas zeigst,
>   • das Publikum direkt ansprechen.

16 Bereite für das Projekt »Leben der Menschen in einem asiatischen Land« eine Präsentation zu einem anderen Land vor.

Was habe ich gelernt?

17 Überprüfe, was du über das Präsentieren gelernt hast. Erstelle dazu eine Liste mit Bewertungskriterien für eine Präsentation.

– Inhalt des Vortrags: …
– Vortragsweise: …
– Anschaulichkeit: …

Rafik Schami

Andere Sitten

In Damaskus fühlt sich jeder Gastgeber beleidigt, wenn seine Gäste etwas zu essen mitbringen. Und kein Araber käme auf die Idee, selber zu kochen oder zu backen, wenn er bei jemandem eingeladen ist. Die Deutschen sind anders. Wenn man sie einlädt,
5 bringen sie stets etwas mit: Eingekochtes vielleicht oder Eingelegtes, manchmal auch selbstgebackenen Kuchen und in der Regel Nudelsalat. Warum Nudelsalat mit Erbsen und Würstchen und Majonäse? Auch nach zweiundzwanzig Jahren in Deutschland finde ich ihn noch schrecklich.

10 In Damaskus hungert ein Gast am Tag der Einladung, weil er weiß, dass ihm eine Prüfung bevorsteht. Er kann nicht bloß einfach behaupten, dass er das Essen gut findet, er muss es beweisen, das heißt eine Unmenge davon verdrücken. Das grenzt oft an Körperverletzung, denn keine Ausrede hilft. Gegen die Argumente
15 schüchterner, satter oder auch magenkranker Gäste halten Araber immer entwaffnende, in Reime gefasste Erpressungen bereit. Deutsche einzuladen, ist angenehm. Sie kommen pünktlich, essen wenig und fragen neugierig nach dem Rezept. Ein guter arabischer Koch kann aber gar nicht die Entstehung eines Gerichts, das er

20 gezaubert hat, knapp und verständlich beschreiben. Er fängt bei
seiner Großmutter an und endet bei lauter Gewürzen, die kein
Mensch kennt, weil sie nur in seinem Dorf wachsen und ihr Name
für keinen Botaniker ins Deutsche zu übersetzen ist. Die Kochzeit
folgt Gewohnheiten aus dem Mittelalter, als man noch keine

25 Armbanduhr hatte und die Stunden genüsslich vergeudete. Ein
unscheinbarer Brei braucht nicht selten zwei Tage Vorbereitung,
und das unbeeindruckt von aller modernen Hektik.
Deutsche Gäste kommen nicht nur pünktlich, sie sind auch
präzise in ihren Angaben. Wenn sie sagen, sie kommen zu fünft,

30 dann kommen sie zu fünft. Und sollten sie wirklich einmal einen
sechsten Gast mitbringen wollen, telefonieren sie vorher stundenlang mit dem Gastgeber, entschuldigen sich dafür und loben dabei
die zusätzliche Person als einen Engel der guten Laune und des
gediegenen Geschmacks.

35 So großartig Araber als Gastgeber sind, als Gäste sind sie dagegen
furchtbar. Sie sagen, sie kommen zu dritt um zwölf Uhr zum
Mittagessen. Um sieben Uhr abends treffen sie ein. Und vor Begeis-
terung über die Einladung bringen sie Nachbarn, Cousins, Tanten
und Schwiegersöhne mit. Aber das bleibt ihr Geheimnis, bis sie

40 vor der Tür stehen. Sie wollen dem Gastgeber doch eine besondere
Überraschung bereiten. Einmal zählten wir in Damaskus eine
Prozession von 29 Menschen vor unserer Tür, als meine Mutter
ihre Schwester eingeladen hatte, um mit ihr nach dem Essen in
Ruhe zu reden.

45 Ein leichtfertiges arabisches Sprichwort sagt: Wer vierzig Tage mit
Leuten zusammenlebt, wird einer von ihnen. Seit über zweiundzwanzig Jahren lebe ich inzwischen mit den Deutschen zusammen
und ich erkenne Veränderungen an mir. Aber die Mitbringsel der
Gäste? Wein kann ich inzwischen annehmen, aber Nudelsalat –

50 niemals.

1 Stelle in einer Tabelle die Beschreibung der Deutschen und der Araber
als Gast und als Gastgeber gegenüber.

2 Stellt euch vor, zu welchen Missverständnissen die im Text angespro-
chenen Sitten führen können. Spielt sie in einer Szene vor.

3 Recherchiert zu Essgewohnheiten und Tischsitten in anderen Ländern.
Stellt sie vor.

Tischsitten in aller Welt

Die schlechte Nachricht zuerst: Überall auf der Welt müssen sich die Kinder vor dem Essen die Hände waschen! Doch Schmatzen und Schlürfen ist in China zum Beispiel erlaubt, damit sich der Geschmack des Essens im Mund besser entfalten kann. Aber bevor
5 ihr jetzt auswandern wollt, in China essen auch schon die Allerkleinsten nicht mit Messer und Gabel, sondern mit Stäbchen. Und das braucht Übung.

In vielen arabischen und afrikanischen Ländern wird traditionell mit den Fingern der rechten Hand gegessen. Dazu hockt oder setzt
10 man sich auf den Boden rund um Schüsseln mit Fleisch, Reis, Couscous oder Maisbrei und Fladenbrot. Das tunkt man dann in Gemüsesoße. In Afrika gilt es übrigens als höflich, dem anderen ab und zu ein leckeres Stück in den Mund zu stecken.
In Europa wird mit Messer und Gabel gegessen, in Italien lernen
15 schon die Kinder, Spaghetti nur mit der Gabel zu drehen. Nur in Ausnahmen dürfen die Hände benutzt werden – bei Hamburgern, Garnelen oder Muscheln.
In den USA heißt es nicht »Iss mit Messer und Gabel«, denn dort ist es ganz normal, nur die Gabel zu verwenden. Die linke Hand
20 liegt auch nicht auf dem Tisch, sondern auf dem Schoß.

1 Tragt Unterschiede in den Tischsitten verschiedener Länder und Kontinente zusammen.

2 Besorgt euch Stäbchen und probiert anhand der Anleitung einmal aus, damit zu essen.

Riccarda Langer

Mexiko – für ein Jahr

Mit meinen Gastfamilien hatte ich riesiges Glück. Jede Familie für sich war ganz eigen und irgendwie war auch alles sehr mexikanisch: sehr herzlich und immer bereit für eine Fiesta! Die mexikanische Familie besteht nicht nur aus Vater, Mutter und Kindern,
5 sondern einem zusätzlichen Dutzend Tanten und Onkel und noch mehr Cousinen und Cousins. Bei Familientreffen dreht sich meistens alles um das Essen. Davon gab es viel und lecker, sodass die für den Austausch typische Gewichtszunahme vorprogrammiert ist. Aus Erfahrung weiß ich: An viel Chili kann man sich mit ein
10 bisschen Übung gut gewöhnen.
Wie bei den meisten Austauschschülern regelte sich bei mir das »Problem« Sprache relativ schnell. Wenn man muss, dann kann man auf einmal jede Sprache der Welt sprechen. Die Alternative wäre ansonsten, ein ganzes Jahr zu schweigen und niemanden
15 kennen zu lernen.
Außer dem Leben in der Familie gibt es noch den Schulalltag. Der ist nun wirklich schwerlich mit dem deutschen Ablauf zu vergleichen. Zunächst einmal gibt es da die Schuluniform. [...] Ich stellte fest, dass die Qual der Wahl vor dem Kleiderschrank somit entfiel
20 und man fünf Minuten länger im Bett bleiben konnte. Die brauchte ich auch, denn die Schule fing schließlich schon um 7 Uhr morgens an. Entweder begann der Tag direkt mit dem Unterricht oder aber man musste zur Fahnenehrung. Dort wurden die mexikanische Nationalhymne gesungen und die wichtigsten Neuig-
25 keiten verkündet.
Zwischendurch hatte ich die Möglichkeit, viel von Mexiko zu sehen. Ich lernte das Mexiko der Mayas und Azteken, aber auch das koloniale Mexiko der Spanier kennen.
Man könnte jetzt meinen, mit dem Rückflug wäre der Austausch
30 nun zu Ende und alles ist so wie vorher. Ist es aber nicht. Durch die Erfahrung des Austausches bin ich toleranter, höflicher und respektvoller geworden.

1 Teile den Text in Abschnitte ein und suche Zwischenüberschriften.

2 Tragt zusammen, welche Erfahrungen die Autorin in Mexiko gesammelt hat.

Sprichwörter aus aller Welt

1 Lies die folgenden Sprichwörter und erläutere, welche Eigenheit des Landes sie widerspiegeln.

Je kleiner die Eidechse, umso größer ist ihre Hoffnung, ein Krokodil zu werden.
Aus Äthiopien

Wenn ein Schaf über dem Damm ist, folgen die anderen.
Aus den Niederlanden

Solange man den Bären nicht erlegt hat, sollte man sein Fell nicht verkaufen.
Aus Russland

2 Wählt ein Sprichwort aus und sucht dazu ein passendes deutsches Sprichwort.

Ottokar Domma (eigentlich Otto Häuser) schuf die Figur des 12-jährigen Ottokars, der mit Witz und Augenzwinkern vom Alltag in der DDR erzählt. Die folgende Geschichte stammt aus dem Band »Ottokar, das Früchtchen«.

Ottokar Domma

Unsere Seereise

In diesem Sommer bekamen meine Eltern einen Ferienscheck für die Ostsee. Als mein Vater mit dem wertvollen Papierchen nach Hause kam, mussten es erst einmal alle ansehen und anfassen, ob es auch echt ist, und man sollte nicht glauben, wie so ein Papier-
5 chen zur Unterhaltung beiträgt. Mein Vater sah sich schon aalen und braten und roch schon die Luft und hörte die Wellen brausen, auch wusste er, dass Seewasser salzig ist. Meine Mutter sprach dazu ja und schön, und sie weiß noch nicht, was sie anziehen soll. [...] Meine Schwester lag schon schnarchend im Bett, deshalb fragte
10 ich für sie mit, ob es Muscheln gibt und ob wir eine Seefahrt machen und dass ich einen Schnorchel brauche. Die Eltern sagten zu allem ja und schauten mich gütig an, aber nicht zu lange; denn dann hieß es gleich, das kommt darauf an, wie ich mich verhalte. Und sie zählten auf, was dazugehört.

15 Ich dachte bei mir, so ist es in der Welt. Die Erwachsenen dürfen
froh von der Zukunft spinnen, und ihre Kinder müssen immer
daran denken, wie sie sitzen, gehen, essen, höflich und bis dahin
fleißig sein müssen, und wenn ich mich nicht zusammenreiße, ist
Sense. Aber es war nicht Sense, und wir fuhren doch mit. Nach ein
20 paar Stunden kamen wir an, der Ort hieß Seebad Binz. Als wir aus
dem Zug ausgestiegen waren, schnupperte mein Vater und rief, es
riecht nach See. Meine Mutter roch es auch gleich. Aber es war gar
nicht die See, sondern es stank nach dem Qualm der kleinen Loko-
motive. Ich gab zu, dass es riecht; weil man den Eltern nicht gleich
25 die Freude verderben will. Auch nahm ich meiner ächzenden
Schwester den Rucksack ab; denn sie ist ja noch ein Kind erster
Klasse.
Wie wir durch den Ort gingen, begegneten uns viele leicht angezo-
gene Menschen. Meine Eltern sagten sich immer gegenseitig, wie
30 braun die meisten schon sind, und bei den leichten Mädchen
musste mein Vater manchmal hinterhergucken, ob es auch
stimmt. [...] Wir gingen dann einen schönen Weg am Meer entlang.
Der Vater lehrte uns, dass dieser Weg nur für Fußgänger bestimmt
ist und deshalb Promenade heißt. Nachdem wir vielleicht zwei-
35 hundert Meter promeniert sind, wichen wir ab und betraten ein
schönes weißes Haus, nämlich das Ferienheim. Es dauerte bloß
eine halbe Stunde, bis wir in ein Zimmer durften. Die Heimleiterin
war eine freundliche Frau und strich uns Kindern gleich übern
Kopf. Das ist ein gutes Zeichen für Kinderliebhaberei. Im Zimmer
40 gefiel mir am besten das Doppelstockbett, besonders das obere.
Und meine Schwester musste einsehen, dass ich der Stärkere bin.
Aber meine Eltern sahen das nicht ein und setzten mich zur Strafe
wieder runter. Mein Vater sagte, wir müssen uns beeilen, es gibt
noch Essen. Vater und ich waren die Schnellsten beim Umziehen,
45 wogegen meine Mutter erst allerlei probierte und fragte, ob es
richtig ist. Wir sagten immer ja, aber sie glaubte es nicht. Endlich
hatte sie das Richtige gefunden, und mit diesem Aufzug kam sie
mit in den Speisesaal.
Im Speisesaal wurden wir gezählt und durften an einem Tisch mit
50 sechs Personen teilnehmen, und wir sollen uns die Nummer
merken. Am Tisch saßen schon ein Herr mit Bart und eine mittel-
alterliche Frau. Sie nickten wie Könige im Märchenfilm und
sagten bitte. Als ich mich setzte, wischte meine Mutter schnell mit
einem duftenden Taschentuch an meinem Ohr rum und flüsterte,
55 man muss sich schämen. Aber mein Vater schämte sich nicht,
sondern las die Speisen. Als dieselben kamen, war mir schon woh-

ler. Das Fleisch war nicht schlecht. Mich ärgerte bloß die Frau an
unserem Tisch, welche andauernd auf meinen Mund sah, und ich
kann Kiebitze für mein Leben nicht leiden. Als ich eine Schwarte
60 rauszog und wieder auf den Teller legte, guckte die Frau nicht
mehr zu mir, sondern zu meiner Mutter. Die Frau aß nachher
noch ein Stück Torte, und ich nahm mir vor, ihr auch in den Mund
zu schauen, und zwar intensiver. Es gelang. Sie gab es mit mir auf
und saß zum Abendbrot mit ihrem Gatten schon an einem
65 anderen Tisch. [...]
Wir lagen danach die ganzen Tage entweder am Strand oder
spielten Ball oder badeten oder gingen spazieren, meistens zu einem
steilen Berg am Meer. Mein Vater schaute oft durch sein Kampf-
gruppenfernglas und rief, dass er die Schiffe gut erkennen kann.
70 Aber wo er hinschaute, waren meistens keine Schiffe, sondern
nackichte Menschen. Man nennt solche Stellen auch FKK, das
kann heißen »für kleine Kinder« oder »für komische Kauze«, und
es hat mir noch niemand erklärt.
Wenn das Wetter schlecht war, blieben wir im Heim und lasen
75 und spielten oder mussten Ansichtskarten unterschreiben. Für die
Ansichtskartenverschickung ist meine Mutter verantwortlich.
Man schreibt dort meistens etwas über das Wetter, das Essen und
die Umgebungen auf, und wenn wir so eine Karte zu Hause
erhalten, machen wir uns nichts daraus. [...]
80 Die Zeit ist viel zu schnell um gewesen, und man lernte am Strand
sehr viel, zum Beispiel Sprachen, am meisten Sächsisch und
manchmal auch Hochdeutsch. In den ersten Tagen kennen sich die
Menschen noch nicht, aber am letzten Tag sagen sie schon ihre
Adressen, und sie wollen schreiben und sich einmal besuchen.
85 Aber das sagen sie bloß aus Freundlichkeit. Bevor man die Ostsee
verlässt, muss man noch Geschenke einkaufen, und zwar für die
Kollegen, die Oma und die anderen Hinterbliebenen. Es gibt sehr
schöne Geschenke mit allerlei Wappen, Möwen, Anker und Auf-
schriften. Ich kaufte für meinen Freund Harald ein grüßendes
90 Fischbrettchen und eine Sparbüchse für meine Oma. Diese sieht
aus wie ein Kutter mit Perlmuttsegeln und einem Schlitz, wo man
Geld reinschmeißt. Ahoi!

1 Welche Stelle hat dir am besten gefallen? Begründe deine Wahl.

2 Das ist eine Geschichte aus der DDR. Welche Begriffe kannst du nicht
erklären? Notiere sie dir und frage deine Eltern oder Großeltern danach.

3 Was ist Ottokar für ein Junge? Beschreibe ihn.

4 Sucht heraus, was an dieser Reisebeschreibung lustig ist.
Achtet dabei auch auf witzige Sprachspiele.

In der Kürze liegt die Würze – Witze erzählen

1 Lies die Witze. Welcher gefällt dir am besten? Begründe.

Im Geografieunterricht fordert der Lehrer Anne auf, an die Karte
zu kommen. »Zeige mir den Kontinent Amerika!« Das Mädchen
kommt nach vorn und findet tatsächlich Amerika.
»Und? Wer hat Amerika entdeckt?«, fragt der Lehrer.
»Anne!«, ruft die Klasse im Chor.

Mann Wat schreibst du denn Ansichtskarten an unsere Nach-
barin? Mit der bist du doch böse!
Frau Die soll sich ärjern, det wir uff Mallorka sind!

Im Physikunterricht sagt der Lehrer zu Leon: »Beweise, dass die
Erde rund ist und sich um ihre eigene Achse dreht.«
Leon antwortet trotzig: »Aber das habe ich doch nie behauptet!«

TIPP
Nutze das Merk-
wissen (S. 248).

2 Nenne Merkmale der Textsorte *Witz*.

3 Manchmal heißt es: »Darüber macht man keine Witze!«
Überlegt Themen oder Inhalte, über die man keine Witze macht,
und begründet, warum.

4 Schreibe zu der folgenden Illustration einen Witz.

Unglaublich, aber wahr?! – Anekdoten

1 Schlage im Merkwissen (ab S. 248) die Merkmale der Anekdote nach.

2 Lies die drei kurzen Anekdoten auf dieser Seite und überlege, welche Haupteigenschaft der berühmten Persönlichkeiten hier jeweils beschrieben wird.

Der englische Buchautor und Journalist Gilbert Keith Chesterton vergaß häufig, wohin er wollte, und verpasste den Zug, der ihn dorthin bringen sollte. So schickte er einmal ein Telegramm an seine Frau: »Bin in Market Harborough. Wo sollte ich sein?« Seine Frau antwortete: »Zu Hause.«

Als sich Mark Twain auf einer Vortragstournee durch Europa befand, verbreitete sich das Gerücht, er sei plötzlich gestorben. Mark Twain kabelte daraufhin die folgende Richtigstellung nach Amerika: »Nachricht von meinem Tode stark übertrieben.«

Als Goethe im Februar 1784 die Ilmenauer Bergwerke wieder eröffnete, blieb er in der Rede stecken. Bei dem nachfolgenden Bankett konnte ein dem Dichter übel gesinnter Kammerherr sich die Bemerkung nicht verkneifen, das müsse doch ein für den Redner schrecklicher Zustand gewesen sein.
»Das stimmt«, pflichtete Goethe ihm bei, »ich fühlte eine so völlige Leere in meinem Kopf, dass ich allen Ernstes glaubte, ich sei ein Kammerherr.«

 **3** Bei den früher mündlich überlieferten Anekdoten bleibt meist offen, ob sie wahr sind oder erfunden. Tauscht euch darüber aus, wie wichtig die Frage nach der Wahrheit ist.

1 Lies die folgende Anekdote und gib ihren Inhalt mit eigenen Worten wieder. Welche List hat der Graf angewandt und was bezweckte er damit?

Kurt Tucholsky

Der Floh

Im Departement du Gard – ganz richtig, da, wo Nîmes liegt und der Pont du Gard[1]: im südlichen Frankreich – da saß in einem Post-büro ein älteres Fräulein als Beamtin, die hatte eine böse Ange-wohnheit: sie machte ein bißchen die Briefe auf und las sie. Das

¹ römischer Aquädukt, Wasser führende Brücke

5 wußte alle Welt. Aber wie das so in Frankreich geht: Concierge, Telefon und Post, das sind geheiligte Institutionen, und daran kann man schon rühren, aber daran darf man nicht rühren, und so tut es denn auch keiner.

Das Fräulein also las die Briefe und bereitete mit ihren Indiskreti-
10 onen den Leuten manchen Kummer.

Im Departement wohnte auf einem schönen Schlosse ein kluger Graf. Grafen sind manchmal klug, in Frankreich. Und dieser Graf tat eines Tages folgendes:

Er bestellte sich einen Gerichtsvollzieher auf das Schloß und
15 schrieb in seiner Gegenwart an einen Freund:

Lieber Freund!
Da ich weiß, daß das Postfräulein Emilie Dupont dauernd unsre Briefe öffnet und sie liest, weil sie vor lauter Neugier platzt, so sende ich Dir anliegend, um ihr einmal das Handwerk zu legen, einen lebendigen Floh.
20 *Mit vielen schönen Grüßen*   *Graf Koks*

Und diesen Brief verschloß er in Gegenwart des Gerichtsvollzie-hers. Er legte aber keinen Floh hinein.
Als der Brief ankam, war einer drin. R

2 Erläutere, was man unter dem Begriff *Briefgeheimnis* versteht.

3 *Graf Koks* – ein lustiger Name. Doch für welche Menschen wird dieser Ausdruck verwendet? Schlage im Lexikon nach oder recherchiere im Internet.

Das Theater kennen lernen

Blick in den Kostümfundus eines Theaters

1 Stelle dir vor, du befindest dich in einem riesigen Kostümfundus eines Theaters. Wie würdest du dich am liebsten verkleiden? Begründe deine Wahl.

→ S. 156–160;
S. 170–173
Theaterberufe

2 Welche Berufe werden am Theater ausgeübt?

a Lest die entsprechenden Seiten im Grammatikkapitel oder recherchiert in der Bibliothek / im Internet nach Theaterberufen und den dazugehörenden Tätigkeiten.

b Präsentiert eure Ergebnisse vor der Klasse.

3 Hast du selbst schon einmal in einem Theaterstück mitgewirkt? Wenn ja, berichte von deinen Erfahrungen.

4 Welche der Tätigkeiten von Theatermitarbeitern (Aufgabe 2) sind auch bei einer Schüleraufführung von Bedeutung? Notiert in Stichpunkten.

Blackouts – Spielspaß für jedermann

> **!** Der **Blackout**, die kürzeste Theaterform, besteht aus einer uner-
> warteten und überraschenden Pointe, ähnlich dem Witz. Blackouts
> können ohne Kulisse in einem beliebigen Raum gespielt werden.
> Requisiten werden lediglich andeutungsweise benötigt
> (z. B. eine Kittelschürze für die tratschende Hausfrau, Hut und Stock
> für den älteren Herrn usw.). Im Augenblick der Pointe wird ein
> Scheinwerfer blitzschnell abgeschaltet – ein Gong oder zwei auf-
> einandergeknallte Topfdeckel genügen zu diesem Zweck ebenfalls.
> Blackouts lassen sich schnell erlernen. Wichtig ist, dass die Pointe
> hundertprozentig »sitzt«, sie muss wortwörtlich gelernt werden.

1 Lies das folgende Textbeispiel. Beschreibe die Spielsituation.

Frau Huber Ah, grüß Gott, Frau Schulze, wie geht's?
Frau Schulze Ah, grüß Gott, Frau Huber, danke der Nachfrage.
Gar nicht gut! Gar nicht gut!
Frau Huber Warum gar nicht gut, Frau Schulze?
5 **Frau Schulze** Ach, diese Kinder! Diese Kinder machen so viel
Sorgen, bloß noch Sorgen.
Frau Huber Was für Sorgen machen denn die Kinder?
Frau Schulze Schulsorgen! Schulsorgen! Heute Abend ist wieder
Elternabend. Da muss ich doch wieder hin!
10 **Frau Huber** Schulsorgen? Elternabend? Ach, da lass ich mir kein
graues Haar wachsen.
Frau Schulze Sie haben gut reden. Lauter gescheite, brave Kinder.
Klar, dass Sie keine Schulsorgen haben.
Frau Huber Dass ich nicht lache. Machen Sie es doch wie ich!
15 **Frau Schulze** *(neugierig)* Wie machen Sie es denn?
Frau Huber Zu den Elternabenden gehe ich grundsätzlich unter
falschem Namen.

2 Wie stellst du dir die beiden Figuren vor?
Welche kennzeichnenden Requisiten würdest du für sie verwenden?

Petra *(kommt freudestrahlend auf die Bühne)*

Marianne Hallo, Petra. Na, du strahlst aber heute! Was freut dich so?

Petra Stell dir vor, mein Sohn meditiert neuerdings!

5 **Marianne** Wie bitte? Medi ... was?

Petra Ich weiß zwar auch nicht, was das bedeutet. Aber ...

Marianne Na hör mal, du musst doch wenigstens wissen, was er da tut?

Petra Eben. Das ist doch immerhin besser, als bloß rumzusitzen

10 und nichts zu tun.

3 Erkläre, worin die Pointe dieses Blackouts besteht. Was bedeutet *meditieren*?

4 Übt einen der beiden Blackouts. Versucht, euch mehr und mehr von der Textvorlage zu lösen und frei zu sprechen.

5 Spielt die Blackouts einander vor. Sprecht anschließend darüber, was euch schon gut gelungen ist und was ihr noch verbessern könnt.

6 Schreibt selbst einen Blackout. Nutzt dazu die folgende vorgegebene Situation oder einen geeigneten Witz (z. B. von S. 139).

Ein Mann erscheint laut jammernd mit verbundenem Bein beim Arzt. Auf dessen Frage, was ihm denn fehle, meint der Mann, ein schrecklich großer Hund

5 habe ihn ins Bein gebissen und es tue ganz furchtbar weh. Der Arzt versucht, den wehklagenden Mann zu beruhigen, und will die Wunde untersuchen. Der Mann aber schreit immer lauter, je

10 mehr Verbände ihm abgenommen werden. Schließlich stellt der Arzt verwundert fest, dass gar kein Hunde- biss zu sehen ist. Darauf meint der Mann stotternd, dass der Hund dann

15 wohl danebengebissen haben muss.

Sketche lesen und spielen

Karl Valentin (eigentlich Valentin Ludwig Fey, 1882–1948) war ein bayrischer Komiker, Volkssänger, Autor und Filmproduzent. Seine wichtigste Bühnenpartnerin war Liesl Karlstadt (eigentlich Elisabeth Wellano, 1892–1960).

  1 Lest den folgenden Sketch mit verteilten Rollen.

Karl Valentin

Hausverkauf

   K.V. Guten Tag, Sie wünschen?

   L.K. Ich komme wegen dem Haus.

   K.V. Sie meinen wegen dem Häuschen?

   L.K. In der Zeitung steht Haus.

5 **K.V.** Nein, es ist ein kleines Haus,
         ein Häuschen.

   L.K. Ah, ein Häuslein, ein Häuselchen, ein Häuseleinchen.
         Steht das Häuschen im Freien?

   K.V. Da steht es doch! [...]

10 **L.K.** Wie viele Stockwerke hat das Haus?

   K.V. Keines, nur Parterre.

   L.K. Ist es bewohnt?

   K.V. Momentan nicht, weil ich heraußen[1] stehe.

   L.K. Wie viele Zimmer?

15 **K.V.** Nur eins – dafür keine Treppe, kein Stiegenhaus.

   L.K. Ist das hier eine ruhige Gegend?

   K.V. Jawohl. Im Winter hören Sie nicht einmal das Auffallen der
         Schneeflocken; aber dafür gibt es im Sommer viele Ameisen,
         aber die gehen ganz leise.

20 **L.K.** Wie steht es mit den Abortverhältnissen[2]?

   K.V. Abort ist keiner im Haus.

   L.K. Ja, aber wenn man …

   K.V. Der Wald ist fünf Minuten von hier entfernt.

   L.K. Ja, aber bei Nacht?

25 **K.V.** Auch nur fünf Minuten. [...]

   L.K. Und wie ist es mit der Beleuchtung? Gas oder elektrisch?

   K.V. Im Haus und im Freien – überall elektrisch!

   L.K. Ich sehe aber nirgends eine elektrische Leitung.

[1] *bayr.* draußen

[2] Toilette

K.V. Nur elektrische Taschenlampe, brennt überall.

30 L.K. Wie alt ist das Haus schon?

K.V. Weiß nicht, hab's noch nicht gefragt. [...]

L.K. Was bedeuten diese vier Zimmerwände?

K.V. Das sind Stützen.

L.K. Für was?

35 K.V. Fürs Hausdach.

L.K. Ist Ungeziefer im Haus?

K.V. Nein, ich bin noch Junggeselle.

L.K. Soso!

K.V. Jawohl!

40 L.K. Legen Sie ... [...]

K.V. Nein – aber meine Hühner.

L.K. Legen Sie Wert darauf, dass das Haus bald verkauft wird?

K.V. Nein, sofort – in sofortiger Bälde!

L.K. Kaufen Sie sich dann wieder ein neues Haus?

45 K.V. Niemals mehr! Ich suche ein altes, tausend Meter tiefes Berg-
werk zu mieten.

L.K. Und das wollen Sie dann bewohnen?

K.V. Selbstverständlich!

L.K. Das ist ja unheimlich!

50 K.V. Schon – aber sicher!

L.K. Vor wem?

K.V. Vor Meteorsteinen.

L.K. Aber Meteorsteine sind doch ganz selten.

K.V. Schon, aber bei mir geht die Sicherheit über die Seltenheit.

2 Überlege, warum ein scheinbar »langweiliges« Gespräch zwischen
Hausbesitzer und Kaufinteressent derart komisch wirkt. Achte beson-
ders darauf, was gesagt wird und was gemeint ist. Belege deine
Einschätzung mit Textbeispielen.

3 Lest den Sketch noch einmal. Überlegt, wie ihr beim Spielen Mimik
und Gestik einsetzen könnt, um die Aussageabsicht zu unterstreichen.

! Ein **Sketch** (engl. Skizze) ist eine kurze, witzige Szene mit über-
raschender Wendung. Sie soll die Zuschauer zum Lachen oder zum
Nachdenken bringen. Der Sketch zeigt in einer kurzen Skizze
Schwächen des einzelnen Menschen oder der Gesellschaft. Ein Meister
des Sketches war **Karl Valentin**, dessen Figuren scheinbare Dumm-
köpfe sind, die jedoch viel Lebensweisheit zum Ausdruck bringen.

Loriot (eigentlich Bernhard Victor Christoph-Carl von Bülow, kurz Vicco von Bülow, 1923–2011) war einer der vielseitigsten deutschen Humoristen in Literatur, Film, Fernsehen und Theater.

Loriot

Das Frühstücksei

Das Ehepaar sitzt am Frühstückstisch. Der Ehemann hat sein Ei geöffnet und beginnt nach einer längeren Denkpause das Gespräch.

Er Berta!

Sie Ja ...!

5 **Er** Das Ei ist hart!

Sie *(schweigt)*

Er Das Ei ist hart!

Sie Ich habe es gehört ...

Er Wie lange hat das Ei denn gekocht?

10 **Sie** Zu viel Eier sind gar nicht gesund ...

Er Ich meine, wie lange dieses Ei gekocht hat ...

Sie Du willst es doch immer viereinhalb Minuten haben ...

Er Das weiß ich ...

Sie Was fragst du denn dann?

15 **Er** Weil dieses Ei nicht viereinhalb Minuten gekocht haben *kann*!

Sie Ich koche es aber jeden Morgen viereinhalb Minuten!

Er Wieso ist es dann mal zu hart und mal zu weich?

Sie Ich weiß es nicht ... ich bin kein Huhn!

Er Ach! ... Und woher weißt du, wann das Ei gut ist?

20 **Sie** Ich nehme es nach viereinhalb Minuten heraus, mein Gott!

Er Nach der Uhr oder wie?

Sie Nach Gefühl ... eine Hausfrau hat das im Gefühl ...

Er Im Gefühl? ... Was hast du im Gefühl?

Sie Ich habe es im Gefühl, wann das Ei weich ist ...

25 **Er** Aber es ist hart ... vielleicht stimmt da mit deinem Gefühl was nicht ...

Sie Mit meinem Gefühl stimmt was nicht? Ich stehe den ganzen Tag in der Küche, mache die Wäsche, bring deine Sachen in Ordnung, mache die Wohnung gemütlich, ärgere mich mit

30 den Kindern rum und du sagst, mit meinem Gefühl stimmt was nicht!?

Er Jaja ... jaja ... jaja ... wenn ein Ei nach Gefühl kocht, dann kocht es eben nur *zufällig* genau viereinhalb Minuten!

Sie Es kann dir doch ganz egal sein, ob das Ei *zufällig* viereinhalb

35 Minuten kocht ... Hauptsache, es *kocht* viereinhalb Minuten!

Er Ich hätte nur gern ein weiches Ei und nicht ein *zufällig* weiches Ei! Es ist mir egal, wie lange es kocht!

Sie Aha! Das ist dir egal ... es ist dir also egal, ob ich viereinhalb Minuten in der Küche schufte!

40 **Er** Nein-nein ...

Sie Aber es ist *nicht* egal ... das Ei *muss* nämlich viereinhalb Minuten kochen ...

Er Das habe ich doch gesagt ...

Sie Aber eben hast du doch gesagt, es ist dir egal!

45 **Er** Ich hätte nur gern ein weiches Ei ...

Sie Gott, was sind Männer primitiv!

Er *(düster vor sich hin)* Ich bringe sie um ... morgen bringe ich sie um ...

1 Überlegt, was bei diesem Gespräch »schiefläuft«. Geht es wirklich nur um das Ei?

2 Lest den Sketch jetzt noch einmal paarweise. In welchem Tonfall sprechen beide Partner miteinander?

3 Untersucht das Gespräch genauer.

a Auf welche Weise gehen die Gesprächspartner aufeinander ein? Belegt eure Aussagen anhand von Textstellen.

Er	Sie
„Das Ei ist hart!" (Z. 5)	Sie sagt nichts. (Z. 6)
„Das Ei ist hart!" (Z. 7), Wiederholung ...	„Ich habe es gehört." (Z. 8) Sie geht auf das Thema nicht ein.

b Wie entsteht die komische Wirkung des Gesprochenen? Erläutert eure Ideen anhand von Beispielen.

4 Stellt euch eine andere komische Situation zwischen diesem Ehepaar vor, schreibt einen kurzen Sketch dazu und spielt ihn vor.

Was habe ich gelernt?

5 Überprüfe, was du über das Theater und das Theaterspielen gelernt hast.

Tausche dich mit einer Lernpartnerin / einem Lernpartner aus.

Phasen der Probenarbeit

1. Lesen und Besprechen des Stückes

Zuerst machen sich alle mit dem Thema und der geplanten Umsetzung des Stückes vertraut. Der Spielleiter kann bereits in dieser Phase beobachten, wie jeder einzelne Spieler seine ihm zugedachte Rolle erfasst und auslegt.

2. Sprechen der Rollen ohne Handeln

Der Text muss bereits auswendig gelernt sein. Wichtig ist die Konzentration auf das jeweilige Stichwort des anderen, um den Einsatz nicht zu verpassen.

3. Positionsproben

Jetzt wird ganz genau erarbeitet:
- wie ein Spieler die Bühne betritt,
- wo bzw. wie er in den einzelnen Situationen stehen soll,
- wie und mit welchen Bewegungen er auf Äußerungen und Handlungen der Mitspielenden reagiert,
- wo Mimik und Gestik nötig sind, um die Wirkung des Textes zu unterstreichen.

4. Letzte Probenphase

Jetzt muss alles stimmen:
- einwandfreies Beherrschen des Textes,
- Spielausdruck, Spieltempo,
- Auf- und Abgänge, Spielpositionen,
- Bedienung der technischen Hilfsmittel,
- Bereitstellung der benötigten Kostüme bzw. Requisiten.

Diese Probenphase schließt mit der so genannten Generalprobe ab.

Tipp: Vor jeder Spielprobe bzw. vor den Auftritten solltet ihr euch ein paar Minuten Zeit nehmen, um die Stimme zu lockern und die Atmung zu vertiefen. Dazu könnt ihr herzhaft gähnen, dann ein »m« summen und dabei langsame Kaubewegungen machen, anschließend wie ein Pferd schnauben und wie ein Vogel trillern.

1 Lies den Titel des Stückes. Stelle Vermutungen an, worum es gehen könnte.

Lisa Gallauner

Verzieh dich!

1. Szene: Vor dem Schulhaus

Vorhang öffnet sich. Paula, Tina und Babsi sitzen vor der Schule und quatschen.

Babsi Habt ihr schon von der Neuen gehört? Kommt angeblich in unsere Klasse. Der Tom kennt sie näher. Er hat mir schon von
5   ihr vorgeschwärmt. *(süffisant)* Muss ja eine echte Schönheit sein.

Paula *(verzieht das Gesicht)* Eine echte Schönheit? Na super. So eine können wir bei uns brauchen! Die bringt sicher alles durcheinander, und das jetzt, wo wir in der vierten[1] Klasse sind. Warum kommt die überhaupt zu uns?

10   **Babsi** *(zuckt mit den Schultern)* Keine Ahnung. Ist wohl umgezogen. Vielleicht haben sich ihre Eltern scheiden lassen – so wie meine.

Tina Oder meine. Mich wundert, dass es deine Alten noch miteinander aushalten, Paula.

15   **Paula** Pah. Mir wäre lieber, sie würden sich endlich scheiden lassen. Die zwei streiten sowieso nur noch. *(Paula schaut ein wenig bedrückt drein, macht dann aber eine wegwerfende Handbewegung und versucht, vom Thema abzulenken.)* Aber zurück zu der Neuen. Der werden wir schon zeigen, wo der Hammer
20   hängt, nicht wahr, Mädels? *(Babsi und Tina nicken eifrig.)*

Tina Aber klar. Von der lassen wir uns nicht das Ruder aus der Hand nehmen. Die wird schon sehen, wer hier das Sagen hat, egal, wie schön sie ist.

1 In Österreich entspricht die vierte Klasse unserer achten Klasse.

Babsi Genau. Schön sind wir
25   selber auch. Und den Tom angle ich mir! Da lass ich keinen dazwischenkommen, besser gesagt, keine!
(Ihre Freundinnen lachen schallend. Babsi fällt in ihr Lachen ein.
30   *Plötzlich geht Lena, die Neue, in einiger Entfernung an den Mädels vorbei. Diese werden still und beginnen zu tuscheln.)*

35 **Babsi** Da! Das muss sie sein. Genau so hat Tom sie beschrieben.
Tina *(neidisch)* Die ist ja wirklich eine Schönheit.
Paula Aber sicher auch total eingebildet und unsympathisch.
Das sieht man doch auf den ersten Blick. Die wird sich noch
wundern.
40 **Babsi** *(giftig)* Genau! Die schnappt mir Tom nicht weg. Ich kann
auf euch zählen, Mädels? [...]

 2 Überlegt, warum die drei Mädchen Lena verurteilen, ohne sie zu kennen.

2. Szene: In der Schulgarderobe

Lena Und du meinst echt, dass sie nett zu mir sein werden? Ich bin
so nervös. Außer dir kenne ich ja niemanden hier. Was, wenn
mich die anderen nicht mögen?
45 **Tom** Keine Angst, Lena, die mögen dich schon. Alle Mädchen und
Burschen aus meiner Klasse sind echt okay, mach dir keine
Sorgen. Das wird schon. Ich bin mir sicher, die freuen sich über
dich, vor allem die Mädchen. Schließlich sind wir Burschen
in der Überzahl, da können sie weibliche Unterstützung immer
50 gut gebrauchen.
Lena *(scheint ein bisschen erleichtert zu sein und lächelt)* Na gut, wenn
du meinst. Ach übrigens, an wen soll ich mich denn halten? Ich
meine, welche Mädchen sind besonders nett? Ich kann ja
schließlich nicht immer mit dir abhängen. Sonst glauben die
55 noch, zwischen uns läuft was.
Tom *(lacht auf)* Zwischen uns? Was laufen? Lena, du und ich, wir
sind wie Geschwister, da kann gar nichts laufen. Immerhin
kenne ich dich schon ewig, seit dem Kindergarten!
Lena Das wissen wir beide, aber die anderen doch nicht. Die
60 denken sicher gleich, wir sind ineinander verknallt, wenn ich
mich ständig mit dir abgebe. Also, welche Mädchen sind denn
am coolsten in deiner ... äh ... in unserer Klasse?
Tom *(überlegt nicht lange, wie aus der Pistole geschossen antwortet er)*
Ganz klar: Babsi, Paula und Tina. Halt dich an die drei, dann
65 kann nichts schiefgehen. Die drei sind echt schwer in Ordnung,
glaub mir. Und jetzt mach dich locker, Lenchen! Das wird schon.
Tom *(erschrocken)* O Mann, so spät schon!? Wir müssen uns
beeilen! In der ersten Stunde haben wir Mathe, und der Berger
mag es gar nicht, wenn man zu spät kommt. Du willst doch
70 nicht gleich zur Begrüßung unsere Schulordnung schreiben
müssen, oder?
(Beide packen ihre Schultaschen und laufen von der Bühne.) [...]

3 In welcher Lage befindet sich Lena? Beschreibe, wie sie sich wohl fühlt.

3. Szene: In der Klasse

Der Vorhang geht auf. Alle sitzen an ihren Plätzen, bis auf Tom und Lena. Da betritt Herr Berger die Klasse.

75 **Herr Berger** Guten Morgen, Herrschaften!

(Frau Schneider betritt den Raum. Sie ist der Klassenvorstand der Jugendlichen.)

Frau Schneider *(freundlich)* Entschuldigen Sie bitte die Störung, Herr Kollege. Dürfte ich mir meine Klasse für fünf Minuten

80 ausleihen?

Herr Berger *(etwas pikiert)* Wenn es unbedingt sein muss, aber nur fünf Minuten!

(Herr Berger verlässt das Klassenzimmer. Frau Schneider geht auf Lena zu, gibt ihr die Hand, begrüßt sie freundlich und stellt sie dann

85 *dem Rest der Klasse vor.)*

Frau Schneider So, Leute, ihr fragt euch vielleicht, wer diese sympathische junge Dame ist. Also, das ist Lena. Sie ist ab heute ein Teil unserer Klasse, was mich natürlich sehr freut. Weibliche Unterstützung können wir hier schließlich immer gut gebrau-

90 chen [...], also, ich erwarte von euch allen, dass ihr Lena mit offenen Armen aufnehmt und ihr die Eingewöhnung in unserer Klasse so einfach wie möglich macht. Es ist nicht so leicht, die Schule zu wechseln, noch dazu in der vierten Klasse. Seid also nett zu ihr, ja? Babsi, als Klassensprecherin kümmerst du

95 dich bitte um alles. Sag und zeig Lena, was sie wissen muss. Das Konferenzzimmer, die Info-Tafel, die coolsten Burschen hier in der Schule. *(Erneut lachen einige Schüler auf.)* Nein, im Ernst, du kümmerst dich um Lena, versprochen, Babsi?

(Babsi nickt. Auf ihrem Gesicht macht sich ein breites, gekünsteltes

100 *Lächeln breit.)*

Babsi *(übertrieben)* Aber sicher, Frau Schneider, Sie können sich auf mich verlassen. Ich kümmere mich schon um Lena.

(Babsi wirft Tina und Paula einen verstohlenen Blick zu. Dabei grinst sie. Auch die anderen beiden grinsen.) Und Tina und Paula
105 helfen mir dabei.

Tina Sicher!

Paula Klar. Wir kümmern uns um alles.

Frau Schneider *(zufrieden)* Gut, dann setz dich doch am besten gleich neben Babsi, Lena! Zum Glück ist da noch ein Platz frei.
110 [...]

(Die Klassentür geht auf, Herr Berger streckt den Kopf rein.)

Herr Berger Frau Kollegin ... die fünf Minuten ...

Frau Schneider Ich bin schon fertig, Herr Kollege. Danke schön!

(Frau Schneider eilt aus der Klasse. Lena geht zum Platz neben Babsi.)

115 **Babsi** *(wirft Lena, als keiner zusieht, einen giftigen Blick zu und flüstert)* Mach dich bloß nicht zu breit, Bella!

(Lena ist tief getroffen – man merkt es an ihrem Gesichtsausdruck – trotzdem setzt sie sich neben Babsi.)

Herr Berger So, weiter geht's mit den binomischen Formeln. Niko,
120 komm bitte an die Tafel! *(Niko steht auf und geht zur Tafel. Der Vorhang fällt.)*

4. Szene: In der Garderobe

Babsi Hallo, Bella, du hast dich heute aber schick gemacht. Ist der Fetzen neu? *(Babsi zupft an Lenas neuem, weißem Pulli.)*

Lena Ja, der ist neu – und nenn mich nicht immer Bella! Ich heiße
125 Lena! [...]

Babsi *(süffisant)* Aber, aber. Wer wird denn da aufmucken?! Du traust dich was, Bella. Immerhin sind wir zu dritt und du bist gaaaanz allein. [...]

(Lena sieht Tina verständnislos an. Als sie sich wegdrehen will, ist es
130 *bereits zu spät. Paula, die eine Flasche Cola in den Händen hält, hat ihr diese bereits über den neuen Pulli geschüttet.)*

Paula *(zynisch)* Huch, das tut mir aber leid, Bella. Wie konnte mir das nur passieren? So ein Pech – dein neuer Pulli ist hinüber. Aber unter uns: Weiß steht dir ohnehin nicht, ha, ha, ha!

135 **Lena** *(entsetzt, kämpft mit den Tränen)* Sag mal, spinnst du!? Das erzähl ich der Schneider! Oder ich geh gleich zum Schulleiter.

(Tina und Paula packen Lena und halten sie fest, während Babsi bedrohlich auf sie einredet.)

Babsi Das wirst du schön bleiben lassen, Bella! Oder willst du, dass
140 wir dir das Leben hier zur Hölle machen? Glaub mir, das fällt uns nicht schwer. Wir müssen nur das eine oder andere Gerücht über dich in die Welt setzen.

Tina Und schon hast du keine Freunde mehr, nicht einen einzigen.
Paula Sogar dein geliebter Tom wird sich dann nicht mehr mit dir
145 blicken lassen wollen. [...]

Lena *(verzweifelt, ihr rinnen einige Tränen über die Wangen)* Wieso
seid ihr eigentlich so gemein zu mir? Was wollt ihr denn von
mir?
Babsi Verzieh dich! Das wollen wir von dir. Verschwinde zurück
150 in deine alte Schule! Wir brauchen dich hier nämlich nicht!
Paula und Tina Genau! Verzieh dich!
*(Die Schulglocke läutet zur nächsten Stunde. Babsi, Paula und Tina
verschwinden und lassen die weinende Lena alleine zurück. Der
Vorhang fällt.)*

5. Szene: In Lenas Zimmer

155 *Lena sitzt am PC und liest gerade ihre E-Mails. [...]*
Lena *(liest laut, entsetzt)* Haben wir dir nicht gesagt, dass du dich
verziehen sollst?! Warum bist du denn immer noch nicht weg?!
Wir machen dich fertig, du Schlampe, verlass dich darauf!!!
*(Lena steht auf und geht nervös durch ihr Zimmer. Sie ist schon
160 wieder den Tränen nahe.)* Scheiße! Woher haben die drei meine
E-Mail-Adresse? Was mache ich denn jetzt bloß?
*(Lenas Mutter betritt mit einem Korb voll gebügelter Wäsche den
Raum.)*
Lenas Mutter *(besorgt)* Lena, wie siehst du denn aus? Ist etwas
165 passiert, mein Schatz?
Lena *(gekünstelt fröhlich)* Nein, nein, Mama. Alles bestens.
*(Lenas Mutter schaut ihre Tochter skeptisch an, fragt aber dann nicht
weiter nach, sondern stellt den Wäschekorb auf den Boden.)*
Lenas Mutter Da bitte – deine Wäsche. Die Colaflecken habe ich
170 leider nicht aus dem weißen Pulli rausgekriegt. Dass du aber
auch so ungeschickt sein musst! Wie geht's dir eigentlich in der

Schule? Hast du schon neue Freundinnen gefunden?
(Lena setzt ein gekünsteltes Lächeln auf und schnappt den Wäschekorb,
um ihrer Mutter nicht ins Gesicht sehen zu müssen.)

175 **Lena** Aber klar. Jede Menge neuer Freundinnen. Ist alles paletti,
Mama. Mach dir keine Gedanken um mich!

Lenas Mutter Das freut mich aber, Schatz. Essen gibt's, wenn Papa
zu Hause ist. Er bringt uns eine Pizza mit, hat er gesagt.
(Lena, die immer noch mit der Wäsche beschäftigt ist, nickt nur.

180 *Lenas Mutter verlässt den Raum. Kaum ist sie draußen,*
geht Lena wieder an den PC. Sie liest eine Weile.)

Lena *(verzweifelt)* Mich verziehen? Vielleicht sollte ich das wirklich tun. *(Licht aus, Vorhang fällt)*

4

a Erkläre den Begriff *Mobbing*. Du kannst dazu das Fremdwörterbuch
nutzen oder im Internet recherchieren.

b Überlegt, wie Lena sich wehren kann. Improvisiert dazu eine Szene.

6. Szene: Vor der Schule

[...] *Tom sitzt bei seinem Freund Niko und beschäftigt sich mit dem*
185 *Handy. Er sieht dabei nicht besonders glücklich aus. Als Lena sich*
den beiden Jungs nähert, steht Tom auf und geht davon.

Lena Hallo, Tom! Du, ich muss unbedingt mit dir reden.
(Niko steht ebenfalls auf. Lena, die Böses ahnt, packt ihn am Arm und
hält ihn fest.)

190 **Lena** Halt, Niko! Sag mal, was ist denn mit Tom los? Gestern hat er
nicht auf meine SMS geantwortet, und jetzt läuft er einfach
davon. Ist er sauer auf mich?

Niko *(wirft Lena einen verächtlichen Blick zu und meint unfreundlich)*
Das ist nicht dein Ernst, oder? Frag doch nicht so scheinheilig!
195 Natürlich ist Tom sauer auf dich, wäre ich übrigens auch, wenn
meine angeblich beste Freundin so einen Schmarren über mich
verbreitet ...

5 Überlegt, wie das Stück enden könnte. Fasst eure Ideen in Stichpunkten zusammen. Welcher Vorschlag gefällt euch am besten?

6 Lest eine Szene eurer Wahl in Rollen. Die Regieanweisungen helfen
euch dabei, die Gefühle der jeweiligen Figur richtig auszudrücken.

Wortarten und Wortformen

Veränderbare (flektierbare) Wortarten

1

a Lies, wie Maike W. ihren Theaterberuf beschreibt.

Ich bin Ankleiderin an einem Theater. Mein Beruf löst immer großes Erstaunen aus. Warum braucht man das, fragen mich die Leute. Ein Rokoko-Kleid, eine Korsage oder einen Wolfspelz können Schau-
5 spieler aber unmöglich allein anziehen. Vor jeder Vorstellung lege ich die Kostüme meiner Schau- spieler schon in ihrer Garderobe bereit. In den kurzen Pausen zwischen den Auftritten helfe ich ihnen beim schnellen Um- und Ankleiden. Ich
10 schnüre Korsagen, Stiefel usw. und reiche Perücken und wichtige Requisiten wie Taschen, Hüte oder Schmuck. Für die Pflege und Lagerung der Bühnen- garderobe bin ich ebenfalls verantwortlich. Für die nächste Vorstellung wasche und bügle ich
15 die Kostüme bzw. repariere sie.

b Maike W. spricht über sich selbst. Belege das an Textbeispielen.

c Frau W. benennt Tätigkeiten, Gegenstände und Orte, die typisch sind für ihren Beruf. Wähle je zwei Beispiele aus und prüfe, wie sich die Wörter jeweils verändern lassen (Zahl, Fall, Person, Zeit).

2 Wörter kannst du einteilen nach ihrer Bedeutung, ihrer Aufgabe in Satz und Text oder nach ihrer Veränderbarkeit.

a Übertrage die Tabelle in dein Heft. Suche jeweils drei Beispiele aus dem Text der Aufgabe 1a heraus und trage sie ein.

veränderbare Wörter	nicht veränderbare Wörter
ich – mich, mir	an
...	...

 b Ordne jeder Wortart (Verb, Nomen/Substantiv, Adjektiv, Pronomen) drei Beispiele aus dem Text (Aufgabe 1a) zu.

Nomen/Substantive

 a Lies den folgenden Text aufmerksam. Begründe an Beispielen, was ihn orthografisch von einem typisch deutschen Text unterscheidet.

Achtung, Fehler!

Aus dem einmaleins einer maskenbildnerin

Ein bisschen rouge hier, ein wenig puder dort – und fertig ist die maske? Eine solche vorstellung von meinem beruf kannst du dir gleich abschminken. Ich muss einen mann optisch wie eine frau oder wie eine historische persönlichkeit aussehen lassen. Mit etwas latex und viel farbe täusche ich unterschiedliche verletzungen vor. Die perücken fertige ich auch selbst an. Das habe ich in meiner friseurausbildung gelernt.

TIPP
Der Text enthält
15 Nomen.

b Schreibe den Text in dein Heft. Achte auf die richtige Großschreibung der Nomen/Substantive. Der Merkkasten unten gibt dir Auskunft über diese Wortart.

c Markiere die Begleiter (Artikel, Possessivpronomen) und die Adjektive, die die Substantive/Nomen näher bestimmen.

Aus dem Einmaleins ...

! **Nomen/Substantive** bezeichnen Lebewesen, Gegenstände, Gefühle, Gedanken, Vorgänge, Orte, z.B.:
Arno, Musikerin, Kostüm, Freude, Erlebnis, Bühne.
Nomen sind **veränderbar** (flektierbar). Sie sind **deklinierbar,** das heißt, sie ändern ihren **Fall** (Kasus: Nominativ, Genitiv, Dativ, Akkusativ). Außerdem können sie ihre **Zahl** ändern (Numerus: Singular, Plural), z.B.:

Der Sänger	lernt	*seinen Text*.
Nominativ Singular (Wer?)		Akkusativ Singular (Was?)
Der Regisseur	sucht	*Schauspielerinnen*.
Nominativ Singular (Wer?)		Akkusativ Plural (Wen?)

Nomen können als Begleiter **Artikel** haben, das heißt, sie sind **artikelfähig**, z.B.:
ein Kostüm, das Kostüm.
Nomen lassen sich durch **Attribute** genauer charakterisieren, z.B.:
ihre Kostüme – ihre witzigen Kostüme – Kostüme, die maßgeschneidert wurden.

→ S.176 Attribut
(Beifügung)

2

a Ermittle die Attribute, die die unterstrichenen Nomen näher charakterisieren.

TIPP
Nutze die
Weglassprobe.
→ S.177

1 Maskenbildner brauchen eine abgeschlossene <u>Friseurausbildung</u>.
2 Mit dem Kostümbildner sind intensive <u>Absprachen</u> zu treffen.
3 Im sogenannten <u>Glatzenraum</u> stellen Maskenbildner Theaterglatzen her.
4 Wegen der Naheinstellungen verlangen Film- und Fernsehaufnahmen wesentlich feinere <u>Schminktechniken</u>.
5 Dieser vielseitige <u>Beruf</u> erfordert geteilte <u>Arbeitszeiten</u>, die <u>den Dienst</u> am Vormittag und zur Abendvorstellung einschließen.

b Tauscht euch darüber aus, wie der Text ohne Attribute wirkt und welche Attribute man keinesfalls weglassen sollte.

3 Schreibe die Wortgruppen in der richtigen Groß- und Kleinschreibung in dein Heft.

Achtung,
Fehler!

falsche bärte – perücken, die ich selbst angefertigt habe – verletzungen, die wie echt aussehen – abgeschlossene ausbildung – blonde haarfarbe – abwechslungsreicher beruf – hochwertige schminke

4 Diktiert euch gegenseitig die folgenden Sätze.
Geht beim Partnerdiktat so vor:
• Lest jeden Satz zweimal vor.
• Erst nach dem zweiten Vorlesen darf geschrieben werden.
• Achtet beim Zuhören auf die Nomensignale, wie Artikel oder Attribute.

Achtung,
Fehler!

1 Für jede maske grundiere ich das gesicht.
2 Um ein junges gesicht auf alt zu trimmen, verwende ich keine rosige, sondern eine gräuliche creme.
3 Natürliche gesichtsfalten vertiefe ich durch dunkle schminke.
4 Mit einer feinen bürste trage ich graue farbe auf haare und augenbrauen auf.
5 Zum schluss bestäube ich das make-up mit transparentem puder.
6 Damit fixiere ich die maske.
7 Der junge schauspieler wirkt gleich um einige jahrzehnte gealtert.

Nominalisierte/Substantivierte Verben und Adjektive

1 Setze die Verben in Klammern als Nomen in die Lücken ein.
Schreibe die nominalisierten Wörter mit ihren Begleitern in dein Heft.

Beruf Maskenbildner/-in

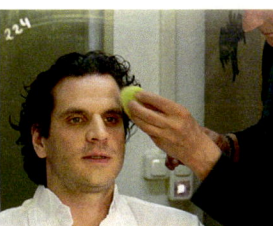

1 Das ▬▬▬ (grundieren) ist das A und O einer Maske. Gräuliche Creme lässt ein junges Gesicht alt wirken, rosige ein Gesicht jünger.

2 Dunkle Schminke empfiehlt sich zum ▬▬▬ (vertiefen) von Falten.

3 Zum ▬▬▬ (modellieren) von Narben wird Flüssiglatex eingesetzt.

4 Für das ▬▬▬ (auftragen) von Farbe auf Augenbrauen und Haare benutzt man feine Bürstchen.

5 Durch ▬▬▬ (bestäuben) der Maske mit transparentem Puder wird das Make-up fixiert.

> **!** Jedes Wort kann als Nomen/Substantiv gebraucht werden. Es wird dann großgeschrieben. Jede **Nominalisierung/Substantivierung** kann **dekliniert** und mit einem **Artikel** oder **Attribut** versehen werden, z. B.:
> *lachen* → *Dein helles Lachen hört man überall.*
> *blond* → *Den großen Blonden finde ich nett.*
> Am häufigsten werden **Verben** nominalisiert/substantiviert. Sie verdichten den Text, deshalb sind sie typisch für Anweisungen, z. B.:
> *mitschneiden* → *Das Mitschneiden von Konzerten ist strafbar.*
> Nominalisierte **Adjektive** werden häufig von einem unbestimmten Zahlwort begleitet, z. B.: *neu* → *etwas Neues.*

2 Verdichte die Aussagen in den unterstrichenen Nebensätzen, indem du die Verben nominalisierst. Schreibe die Sätze in dein Heft.

1 Wenn Narben oder Bartstoppeln abgedeckt werden sollen, eignet sich eine fleischfarbene Make-up-Creme.

2 Wenn Wunden und Verletzungen vorgetäuscht werden sollen, arbeiten Maskenbildner mit Latex und Farbe.

3 Farblich abgestimmte Abdeckstifte werden benutzt, wenn einzelne Hautunebenheiten wegretuschiert werden sollen.

4 Wenn Nasen modelliert werden sollen, wird Latex eingesetzt.

1. Zum Abdecken von ...

3 Untersuche, aus welcher Wortart die folgenden Nominalisierungen abgeleitet sind. Schreibe die Wörter und die Nominalisierungen auf.

1 Immer wieder lassen die Maskenbildnerinnen sich etwas <u>Neues</u> einfallen.
2 Das <u>Schönste</u> ist für sie, wenn sie etwas <u>Fantastisches</u> gestalten dürfen.
3 Das <u>Schwierigste</u> ist die Gestaltung echt wirkender Gesichter.

1. neu – etwas Neues, 2. ...

 **4** Wählt die richtige Variante aus und schreibt sie auf.

1 Wie heißt dieser Rothaarige / dieser rothaarige aus dem Film?
2 Das war das langweiligste / das Langweiligste, was ich je gesehen habe.
3 Diese Werbung soll die jugendlichen / die Jugendlichen ansprechen.
4 Wer ist die jüngste Oscar-Preisträgerin / die Jüngste Oscar-Preisträgerin?
5 Wie hieß noch mal der Spannende Film / der spannende Film?
6 Wisst ihr schon das neueste / das Neueste?

5 Entscheide, ob die markierten Wörter Nominalisierungen sind und großgeschrieben werden müssen. Schreibe nur die Nominalisierungen mit ihren Nomensignalen in dein Heft.

TIPP
Prüfe, ob sich Artikel, Possessivpronomen oder Attribute auf die markierten Wörter beziehen.

Achtung, Fehler!

Beruf Rüstmeister/-in

Das <u>interessante</u> an diesem Theaterberuf ist die Vielfalt der Aufgaben und Produkte. Das <u>herstellen</u> von Rüstungen, Helmen und Waffen gehört dazu, aber ebenso das <u>konstruieren</u> von Unterbauten aus Metall, die den Reifröcken der Rokoko-Kostüme
5 erst ihre <u>typische</u> Form geben.
Das <u>verblüffende</u> an vielen Kopfbedeckungen ist, dass sie den Schauspielern auch bei heftigsten Bewegungen nicht vom Kopf fallen – dank einer nicht sichtbaren Metallkonstruktion.
Nach Meinung vieler <u>jugendlicher</u> ist der Einsatz von Pyro-
10 technik, also von allem, was knallt, raucht, <u>blitzt</u> oder brennt, das <u>aufregendste</u> an diesem Beruf.
Rüstmeister/-in ist kein Ausbildungsberuf. Häufig ist das <u>erlernen</u> eines Metallberufs ausreichend.

Pronomen

a Setze folgende Wörter ein, die für den Textsinn wichtig sind.

ich – du – sie – ihr – ihre – mir – euch – der – diesen – meine

Das Jugendmagazin YES befragt zwei junge Reporter:
YES Was war für ▓▓▓ das Schönste an den Berliner Filmfestspielen?
Nora Dass ▓▓▓ alle Filme der Generation 14 plus umsonst sehen
    durfte.
Orhan ▓▓▓ hat gefallen, dass ▓▓▓ Kritiken veröffentlicht wurden.
YES Welche Filmkritiken hast ▓▓▓ denn geschrieben?
Orhan Zum Beispiel über „Fighter“, ▓▓▓ dänischen Film, ▓▓▓ die
    Geschichte von Aisha erzählt. ▓▓▓ trainiert Kung-Fu mit
    jungen Männern, was ▓▓▓ Vater und ▓▓▓ Brüder gar nicht toll
    finden.

b Bestimme so genau wie möglich, zu welcher Wortart die eingesetzten
Wörter gehören. Nutze die Informationen im Merkkasten.

Pronomen sind Stellvertreter oder Begleiter von Nomen/
Substantiven und werden wie diese **dekliniert.**

Personalpronomen *ich, du, er, sie, es; wir, ihr, sie*	stehen stellvertretend für Personen und Sachen
Possessivpronomen z. B.: *mein, dein, ihr*	zeigen den Besitz oder die Zugehörigkeit an
Demonstrativpronomen z. B.: *dieses, jenes, das*	weisen auf ein vorher genanntes Nomen hin
Relativpronomen z. B.: *der, die, das*	leiten Nebensätze ein, die ein Nomen im Hauptsatz genauer erklären, z. B.: *Der Film, den du mir empfohlen hast, war toll.*

 2 Pronomen stehen im gleichen Fall wie die Nomen, die sie vertreten
oder begleiten. Bestimmt den Fall der eingesetzten Pronomen in
Aufgabe 1a.

TIPP
Nutzt Frage- oder
Ersatzprobe.

a Die unterstrichenen Wörter im folgenden Text sind auch Pronomen.
Entscheide mithilfe des Merkkastens unten, welche Aufgabe sie im
Text erfüllen und um was für Pronomen es sich handelt.

**Aus einem Interview mit den beiden Leitern der Sektion
Kinder- und Jugendfilme der Berliner Filmfestspiele**

*Wer sucht die Filme für das Berliner Filmfestival im Februar jedes
Jahres aus?*
Wir gehören zum Auswahlgremium, das aus 4–5 Erwachsenen
besteht. Wir schauen uns von Oktober bis Dezember bis zu 1000
5 Filme aus aller Welt an. Irgendwann entscheiden wir uns für
einen Film, von dem wir meinen, dass ihn sich viele Kinder oder
Jugendliche ansehen müssen.
Woher wisst ihr, welche Filme Kindern und Jugendlichen gefallen?
Jedes Jahr besuchen 50 000 junge Leute die Berlinale-Vorstel-
10 lungen. Die sagen in den Publikumsgesprächen mit den Regis-
seuren und Schauspielern ganz deutlich, welchen Film sie mögen
und was sie wollen. Das schreiben sie auch in die Fragebogen, die
in den Berlinale-Kinos ausliegen. Diese Fragebogen schauen wir
uns nach der Berlinale noch einmal genau an.

 **b** Suche weitere bekannte Pronomen im Text und bestimme sie.

Interrogativpronomen (Fragepronomen), z.B.: *Wer? Was? Wem? Wen? Wessen? Was für ein(e)? Welche(-r, -s)?*	• erfragen Personen oder Sachen, z.B.: *Wer ist das? Wessen Karte ist das?* • fragen nach der Eigenschaft, z.B.: *Was für ein Film ist das?* • fragen nach der Auswahl aus einer Menge, z.B.: *Welchen Film von den fünf meinst du?*
Reflexivpronomen (rückbezügliches Fürwort) *(ich) mir, mich, (du) dir, dich, (er, sie, es) sich; (wir) uns, (ihr) euch, (sie) sich*	• stimmen mit Formen der Personalpronomen überein (Ausnahme: *sich*) • treten zusammen mit Verben auf • weisen auf den Handlungsträger (sich selbst) zurück, z.B.: *ich erhole mich, er konzentriert sich*

4 Ergänze die fehlenden Interrogativ- bzw. Reflexivpronomen.

Beruf Filmvorführerin

*Andrea, du bist Filmvorführerin im Ufa-Palast, einem Kino-Komplex
mit sieben Sälen. Warum hast du ▬▬ für diesen Beruf entschieden?*
Für Technik habe ich ▬▬ schon immer interessiert. Und mit
meinen Eltern bin ich schon von klein auf ins Kino gegangen.

5 *▬▬ machst du als Filmvorführerin? Sitzt du mit Popcorn im Sessel
und guckst ▬▬ dabei die neuesten Filme an?*
Also, ▬▬ das glaubt, der irrt ▬▬ total. Der Job ist unheimlich
anstrengend. Ich haste von einem Vorführraum zum nächsten und
beeile ▬▬ mit dem Einlegen und Wechseln der Filmrollen,

10 weil fast gleichzeitig in mehreren Kinosälen Filme gezeigt werden.
Ich kümmere ▬▬ um die Lautstärke, die Schärfe des Bildes
oder die Untertitel, die manchmal auf einer Leinwand nicht mehr
zu sehen sind.
▬▬ Filmstars hast du schon live erlebt?

15 Von Brad Pitt habe ich ▬▬ ein Autogramm geben lassen.

5 Was für ein(e)? Welche(-r, -s)? Ergänzt das richtige Fragewort.

   1 A Ich werde meinem Bruder diese CD schenken.
      B ▬▬ CD ist das?
   2 A ▬▬ Filme laufen denn gerade?
      B Keine Ahnung, hier ist das Kinoprogramm.
   3 A Morgen treten die »Devils« und die »Angels« im Schulklub auf.
      B ▬▬ Bands sind das?
   4 A ▬▬ DVD willst du dir ausleihen?
      B Mal sehen, vielleicht einen Krimi.

6 Übertrage die folgende Tabelle in dein Heft und ordne die Verben zu.
Bilde dazu in Gedanken mit jedem Verb einen Satz.

freuen – schminken – kämmen – verkleiden – konzentrieren – verbeugen –
erfreuen – entschuldigen – bewerben – erschrecken – verstecken

sich selbst (reflexiv)	sich selbst oder jemand anderen (teilreflexiv)
sich freuen	sich schminken – sie/ihn schminken
...	...

Verben

1 Arnold Langer betreibt die Firma »Kryolan« in Berlin.

a Lies das Interview mit ihm.

Ihre Firma gilt als weltgrößter Hersteller von Kunstblut. Wie kam es dazu?
Ein Regisseur hatte zehn Liter Blut pro Vorstellung bei uns bestellt. Es sollte sämig sein und dekorativ herunterlaufen. Wir probierten
5 verschiedene Rezepturen aus, bis wir die gewünschten Eigenschaften erzeugt hatten.
Ihr Produkt-Katalog umfasst derzeit nahezu 14 000 Artikel. Welche?
Wir fertigen Make-up, Creme und Kunststoffe für Glatzen, Nasen und Narben für Theater- und Filmproduktionen in aller Welt, auch
10 für Hollywood. Wir produzieren Tarnfarben für die Bundeswehr und Schminken für Fußballfans.
Welche Ihrer Fifa-Fanschminken hat sich bisher am besten verkauft?
Die für Deutschland und für Brasilien. Zur nächsten Fußball-WM wird es wieder eine große Nachfrage nach Fan-Schminke geben.

b Notiere für jede einfache und jede zusammengesetzte Zeitform aus dem folgenden Merkkasten ein Beispiel aus dem Interview.

! Verben bilden **Zeitformen** (Tempusformen). Man unterscheidet einfache und zusammengesetzte Zeitformen.

einfache Zeitform finite Verbform	zusammengesetzte Zeitform mindestens zwei Verbformen: finite + infinite Verbform (Infinitiv , Partizip II)
Präsens Sie lebt in der Stadt. Sie geht morgen ins Kino.	**Perfekt** Sie ist gerade ins Kino gegangen . Sie hat sich mit Freunden verabredet .
Präteritum Sie ging ins Kino. Sie sah sich den Film an.	**Plusquamperfekt** Sie hatte schon die erste Folge gesehen . Sie war im Filmclub gewesen .
	Futur Sie wird sich auch die zweite Folge ansehen .

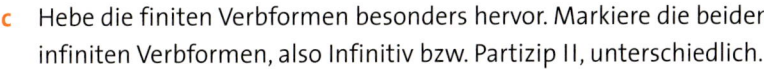

TIPP
Finite Verbformen stimmen mit dem Subjekt in Person und Zahl überein.

c Hebe die finiten Verbformen besonders hervor. Markiere die beiden infiniten Verbformen, also Infinitiv bzw. Partizip II, unterschiedlich.

2 Ergänze die Verben in Klammern im Plusquamperfekt und schreibe die Sätze in dein Heft. Überlege jeweils, welche Handlung bereits stattgefunden hatte und welche darauf folgte.

1 Die ersten Rezepte der Firma »Kryolan« stammten von Arnold Langer, der als Jugendlicher eine Ausbildung als Chemiker ▬▬▬ ▬▬▬ (erhalten).

2 Der Name der Firma, die Langer 1945 mit seinem Studienfreund Krause ▬▬▬ ▬▬▬ (gründen), entstand aus den Anfangsbuchstaben der beiden Geschäftspartner.

3 Mit flüssiger Seife ▬▬▬ die Firma ▬▬▬ (beginnen). Erst später stellte sie die Produktion auf Profi-Schminken um.

4 In den 60er-Jahren spezialisierte sich »Kryolan« auf die Herstellung von Kunstblut, weil die Nachfrage nach Film- und Theaterblut enorm ▬▬▬ ▬▬▬ (steigen).

5 Als dem Hollywood-Regisseur Steven Spielberg bei Dreharbeiten zu »Schindlers Liste« in Polen plötzlich das Filmblut ▬▬▬ ▬▬▬ (ausgehen), lieferte »Kryolan« umgehend die benötigten 20 Liter.

!

Zeitformen (Tempusformen) der Verben können ausdrücken,
1. wann ein Vorgang bzw. eine Handlung abläuft:
   – **vergangen:** *Sie sah den Film. Sie hat/hatte ihn gesehen.*
   – **gegenwärtig:** *Sie sieht ihn.*
   – **zukünftig:** *Sie wird ins Kino gehen. Sie geht (morgen) ins Kino.*
2. ob ein Vorgang abgeschlossen ist, andauert oder immer gültig ist:
   – **abgeschlossen:** *Die Karten habe/hatte ich geholt.*
   – **andauernd:** *Der Film läuft bis Montag.*
   – **immer gültig:** *X spielt die Hauptrolle.*
3. ob die Aussage sicher ist oder nur vermutet wird:
   – **sicher:** *Der Film hat um 17 Uhr begonnen.*
   – **vermutet:** *Die zweite Folge werde ich vielleicht morgen sehen.*

TIPP
Zwei Aussagen lassen sich nicht belegen.

3 Suche aus den Sätzen in Aufgabe 1a (S.164) je ein Beispiel für die im Merkkasten genannten Ausdrucksmöglichkeiten.

1. – *vergangen: Wie kam es dazu?* …
   – *gegenwärtig:* …

a Diese Sätze wurden mündlich vorgetragen. Bestimme die Zeitform.

1 Mit der Firma hat sich Arnold Langer einen Traum erfüllt.
2 Als junger Laborant ist er 1941 bei den Aufnahmen zum ersten deutschen Farbfilm dabei gewesen.
3 Täglich ist er zu den Studios in Babelsberg gefahren, um den richtigen Farbton der Schminke für die Schauspieler zu treffen.
4 Farbiges Make-up hat in schwarz-weißen Filmen einen anderen Effekt erzielt als in Farbfilmen.
5 Langer hat Gefallen an dieser Arbeit gefunden.
6 Drei Monate nach Kriegsende hat er mit seinem Studienfreund Krause die Firma »Kryolan« gegründet.
7 Zunächst hat das Duo Hautcreme und flüssige Seife hergestellt.
8 Kurz darauf haben sie die ersten Schminken für Theater produziert.

b Schreibe die Sätze für einen schriftlichen Bericht über die Firma im Präteritum auf.

 In den folgenden Sätzen sagen nur die Verbformen etwas über die Zeit aus.

a Entscheidet, ob sie die Handlungen und Vorgänge
• als vergangen, gegenwärtig oder zukünftig oder
• als abgeschlossen, andauernd oder immer gültig beschreiben.

1 Blut fließt, es rinnt, es tropft, und Winfried H. schaut reglos zu.
2 Herr H. arbeitet für das Berliner Unternehmen »Kryolan«, den weltweit größten Hersteller von Kunstblut, Narbenmaterial, Glatzen und Profischminke.
3 Die Firma hatte Arnold Langer gemeinsam mit seinem Studienfreund Krause gegründet. Ihre Anfangsbuchstaben Kr und Lan stecken im Firmennamen.
4 Zu den ersten Produkten der beiden Chemiker gehörte Flüssigseife. Die Fläschchen dafür brachten die Kunden selbst mit.
5 Mit ihren Kunstblut-Sorten hat die Firma den Weltmarkt erobert.
6 »Kryolan« wird sich auf die Wünsche des asiatischen Marktes einstellen.

b Prüft, ob die Handlung bzw. der Vorgang in den Sätzen der Aufgabe a als sicher oder als vermutet dargestellt wird.

6

a Vergleiche die Textfassungen A und B miteinander. Untersuche, in welcher Fassung die Akteure der Handlung genannt werden.

A Zu den Filmfestspielen in Berlin verleiht eine Jury den »Goldenen Bären«. Den »Oscar« vergibt die US-amerikanische »Academy of Motion Picture Arts und Sciences« seit 1929 für den besten Film, die beste Hauptrolle und andere Kategorien. In Cannes zeichnen die Jurymitglieder den Sieger des Filmfestivals mit der »Goldenen Palme« aus.

B Zu den Filmfestspielen in Berlin wird der »Goldene Bär« verliehen. Der »Oscar« wird seit 1929 von der US-amerikanischen »Academy of Motion Picture Arts und Sciences« für den besten Film, die beste Hauptrolle und andere Kategorien vergeben. In Cannes wird der Sieger des Filmfestivals mit der »Goldenen Palme« ausgezeichnet.

b Schreibe aus beiden Texten die Verbformen heraus. Entscheide, ob es sich um Aktiv- oder Passivformen handelt.

Text A: verleiht, ...
Text B: ...

c In einem Satz aus Text B wird trotz Passivform der Akteur genannt. Auf welche Weise geschieht das?

! **Aktivformen** verwendet man, um die Akteure der Handlung ausdrücklich zu nennen. **Passivformen** verwendet man, wenn die Handlung betont werden soll. Die Handelnden können unbekannt oder unwichtig sein. Sollen sie trotzdem genannt werden, schließt man sie mit *von* an, z. B:
Der Regisseur wird <u>von der Jury</u> ausgezeichnet.
Die Passivformen bestehen mindestens aus zwei Verbformen: einer Konjugationsform des Hilfsverbs **werden** + **Partizip II** eines anderen Verbs:

Präsens:	*Der Regisseur*	*wird*	*ausgezeichnet.*
Präteritum:	*Der Regisseur*	*wurde*	*ausgezeichnet.*
Perfekt:	*Der Regisseur*	*ist*	*ausgezeichnet* *worden.*
Plusquamperfekt:	*Der Regisseur*	*war*	*ausgezeichnet* *worden.*
Futur:	*Der Regisseur*	*wird*	*ausgezeichnet* *werden.*

7 In welchen Sätzen der folgenden Darstellung würdest du die Passivform bevorzugen? Schreibe die betreffenden Sätze um.

1 1950 hat eine Persönlichkeit das erste Berliner Filmfestival eröffnet.
2 Dieses Jahr haben die Veranstalter 270 000 Tickets verkauft.
3 Damit hat man 30 000 Karten mehr verkauft als im Vorjahr.
4 Die Kinos haben 383 Berlinale-Filme gezeigt.
5 Die Jury-Mitglieder haben in allen Kategorien den »Goldenen Bären« als Siegertrophäe der Berlinale verliehen.
6 Wieder hatte der Festival-Chef Stars, wie Kate Winslet, nach Berlin eingeladen.
7 Enthusiastisch haben die Berliner und ihre Gäste die Stars gefeiert.
8 Stars und Regisseure schätzen am Berliner Filmfestival den Kontakt zum Publikum.

8

a Bestimme, um welche Zeitform (Tempusform) im Aktiv es sich in den folgenden Sätzen jeweils handelt. Notiere sie untereinander in deinem Heft.

1 Prominente haben gestern das Jugendfilmfest eröffnet.
2 Im Sommer zeigt man Filme im Hof.
3 Eine Jury wählte zehn Filme aus.
4 Jemand hat die Hauptdarstellerin eingeladen.
5 Die Menge hatte die Stars bejubelt.

1. haben eröffnet (Perfekt)
2. …

TIPP
Formuliere im Kopf die Sätze entsprechend um.

b Forme Aktivformen aus Aufgabe a in Passivformen in derselben Zeitform um und schreibe die Wortgruppen in dein Heft.

1. haben eröffnet (Perfekt) –
ist eröffnet worden (Perfekt)
2. …

Adjektive

a Schreibe die unterstrichenen Adjektive mit dem Nomen/Substantiv heraus, auf das sie sich beziehen. Bestimme Fall, Zahl und Geschlecht des Adjektivs.

1 Linn R. spielt im gleichnamigen Film die rote Zora.
2 Die 14-Jährige mit der leuchtend roten Mähne geht in die Maske.
3 Dort tupft ihr die Maskenbildnerin vorsichtig mit einem dünnen Pinsel noch dunkelbraune Sommersprossen ins Gesicht.
4 Linns saubere Fingernägel müssen richtig schmutzig sein.
5 Deshalb pinselt ihr die Maskenbildnerin reichlich schwarzen Dreck unter die Nägel.

gleichnamig – im gleichnamigen Film (Dativ, Singular, ...)

b Untersuche die vier blau unterlegten Wörter genauer. Auch sie sind Adjektive. Finde heraus, worauf sie sich jeweils beziehen.

Adjektive bezeichnen Eigenschaften und Merkmale von Lebewesen, Gegenständen, Vorgängen usw. Sie können im Satz verschiedene Funktionen haben, z. B.:
Jan ist ein langsamer Esser. (bestimmt ein Nomen näher, Attribut)
Jan ist ein wirklich langsamer Esser. (bestimmt ein Adjektiv näher, Attribut)
Jan isst langsam. (bestimmt ein Verb näher, Adverbialbestimmung)
Wenn Adjektive ein Nomen näher bestimmen, werden sie wie dieses **dekliniert,** d. h., sie passen sich in Fall (Kasus), Zahl (Numerus) und Geschlecht (Genus) dem Nomen/Substantiv an.

 2 Ergänzt die folgenden Adjektive an der passenden Stelle. Nennt, was ihr näher charakterisiert habt.

rot – mucksmäuschenstill – blitzschnell – reich gedeckt – gesamt – reichlich – landestypisch – hart

1 Als Zora muss sich Linn unterm Tisch verstecken.
2 Gleich wird sie die Tafel plündern.
3 Die Filmcrew wird am Drehort mit Essen versorgt.
4 Mit dem Leben der Helden hat die Filmarbeit wenig zu tun.

Nicht veränderbare (nicht flektierbare) Wortarten

a Lies den Text. Entscheide, was alle unterstrichenen Wörter gemeinsam
haben. Prüfe dazu, ob sich die markierten Wörter ändern, wenn du die
Nomen/Substantive in den Plural oder die Verben ins Präteritum setzt.

Eine Souffleuse flüstert den Schauspielern auf der Bühne leise und
unauffällig den Text vor, wenn sie ihn vergessen haben. Deshalb
liest sie das Skript Zeile für Zeile sehr sorgfältig mit. Oft
entscheiden Sekundenbruchteile, ob sie tatsächlich eingreifen
5 muss, ob einer einen »Hänger« hat oder vielleicht nur eine Kunst-
pause setzt. Meistens genügen die ersten Worte, um den Künstler
wieder auf die richtige Fährte zu führen. Manche Schauspieler
verabreden mit der Souffleuse während der Proben sogar Codes,
die einen Hänger signalisieren. Im Sprechtheater sitzt die Souff-
10 leuse fast immer in der ersten Reihe, aber manchmal auch in der
Kulisse.

b Bestimme die Wortart der unterstrichenen Wörter. Nutze dazu den
folgenden Merkkasten.

auf (Präposition)
und (Konjunktion)
…

Nicht veränderbare (nicht flektierbare) Wortarten	
Adverbien, z. B.: *hier, dort, heute, morgen, sehr, oft, deshalb, gern, so, netterweise*	• geben an, *wann, wo, wie* und *warum* etwas geschieht • ersetzen oft Wortgruppen oder Teilsätze
Konjunktionen, z. B.: *als, wenn, dass, weil, und, oder, aber*	• verbinden Wörter, Wortgruppen und Teilsätze miteinander
Präpositionen, z. B.: *aus, bei, mit, nach* (Dativ) *durch, für, gegen* (Akkusativ) *an, auf, hinter, neben* (Dativ: Wo?, Akkusativ: Wohin?)	• drücken Beziehungen zwischen Wörtern und Wortgruppen aus • stehen meist vor einem Nomen oder Pronomen und fordern einen bestimmten Fall

2 Entscheide, ob das Adverb die Aussage verstärkt oder abschwächt.

1 Also ich fand den Film <u>sehr</u> langweilig.
2 Aber das Ende fand ich <u>recht</u> spannend.
3 Die Kostüme haben mir <u>sehr</u> gut gefallen.
4 Aber die Dialoge, die waren <u>ziemlich</u> blöd.
5 XY hat <u>ganz</u> gut gespielt, fand ich.

TIPP
Manchmal passen auch mehrere Adverbien.

3 Ersetze die unterstrichenen Wortgruppen durch ein passendes Adverb.

immer – dann – oben – vorn – hinten – manchmal – dort – dorthin

Berufsbild Tontechniker/-in
1 Der Tontechniker ist für die technische Bedienung aller tontechnischen Anlagen <u>auf der Bühne und im Zuschauerraum</u> verantwortlich.
2 Er muss <u>bei jeder Theatervorstellung</u> anwesend sein.
3 Seinen Arbeitsplatz hat er <u>hinter den Zuschauerplätzen</u>.
4 <u>Hinter der letzten Zuschauerreihe</u> bedient er die Tontechnik.
5 <u>Bei manchen Aufführungen</u> sitzen die Tontechniker auch inmitten der Zuschauer am Mischpult.
6 Wer als Tontechniker/-in arbeiten möchte, sollte sich direkt <u>an ein Theater</u> wenden.

TIPP
Nutze die Frageprobe oder die Ersatzprobe.

4 Setze die Wortgruppen in der richtigen Form ein. Bestimme den Fall, den die Präposition jeweils fordert.

ein Bühnenbild – ein Stück aus dem Mittelalter – der Bühnenbildner – seine Kosten – die akustischen Eigenschaften der Materialien – eine gewisse Portion Gelassenheit

Eine Theaterschreinerin / Ein Theaterschreiner muss …
1 alle Holzkonstruktionen für ▆▆▆ anfertigen.
2 Treppen, Portale und Brücken detailgetreu zu ▆▆▆ bauen.
3 in allen Fragen mit ▆▆▆ zusammenarbeiten.
4 jeden Entwurf auf ▆▆▆ überprüfen.
5 sich in ▆▆▆ auskennen.
6 dem Termindruck im Theaterbetrieb mit ▆▆▆ begegnen.

1. alle Holzkonstruktionen für ein Bühnenbild anfertigen.
(für + Akkusativ)
2. …

a Suche alle Konjunktionen und begründe, ob sie Wörter, Wortgruppen oder Teilsätze miteinander verbinden.

Berufsbild Beleuchter/-in

1 Theaterbeleuchter sind für die Bedienung und Wartung aller lichttechnischen Anlagen auf der Bühne und im Zuschauerraum zuständig.

2 Sie müssen sowohl Leitungen legen als auch akustische oder visuelle Signale übermitteln und sie sollen die Vorstellungen des Regisseurs oder Bühnenbildners technisch umsetzen.

3 Dafür benötigt man elektrotechnische Fachkenntnisse, aber auch Teamgeist und Kreativität.

4 Beleuchter ist kein Ausbildungsberuf, jedoch ist eine Ausbildung zur Fachkraft für Veranstaltungstechnik sinnvoll.

b Bestimme jeweils, ob es sich um eine aufzählende oder eine entgegenstellende Konjunktion handelt. Nutze den Merkkasten.

> **Konjunktionen** sind Bindewörter und nicht veränderbar.
> Sie verbinden Wörter, Wortgruppen und Sätze miteinander.
> Nach ihrer **Bedeutung** unterscheidet man
> - **aufzählende Konjunktionen,** z.B.: *und, oder, sowohl ... als auch, weder ... noch;*
> - **entgegenstellende Konjunktionen,** z.B.: *aber, doch, jedoch.*

→ **S.179** Der zusammengesetzte Satz

a Lies die folgenden zusammengesetzten Sätze und entscheide, wo der eine Teilsatz aufhört und der nächste anfängt. Ergänze das Komma.

Berufsbild Bühnenhandwerker/-in

1 Wenn die Vorstellung beginnt muss die Bühne spielbereit sein.

2 Der Bühnenhandwerker ist verantwortlich dafür dass die Kulissen, Möbel und anderen Requisiten am richtigen Platz stehen.

3 Bühnenhandwerker sollten Teamgeist mitbringen, zuverlässig und körperlich belastbar sein denn während der Aufführung muss der Kulissenumbau schnell, reibungslos und exakt erfolgen.

4 Zu den Aufgaben des Maschinisten gehört dass er die Maschinen, die die Drehbühne, die Podien und den eisernen Vorhang bewegen, richtig bedient, wartet und instand setzt.

Achtung, Fehler!

b Suche die Konjunktionen und bestimme mithilfe des folgenden Merkkastens, welche einen Hauptsatz und welche einen Nebensatz
einleiten.

> Nach der **Funktion** unterscheidet man zwei Gruppen von
> Konjunktionen:
> * **nebenordnende Konjunktionen** (verbinden gleichrangige Wörter,
>   Wortgruppen und Teilsätze, z. B. Hauptsätze, miteinander), z. B.:
>   *aber, und, sondern, denn.*
>   *Er steht vor dem Haus und wartet. Er wartet, aber sie meldet sich*
>   *nicht. Er ruft an und sie schreibt eine SMS.*
> * **unterordnende Konjunktionen** (leiten einen Nebensatz ein), z. B.:
>   *als, weil, dass, wenn, falls, ehe, bevor, nachdem, sodass.*
>   *Er hofft, dass er den Preis gewinnt.*
>   *Als er den Preis gewann, war er 17.*

7

a Wähle je eine passende Konjunktion aus und verbinde damit die
Satzpaare zu einem zusammengesetzten Satz. Schreibe ihn in dein
Heft und achte dabei auf die Kommasetzung.

TIPP
Achte auf die
inhaltliche Bezie-
hung zwischen
den Sätzen.

wenn – dass – weil – denn – und

Berufsbild Theaterschuhmacher/-in

1 Man kann dann nicht gut singen, spielen oder tanzen.
  Der Schuh drückt.
2 Es gehört zu den Aufgaben eines Theaterschuhmachers.
  Jeder Schauspieler, Sänger oder Tänzer erhält passgenaue Schuhe.
3 Theaterschuhmacher müssen sich mit historischer und
  moderner Schuhmode auskennen. Die Stücke fordern
  detailgetreue Schuhe.
4 Der Schuhmacher muss in kürzester Zeit Schuhe neu anfertigen
  oder vorhandene umändern. Umbesetzungen stehen oft an.
5 Er muss die Schuhe am Abend in die Garderoben stellen.
  Er ist für die Pflege des Schuhfundus verantwortlich.

b Verbinde die Sätze aus Aufgabe a mithilfe der vorgegebenen Konjunktionen. Schreibe sie in dein Heft. Entscheide, ob du zwei Hauptsätze
miteinander verbunden hast oder Hauptsatz und Nebensatz. Markiere
die nebenordnenden und die unterordnenden Konjunktionen verschiedenfarbig.

Satzbau und Zeichensetzung

Der einfache Satz

1 Die österreichische Schriftstellerin Christine Nöstlinger erzählt in ihrem Buch »Das Austauschkind« über Ewald Mittermeier.

a Bilde aus den folgenden Satzteilen Aussagesätze.

1 ist – mein Name – Ewald Mittermeier
2 bin – zu Beginn der Geschichte – ich – dreizehn Jahre alt
3 schreibe – über die letzten sechs Wochen – ich –
    einen Erlebnisbericht
4 waren – für mich und meine Familie – sehr ereignisreich und
    aufregend – sie
5 ist – bisher – bei uns zu Hause – nichts Aufregendes – passiert
6 findet – meine Schwester – es – stinklangweilig – bei uns
    zu Hause
7 bin – nicht geübt – im Berichten von aufregenden Ereignissen –
    deshalb – ich
8 beginne – die Geschichte – ich – drei Wochen vor meinem
    dreizehnten Geburtstag

1. Mein Name ist ...

b Lies die Sätze laut vor. Prüfe, in welchen Sätzen du Satzglieder umstellen musst, damit der Text flüssiger wird.

c Wähle zwei Sätze aus und schreibe sie in mehreren Varianten auf. Verwende dazu die Umstellprobe.

1. Mein Name ist Ewald Mittermeier.
  Ewald Mittermeier ...

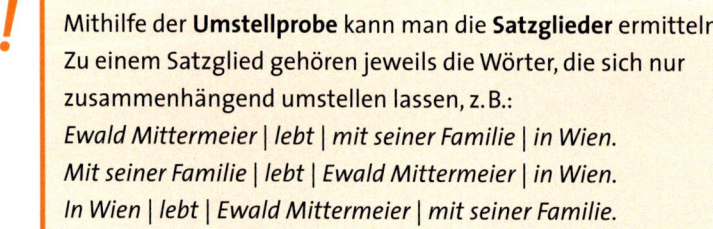

! Mithilfe der **Umstellprobe** kann man die **Satzglieder** ermitteln. Zu einem Satzglied gehören jeweils die Wörter, die sich nur zusammenhängend umstellen lassen, z. B.:
Ewald Mittermeier | lebt | mit seiner Familie | in Wien.
Mit seiner Familie | lebt | Ewald Mittermeier | in Wien.
In Wien | lebt | Ewald Mittermeier | mit seiner Familie.

2 Bestimme in den folgenden Sätzen alle Satzglieder und Satzgliedteile. Nutze dazu die Fragen im Merkkasten.

1 Ich saß in der großen Pause an meinem Tisch.
2 Herbert Pivonka kam vom Klo in die Klasse zurück und sagte:
3 »Deine Mutter redet draußen im Gang mit dem Englischlehrer.«
4 Den Inhalt des Gesprächs ahnte ich.
5 Am Ende des Schuljahres erwartete ich viele gute und sehr gute Noten.
6 Nur in Englisch stand ich nicht ganz so gut.
7 Nun wollte meine Mutter den Englischlehrer zu einem »Gut« überreden.

! Satzglieder

Bezeichnung	Frage
Subjekt	Wer? Was?
Prädikat	Was wird ausgesagt?
Objekt • Genitivobjekt • Dativobjekt • Akkusativobjekt • Präpositionalobjekt	 Wessen? Wem? Was? Wen? Mit wem? Worüber? …
Adverbialbestimmungen • Lokalbestimmung • Temporalbestimmung • Modalbestimmung • Kausalbestimmung	 Wo? Woher? Wohin? Wann? Wie lange? … Wie? … Warum? …
Attribut (Satzgliedteil)	Was für ein(-e)? Welche(-r, -s)?

TIPP
Ihr könnt auch ein Poster für den Klassenraum gestalten.

3 Übertrage die Übersicht aus dem Merkkasten in dein Heft.
Ergänze zu jedem Satzglied jeweils zwei Beispiele. Du kannst Beispiele aus den Aufgaben 1 und 2 verwenden.

Attribut (Beifügung)

→ S.157 Nomen/
Substantive

a Schreibe aus den folgenden Sätzen alle Nomen/Substantive mit
den dazugehörigen Attributen heraus. Unterstreiche die Attribute.

1 Der dreizehnjährige Ewald ist eine Hauptfigur des
Buches.
2 In Englisch droht ihm eine schlechtere Note als in den
anderen Fächern.
3 Deshalb spricht seine ehrgeizige Mutter mit dem
Englischlehrer.
4 Eine gute Note für Ewald findet sie wichtiger als
einen schwarzen Mantel aus Nerz, obwohl so ein
Mantel ein unerfüllter Wunsch von ihr ist.
5 Aber das Zeugnis ihres Sohnes sollte kein hässliches
Befriedigend verunzieren.
6 Doch der Lehrer wollte sich in seiner sauer verdienten
Pause nicht stören lassen.
7 Beim gemeinsamen Mittagessen erzählte die Mutter
von dem Gespräch mit dem Lehrer.
8 In vorwurfsvollem Ton sprach sie über die unzurei-
chenden mündlichen Leistungen ihres Sohnes.

*1. der dreizehnjährige Ewald, eine Hauptfigur
des Buches*

b Weise mithilfe der Umstellprobe nach, dass die Attribute keine
selbstständigen Satzglieder sind.

*1. Eine Hauptfigur des Buches | ist | der dreizehnjährige
Ewald.*

 Attribute (Beifügungen) bestimmen Nomen/Substantive näher.
Sie können vor oder hinter dem Nomen stehen, z.B.:
die ehrgeizige Mutter   Was für eine Mutter?
das Gespräch mit dem Lehrer   Welches Gespräch?
Attribute sind keine selbstständigen Satzglieder. Sie können nur mit
dem dazugehörigen Nomen umgestellt werden. Deshalb werden sie
Satzgliedteil genannt.

2

a Wähle die passenden Attribute aus und setze sie in die Lücken ein.

vorwurfsvollem – seine – auf das Mittagessen – verbitterter – ihrer – blassgrünen – allen – der Schule – in Oxford – seine mäßigen – diesen grünen – vom Mittagessen – seine überfürsorgliche – mit den Spagetti – spitzenmäßiges – in England

College-Aufenthalt in Oxford

15. Juli bis 15. August

Leiter: Prof. Tannegeist

1 Die Mutter sprach in ▮▮▮▮ Ton mit ihm.
2 Ewald schob den Teller ▮▮▮▮ weit von sich.
3 Der Appetit ▮▮▮▮ war ihm vergangen.
4 Mama holte aus ▮▮▮▮ Handtasche einen ▮▮▮▮ Zettel.
5 Ewald kannte ▮▮▮▮ Zettel.
6 Man hatte den Wisch in ▮▮▮▮ Klassen ▮▮▮▮ verteilt.
7 Es ging um einen Aufenthalt ▮▮▮▮ .
8 Bei einem Besuch ▮▮▮▮ sollten ▮▮▮▮ Englischkenntnisse auf ein ▮▮▮▮ Niveau gebracht werden.
9 Mit ▮▮▮▮ Miene räumte Ewald das Geschirr ▮▮▮▮ in die Spülmaschine.
10 Dass ▮▮▮▮ Mutter nie auf die Idee kam, zuerst mit ihm über ▮▮▮▮ Wünsche zu sprechen!

b Schreibe die Sätze ab. Unterstreiche die Attribute einmal und die näher bestimmten Nomen doppelt.

1. Die Mutter sprach in <u>vorwurfsvollem</u> <u>Ton</u> mit ihm. 2. …

c Lies die Sätze noch einmal. Prüfe, welche Attribute für das Verständnis unbedingt notwendig sind. Welche könnte man auch weglassen?

! Mit der **Weglassprobe** kann man ermitteln, ob Attribute in einem Satz weggelassen werden können, ohne dass der Sinn verloren geht, z. B.:
Ich legte den ~~verhassten~~ (?) grünen (?) Wisch auf den Schrank ~~in der Küche~~ (?) und spürte, wie mein ~~brodelnd heißes~~ (?) Blut vom Kopf in den Bauch rann.

3 Wendet die Weglassprobe für die Sätze der Aufgabe 1a (S. 176) an. Sprecht darüber, welche Attribute für das Verständnis unbedingt notwendig sind und welche man eventuell weglassen könnte.

4 Schreibe folgende Wortgruppen ab und unterstreiche die Attribute.

Ewalds ältere Schwester – einige sprachinteressierte Schüler – Ferien mit Schulstress – seiner unerbittlichen Mutter – ein Gespräch voller Vorwürfe

 **5** Überlege, welche Nomen durch vor- oder nachgestellte Attribute näher bestimmt werden könnten, um den Text ausdrucksvoller zu gestalten. Schreibe die durch Attribute ergänzten Sätze in dein Heft. Unterstreiche die Attribute einmal und die Nomen doppelt.

1 Spagetti waren eigentlich Ewalds Lieblingsessen.
2 Aber heute hatte er ein Problem mit der Mutter.
3 Manchmal hatte sie eine Art, die Widerspruch herausforderte.
4 Die Englischkenntnisse sollten bei einem Sprachurlaub verbessert werden.
5 Es gab sicher Kinder, die gern in ein Sprachlager fahren würden.
6 Aber Ewald hatte keine Lust und sah nur die Nachteile.

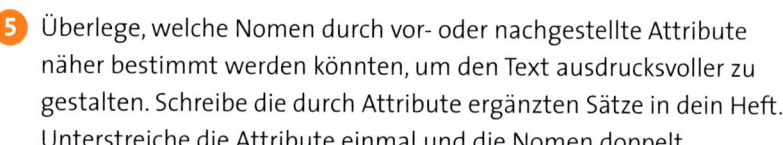

> **!** **Attribute** können auch in Form von Nebensätzen auftreten. Sie werden meist mit einem Relativpronomen (+ Präposition) eingeleitet und heißen deshalb **Relativsätze,** z.B.:
>
> *Ewald, der in Wien lebt, hat Probleme in Englisch.*
>
> *Deshalb will ihn seine Mutter, auf die er wütend ist, nach England ins Sprachlager schicken.*
> Der Nebensatz wird durch **Komma(s)** vom übrigen Satz abgetrennt.

→ S.181 Satzgefüge  **6** Schreibe die folgenden Sätze ab (1–5). Wähle jeweils den passenden Nebensatz aus und füge ihn hinter dem unterstrichenen Nomen ein. Setze die notwendigen Kommas.

die ihn für gutmütig und träge hält – das in den Ferien stattfindet – der mit dieser Einschätzung nicht einverstanden ist – der Ewald nur ein bisschen kennt – die gern in ein Sprachlager fahren möchten

1 Ewalds Schwester sagt, dass er sich öfter wehren soll.
2 Aber Ewald spürt eine gewaltige Wut im Bauch.
3 Es gibt sicher haufenweise Schüler.
4 Aber jeder Mensch weiß, dass er darauf keine Lust hat.
5 Er sieht in so einem Lager nur Nachteile.

Der zusammengesetzte Satz

Satzreihe (Satzverbindung)

1 Beweise, dass es sich bei folgenden zusammengesetzten Sätzen um eine Satzreihe (Satzverbindung) handelt.

a Lies die Sätze und überlege zuerst, wie du bei deiner Beweisführung vorgehen kannst. Löse danach die Aufgabe selbstständig oder nimm die Aufgaben b bis e zu Hilfe.

> **1** Ewald möchte nicht nach Oxford fahren, er hat für die Ferien etwas anderes geplant.
>
> **2** Manche Schüler seiner Klasse haben sich schon für Oxford angemeldet(,) und sie freuen sich auf diesen Aufenthalt.
>
> **3** Einige sollen nicht mitfahren, doch sie wollen ihre Eltern noch überreden.
>
> **4** Zwei waren todtraurig, denn sie dürfen nicht mitfahren.
>
> **5** Ewald hat keine Lust auf ein englisches College, deshalb ist er wütend auf seine Mutter.
>
> **6** Am liebsten möchte er in den Ferien gar nichts mit Schule zu tun haben, aber nun soll er auch in den Ferien noch lernen.

b Untersuche die Sätze. Stelle zuerst fest, aus wie vielen Teilsätzen die zusammengesetzten Sätze jeweils bestehen. Bestimme dazu die Subjekte und finiten Verbformen.

c Prüfe, ob die Teilsätze auch allein stehen könnten.

→ S.164 Verben

d Ermittle, wo sich in den Teilsätzen die finite (gebeugte) Verbform befindet. Schreibe sie mit dem dazugehörigen Subjekt heraus und unterstreiche sie zweimal.

> *1. Ewald möchte nicht ..., er hat ... .*
> *2. ...*

e Fasse deine Untersuchungsergebnisse aus den Aufgaben c und d zusammen.

f Untersuche jetzt die Kommasetzung in den Sätzen von Aufgabe a und formuliere eine Kommasetzungsregel.

> ! Wenn man zwei Hauptsätze miteinander verbindet, entsteht eine **Satzreihe** (Satzverbindung). Die Hauptsätze können unverbunden nebeneinanderstehen oder miteinander verbunden werden, z. B.:
> *Ewald ist Österreicher, er lebt in Wien.*
> *Ewald ist Österreicher und er lebt in Wien.*
> Verbundene Hauptsätze werden meist durch Komma voneinander getrennt. Nur bei der Verwendung der Konjunktionen *und* oder *oder* ist die Verwendung des Kommas freigestellt, z. B.:
> *Viele Schüler haben sich schon für die Reise angemeldet(,) und einige kämpfen noch um die Erlaubnis ihrer Eltern.*

2

a Suche in den Sätzen der Aufgabe 1 a (S. 179) Beispiele für verbundene und unverbundene Hauptsätze.

b Begründe, warum das Komma in Satz 2 der Aufgabe 1 a (S. 179) in Klammern steht.

> ! Hauptsätze kann man durch folgende sprachliche Mittel verbinden:
> • **nebenordnende Konjunktionen,** wie *und, oder, aber, denn, doch,*
> • **Adverbien,** wie *dann, danach, deshalb, darum,* z. B.:
> *Ewald wollte nicht mit ins Sprachlager fahren, denn er liebt solche Unternehmungen nicht besonders.*
> *Ewald liebt solche Unternehmungen nicht besonders, deshalb wollte er nicht mit ins Sprachlager fahren.*

→ **S. 170** Nicht veränderbare (nicht flektierbare) Wortarten

3 Verbinde die einfachen Sätze jeweils zu einer Satzreihe. Orientiere dich im Merkkasten, welche Möglichkeiten du dafür hast.

1 Meine Mutter will mich unbedingt nach Oxford schicken. Ich werde es zu verhindern wissen.

2 Ein Oxford-Aufenthalt soll meinen Wortschatz und meine Aussprache verbessern. Im nächsten Schuljahr würde ich dann spielend eine Eins oder Zwei erreichen.

3 Indirekt warf mir meine Mutter Undankbarkeit vor. Andere Kinder wären froh über so eine Möglichkeit.

4 Mein Vater hält Freunde für das Wichtigste im Leben. Auch er redete mir zu, diese Reise zu machen.

Satzgefüge

a Schreibe die folgenden Satzgefüge ab. Setze die fehlenden Kommas zwischen Haupt- und Nebensätzen. Unterstreiche die Nebensätze.

Achtung, Fehler!

Ewalds Überlegungen:

1 Ich mag überhaupt nichts wo ein Haufen Schüler unter Obhut von ein paar Lehrern rund um die Uhr leben muss.

2 Skikurse und Schullandwochen haben wenigstens das Gute dass während ihrer qualvollen Dauer der Unterricht entfällt.

3 Aber ein Oxford-Aufenthalt bei dem es mieses Essen gibt findet in der Freizeit statt.

4 Ich weiß noch nicht einmal ob über mir im Doppelstockbett ein Schnarcher schläft.

5 Wenn du auch nur hundert Schritt hinter dem Rudel hergehst wirst du gleich angezählt.

6 Ich nehme das nicht freiwillig auf mich weil ich in den Ferien etwas Besseres vorhabe.

1. Ich mag überhaupt nichts, <u>wo ein Haufen Schüler unter Obhut von ein paar Lehrern rund um die Uhr leben muss.</u>
2. ...

b Rahme in jedem Nebensatz das Einleitewort ein und unterstreiche die finite Verbform doppelt.

1. Ich mag überhaupt nichts, |wo| ein Haufen Schüler unter Obhut von ein paar Lehrern rund um die Uhr leben <u>muss.</u>
2. ...

> Wenn zwei Teilsätze so miteinander verbunden werden, dass der eine dem anderen untergeordnet ist, entsteht ein **Satzgefüge.**
> Es besteht aus Hauptsatz und untergeordnetem Nebensatz.
> Man kann den **Nebensatz** an folgenden Merkmalen erkennen:
> • die finite Verbform steht an letzter Stelle,
> • er beginnt mit einem Einleitewort.
> *Ewald möchte nicht zum Sprachkurs, |weil| er in den Ferien etwas Besseres <u>vorhat</u>.*

Achtung, Fehler!

 2

a Schreibe die folgenden Satzgefüge ab. Setze die fehlenden Kommas.

1 Ewalds Mutter wollte unbedingt dass er an dem Sprachlager teilnimmt.
2 Auch sein Vater befürwortete die Reise weil Ewald neue Freunde finden sollte.
3 Als Ewald von dem Gespräch seiner Mutter mit dem Englischlehrer erfuhr war er sehr wütend.
4 Seine Mitschüler die gern auf diese Reise gehen wollten konnte er nicht so richtig verstehen.
5 Andere Kinder wären sehr dankbar wenn ihnen ihre Eltern so eine Fahrt ermöglichten.
6 Ewalds Eltern konnten nicht verstehen warum ihr Sohn diese Chance nicht nutzen wollte.

b Suche die Nebensätze. Unterstreiche die Einleitewörter einmal und die finiten Verbformen zweimal.

1. Ewalds Mutter wollte unbedingt, <u>dass</u> er an dem Sprachlager <u>teilnimmt</u>.
2. ...

 3

TIPP
Achte auf die inhaltliche Beziehung zwischen den Sätzen.

a Verwandle jeweils einen der beiden Sätze in einen Nebensatz. Wähle ein passendes Einleitewort aus und verbinde ihn mit dem Hauptsatz.

sodass – weil – obwohl – als – indem

1 Meine Eltern wollten mich nach Oxford schicken. Ich protestierte heftig dagegen.
2 Meine Schwester Sibylle kam mir zu Hilfe. Sie ist ein enorm kluges Mädchen.
3 Sie hat ein grandioses Kurzzeitgedächtnis. Sie kann sich in kürzester Zeit den fadesten Lernstoff merken.
4 Ich wehrte mich verzweifelt und erfolglos gegen die Englandtour. Sibylle versprach mir sofort Hilfe.
5 Sie wollte meinen Eltern das Sommercamp in England vermiesen. Sie sprach von Saufereien und heftigem Liebesleben.

1. Obwohl ich heftig dagegen ...

b Schreibe die entstandenen Satzgefüge auf. Setze die Kommas, unterstreiche die Nebensätze und rahme die Einleitewörter ein.

1. ☐Obwohl☐ ich heftig dagegen protestierte,
wollten mich ...

c Bilde Satzreihen (Satzverbindungen) und schreibe sie auf.

> **Nebensätze** kann man nach ihrem **Einleitewort** unterscheiden:
> - **Konjunktionalsatz:** wird durch eine unterordnende Konjunktion eingeleitet, z. B.: *weil, dass, sodass, als, da, nachdem, bevor, seit, wenn, obwohl,*
> - **Relativsatz:** wird durch ein Relativpronomen eingeleitet, z. B.: *der, die, das, welcher, welche, welches,*
> - **Fragewortsatz:** wird durch ein Fragewort eingeleitet, z. B.: *wo, wie, was, warum.*

4 Bilde Satzgefüge, indem du die beiden Sätze mithilfe der in Klammern stehenden Einleitewörter verbindest. Schreibe sie auf und achte auf die Kommasetzung.

1 Papa hatte mich aufklären wollen. Wir waren vor einem Jahr einmal allein zu Hause. (als)

2 Beim Anblick seines Gesichtes habe ich gedacht. Es muss etwas Furchtbares geschehen sein. (dass)

3 Papa erklärte, ich sei nun in einem Alter. Man müsse über die »geschlechtlichen Vorgänge der Menschen« Bescheid wissen. (in dem)

4 Ich behauptete, wir hätten das in der Schule sowieso schon besprochen. Papa brauchte mich nicht aufzuklären. (sodass)

5 Großzügig schenkte mir Papa einen nagelneuen Silber-Hunderter[1]. Ich hatte der Peinlichkeit mit meiner Lüge ein Ende gesetzt. (nachdem)

6 Ich dachte noch lange darüber nach. Aufklärungsgespräche sind für Erwachsene so unangenehm. (warum)

[1] alte österreichische Schilling-Münze

1. Papa hatte mich aufklären wollen, als wir ...

a Ermittle die Nebensätze und schreibe sie untereinander auf. Unterstreiche die Einleitewörter.

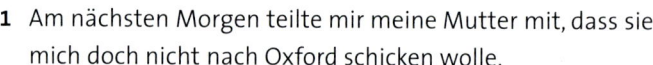

1 Am nächsten Morgen teilte mir meine Mutter mit, dass sie mich doch nicht nach Oxford schicken wolle.
2 Nachdem sie mit Papa darüber gesprochen habe, hätten sie gemeinsam diesen Entschluss gefasst.
3 Sibylle, die über ihren Kaffeetassenrand schielte, fragte nach dem Grund.
4 Ich solle nicht mitfahren, weil ich dafür noch zu jung sei.
5 Sibylle fragte, warum ich gestern nicht zu jung gewesen sei.
6 Mein Vater, dem die Diskussion allmählich zu bunt wurde, beendete das Gespräch.
7 Bevor Sibylle das Haus verließ, schimpfte sie auf unsere »verkorksten« Eltern.

1. dass sie mich doch nicht nach Oxford schicken wolle

b Bestimme die Art des Nebensatzes und schreibe sie dahinter.

1. dass sie mich doch nicht nach Oxford schicken wolle (Konjunktionalsatz)

6 Schreibe die folgenden Sätze ab und setze die Kommas. Begründe deine Entscheidungen.

Achtung, Fehler!

Ewald erzählt über die Vorbereitungen für Toms Aufenthalt:
1 Meine Mutter bereitete alles für den Tom vor und sie kaufte sogar einen Kaffeetopf mit dem Namen TOM.
2 Den hatte sie extra beschriften lassen weil wir nämlich alle einen Kaffeetopf mit unserem Namen haben.
3 Mein Zimmer räumte meine Mutter komplett um sodass Platz für ein zweites Bett entstand.
4 Bevor sie den alten Küchentisch vor das Fenster stellte malte sie ihn blau an.
5 Mein Vater fragte mich jeden Tag ob ich »meinem neuen Freund Tom« schon eine Antwort auf seinen lieben Brief geschrieben hätte.
6 Ich fand einen Antwortbrief zwar unnötig weil aber mein Vater mich gar so sehr löcherte tat ich ihm den Gefallen.
7 Der Brief den ich nach London schickte war unheimlich blöd denn mein Vater hatte ihn mir diktiert.

Mehrfach zusammengesetzte Sätze

1 An einem der letzten Schultage bekommt Ewald folgenden Zettel.

> *Nehmt ihr ihn nun? Oder nicht? Meine Mama muss*
> *das bald wissen! Sie hat gestern hundertmal bei euch*
> *angerufen, aber es war immer besetzt!*
> *Lene*

a Hier erfährst du Näheres über diese geheimnisvolle Botschaft.
Schreibe die Sätze ab (eventuell am Computer).

1 Das Einzige, was mir an dieser Botschaft nicht rätselhaft war, war
unser besetztes Telefon, denn meine Schwester hatte Streit mit
ihrer Freundin Irene.

2 In der nächsten Pause ging ich mit dem Zettel, dessen Sinn ich sehr
rätselhaft fand, zu Lene, die mich fragend ansah.

3 Als die Schulglocke die Pause ausbimmelte, wusste ich, dass dieser
»Engländer« ein dreizehnjähriger Junge aus London ist, der sechs
Ferienwochen bei Lenes Familie verbringen sollte.

4 Bei diesem Jungen, der schwarzhaarig und sehr nett sein sollte,
hatte Lenes Bruder im vergangenen Sommer sechs Wochen verbracht,
doch Lenes Familie konnte ihn in diesem Jahr nicht aufnehmen, weil
der Opa sehr krank geworden war.

5 Deshalb hatte Lenes Mama mit meiner Mama gesprochen, ob wir
das Austauschkind nehmen könnten, aber wir sollten uns schnell
entscheiden.

b Unterstreiche die Hauptsätze mit einer Linie und die Nebensätze mit
einer Wellenlinie. Zeichne das Satzbild dazu.

> *1. Das Einzige, was mir ..., war unser ... Telefon, denn ....*
> *1. HS (Teil 1), NS, 1. HS (Teil 2), 2. HS.*

!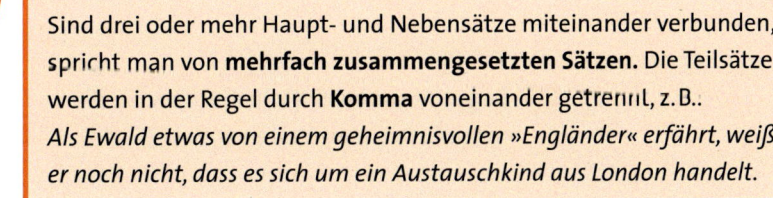

Sind drei oder mehr Haupt- und Nebensätze miteinander verbunden,
spricht man von **mehrfach zusammengesetzten Sätzen.** Die Teilsätze
werden in der Regel durch **Komma** voneinander getrennt, z. B.:
*Als Ewald etwas von einem geheimnisvollen »Engländer« erfährt, weiß
er noch nicht, dass es sich um ein Austauschkind aus London handelt.*

Kommasetzung bei Aufzählungen

1 Schreibe die folgenden Sätze ab, unterstreiche die Aufzählungen und setze die notwendigen Kommas.

Achtung, Fehler!

1 Weil Lenes Opa sehr krank geworden war große Schmerzen hatte und laut stöhnte, konnte Tom aus London nicht in ihre Familie aufgenommen werden.

2 Sollte Ewald das Austauschkind freudig begrüßen völlig ignorieren oder gänzlich ablehnen?

3 Manchmal setzte Sibylle sich sowohl morgens als auch beim Abendessen die Kopfhörer auf, weil sie in Ruhe gelassen werden wollte.

4 Nach einem regelrechten Kampf um die Kopfhörer zwischen Mama und Sibylle heulte die Schwester nicht nur sondern drohte damit, als Kindermädchen ins Ausland zu gehen.

5 Mama wollte also den englischen Kerl aus London aufnehmen Ewald wollte seine Ruhe haben und Sibylle hatte im Moment ganz andere Sorgen.

!

> Wörter, Wortgruppen und Teilsätze können aufgezählt werden.
> Die Glieder einer **Aufzählung** werden in der Regel durch **Komma** voneinander getrennt.
> Vor **aufzählenden Konjunktionen,** wie *und, oder, sowie* oder *sowohl … als auch,* entfällt das Komma, z. B.:
> *Sebastian gefiel sowohl Sibylle als auch ihrer Freundin Irene sehr gut.*
> Werden Teilsätze aufgezählt, so ist es freigestellt, ob man vor *und* oder *oder* ein Komma setzt, z. B.:
> *Ewald hatte kein Interesse an einem Austauschkind, Sibylle dachte im Moment gar nicht darüber nach(,) und Papa wollte für Ewald unbedingt einen neuen Freund organisieren.*
> Vor **entgegenstellenden Konjunktionen,** wie *aber, doch, jedoch* oder *nicht nur …, sondern (auch) …,* muss ein Komma gesetzt werden, z. B.:
> *Ewald wollte seine Ferien ganz in Ruhe verbringen, aber nicht mit einem Austauschkind.*

2 Begründe deine Entscheidungen für die Kommasetzung in Aufgabe 1 mithilfe des Merkkastens.

Zeichensetzung bei der direkten (wörtlichen) Rede

1 Im folgenden Text ist direkte Rede enthalten. Lies den Text vor und verdeutliche den Unterschied zwischen der wörtlichen Rede und den anderen Textteilen.

1 Ewalds Wunsch, in den Ferien ganz allein zu sein, weckte den Protest seiner Eltern.
2 Der Vater rief: »Jetzt spinnt er wirklich komplett! Allein im Schrebergarten!«
3 Auch Mama war entsetzt. »Nie im Leben«, versicherte sie, »werde ich dir das gestatten!«
4 »Du bist zum Alleinleben noch viel zu jung«, fügte Papa hinzu, und er schloss seine Rede so ab: »Bevor du zum Schrebergartenzwerg wirst, nehme ich lieber noch sieben fremde Austauschkinder ins Haus! Wenn du so verschroben bist, dann muss man dich eben an andere Kinder gewöhnen! Basta!«
5 Einen gewissen Trost spendete Lenes Bruder Peter, der Freund des englischen Tom. »Der Tom ist ein klasse Bursche. Still und zurückgezogen, fast ein Bücherwurm. Aber wenn du ihn dann näher kennst«, sagte Peter zu Ewald, »dann magst du ihn sehr.«

> **!**
>
> **Direkte** (wörtliche) **Rede** kennzeichnet man am Anfang und am Ende durch **Anführungszeichen.**
> Oft steht vor, zwischen oder nach der direkten Rede ein **Begleitsatz,** der die Sprecherin / den Sprecher nennt oder die Art und Weise beschreibt, wie etwas gesagt wird, z. B.:
> *Sibylle fand Toms Foto süß und sagte bedauernd:* »Ein Jammer, dass der Kerl gerade erst dreizehn ist!«
> »Ein paar Jahre älter«, *seufzte sie,* »und er wäre was für mich.«
> »Das wäre dann ein ansprechender Sommer!«, *schwärmte sie.*
> Wenn der Begleitsatz vor der direkten Rede steht, folgt ihm ein Doppelpunkt. Steht der Begleitsatz nach der direkten Rede oder ist er eingeschoben, wird er durch **Kommas** abgetrennt.
> **Ausrufe- und Fragezeichen,** die zur direkten Rede gehören, stehen innerhalb der Anführungszeichen.

2 Erkläre die Zeichensetzung in den Sätzen der Aufgabe 1 mithilfe des Merkkastens.

3 Nachdem Tom der Familie einen Brief mit einem Foto geschickt hat, unterhalten sich Ewald und Sibylle.

a Schreibe das Gespräch ab und kennzeichne die direkte Rede.

1 Ewald hielt seiner Schwester vor du bist doch auch gerade erst 15 Jahre alt.

2 Aber Waldilein sagte sie zu Ewald wir Frauen sind viel früher entwickelt. Sogar gleichaltrige Jungen erscheinen uns wie Kindergartenbabys.

3 In unserem Bekanntenkreis gibt es ein paar Ehepaare, wo die Frau zwei, drei Jahre älter ist als der Mann, und die leben sehr gut zusammen entgegnete Ewald seiner Schwester.

4 Für mich kommt nur ein Mann von 18, 19 aufwärts in Betracht behauptete Sibylle.

5 Warte erst mal ab kicherte Ewald ob dich überhaupt einer will.

b Lies das Gespräch vor und verdeutliche beim Lesen durch deine Stimme die wörtliche Rede.

c Überlege, wie das Gespräch weitergehen könnte. Schreibe eine Fortsetzung in dein Heft.

Achtung, Fehler!

4

a Erfinde ein Gespräch zwischen dir und deinen Eltern, in dem du sie überzeugen möchtest, in den Ferien allein zu Hause bleiben zu dürfen. Verwende möglichst viel wörtliche Rede. Schreibe das Gespräch in dein Heft.

Ich hatte mich vorbereitet, extra Frühstück gemacht und begrüßte meine Eltern freundlich: »Guten Morgen!" …

TIPP Gestalte das Gespräch anschaulich, z.B. besonders spannend oder lustig.

b Kontrolliere die Zeichensetzung bei wörtlicher Rede mithilfe des Merkkastens (S.187).

c Überprüfe, ob du Begleitsätze abwechslungsreich verwendet hast (Stellung des Begleitsatzes, Verben). Überarbeite deinen Text, wenn nötig.

Kommasetzung bei Datumsangabe

1 Die Eltern der Austauschkinder erhielten eine Einladung.

a Lies die Einladung und überlege, wie sich die Wortwiederholungen vermeiden lassen.

> *Wir laden Sie für Mittwoch zu einer Besprechung über den Aufenthalt unserer Austauschkinder ein.*
> *Mittwoch ist der 25. Juni.*
> *Am Donnerstag kommen unsere Gäste 19:45 Uhr auf dem Bahnhof an.*
> *Donnerstag ist der 3. Juli.*

Einladung

b Informiere dich im Merkkasten über die Kommasetzung und verbinde die Sätze aus der Einladung sinnvoll. Schreibe sie in dein Heft.

!

Steht eine **Datumsangabe nach einem Wochentag,** so setzt man vor dem Datum ein **Komma.** Nach der Datumsangabe kann man ein Komma setzen, muss aber nicht, z. B.:
Die Kinder trafen sich am Donnerstag, dem 3. Juli(,) in der Schule.
Die nachgestellte Datumsangabe steht in der Regel im gleichen Fall wie der Wochentag, auf den sie sich bezieht, z. B.:
Die »Austauschkinder« sollten vom Donnerstag, dem 3. Juli(,)
bis Mittwoch, den 15. August(,) bei uns zu Gast sein.
Dabei gilt die folgende Regel:

ab, am, von/vom, zum →	Dativ
bis →	Akkusativ

TIPP
Beachte, dass nur vor Datumsangaben nach einem Wochentag ein Komma gesetzt werden muss.

2 Setze die Kommas in den folgenden Sätzen.

1 Bis Sonntag den 6. Juli bleiben unsere Kinder in den Gastfamilien.
2 Am Montag dem 7. Juli machen wir einen Ausflug ins Gebirge.
3 Die Stadt und unsere Schule wollen wir ihnen am 8. Juli zeigen.
4 Vom Mittwoch dem 9. Juli bis Freitag den 11. Juli werden wir in unser Schullandheim fahren.
5 Bis zum Dienstag dem 15. Juli können die Familien etwas planen.
6 Ab Mittwoch den 16. Juli findet täglich ein Sprachkurs statt.

1. Bis Sonntag, den 6. Juli(,) bleiben ...

Kommasetzung bei der Infinitivgruppe

1 Sibylle und Ewald bekommen ihre Zeugnisse.

a Lies die folgenden zusammengesetzten Sätze.

1 Ewalds Englisch-Leistungen gestatteten es nicht, dass er eine bessere Note als eine Drei erhielt.
2 Sibylle hatte nicht verhindern können, dass sie in Zeichnen eine Zwei bekam.
3 Papa war eigentlich dagegen, dass man für gute Zeugnisse Geld bezahlt.
4 Aber Ewald und Sibylle freuten sich trotzdem, dass sie für ihre Einsen und Zweien eine finanzielle Belohnung bekamen.

b Zeichne die Satzbilder und bestimme die Teilsätze.

c Überlege, warum es manchmal sinnvoll sein kann, zusammengesetzte Sätze in einfache Sätze umzuwandeln.

d Wandle die Sätze der Aufgabe a so in einfache Sätze um, dass keine Informationen verloren gehen. Verändere dazu jeweils den Nebensatz, indem du das Wörtchen *zu* und einen Infinitiv benutzt.

1. Ewalds Englisch-Leistungen gestatteten es nicht, eine bessere Note als eine Drei zu erhalten.   2. ...

> **!** **Infinitivgruppen** (erweiterte Infinitive mit *zu*) müssen meist durch ein **Komma** abgegrenzt werden. Ist ein Infinitiv nicht erweitert, kann man ein Komma setzen, um die Gliederung des Satzes zu verdeutlichen, z. B.:
> *Sibylle versprach(,) zu helfen.*
> *Sibylle versprach, bei der Betreuung des Austauschkindes zu helfen.*
> *Mama tauchte plötzlich in der Schule auf, um mit dem Englischlehrer über Ewalds Drei zu verhandeln.*
> *Die Geschwister hatten es satt, immer als Musterschüler hingestellt zu werden.*
> *Man kann Fehler vermeiden, indem man beim Infinitiv mit zu immer ein Komma setzt.*

e Prüfe, ob du in deinen Sätzen das Komma richtig gesetzt hast.

2

a Schreibe die folgenden Sätze ab.

1 Am Sonntag fuhr die ganze Familie zum Flughafen um Tom abzuholen.

2 Die Eltern hatten ausgemacht den Start zum Flughafen für zwölf Uhr anzusetzen.

3 Wir rechneten damit Tom um 15:10 Uhr in Empfang zu nehmen.

4 Wir hatten die Absicht pünktlich zu sein.

5 Es war geplant Peter zum Flughafen mitzunehmen.

6 Wir mussten aber eine Weile auf Peter warten anstatt zügig loszufahren.

7 Außerdem hatten wir noch die Verpflichtung nach unserer plötzlich erkrankten Großmutter zu sehen.

8 Nun würde der arme englische Tom wohl am Flughafen stehen ohne seine Gastfamilie zu finden.

b Unterstreiche die Infinitivgruppen. Setze die Kommas.

1. Am Sonntag fuhr die ganze Familie zum Flughafen, um Tom abzuholen. 2. ...

  **3**

a In den folgenden Sätzen mit Infinitivgruppen könnte das Komma an unterschiedlichen Stellen gesetzt werden. Tauscht euch darüber aus, wo die möglichen Stellen sind und wie sich der Sinn der Sätze verändert, wenn ihr das Komma anders setzt.

1 Ewald versprach Tom zu schreiben.

2 Ewald versicherte seinem Vater einen Brief geschrieben zu haben.

3 Sie beschlossen bereits heute Morgen vor dem Frühstück zum Flughafen zu fahren.

4 Peter riet uns zu folgen.

5 Wir empfahlen ihm ein Stück Kuchen abzugeben.

b Sucht gemeinsam nach weiteren Sätzen mit Infinitivgruppen, in denen das Komma gesetzt werden muss, um Missverständnisse zu vermeiden.

Textgestaltung durch Satzverknüpfung

 1

a Lies den Text über die Ankunft des lange erwarteten Austauschkinds.

1 Die Familie und Peter waren noch pünktlich auf dem Flughafen angekommen, um Tom in Empfang zu nehmen. **2** Sie sahen nun zu, wie Leute auf ihr Gepäck warteten. **3** Dann wurde die Maschine aus London endlich gemeldet. **4** Ein paar Minuten später kamen viele Kinder und Jugendliche in den Raum mit dem Kofferkarussell. **5** Peter schaute sich die Jungen und Mädchen an, er konnte aber den schwarzhaarigen Tom nicht entdecken. **6** Dann kniff er plötzlich die Augen zusammen und murmelte: »Mich trifft der Schlag!« **7** Auf dem Band kamen jetzt eine feuerrote Reisetasche und ein froschgrüner Koffer herangerollt. **8** Ein korpulenter, rotblonder, sommersprossiger Junge stürzte auf das Fließband zu, packte das bunte Gepäck und watschelte dem Ausgang zu. **9** Peter stöhnte fassungslos: »Um Himmels willen, das ist Jasper, der Teufel!«

b Überprüfe, wie die unterstrichenen Wörter jeweils den Zusammenhang zum vorangegangenen Satz/Text herstellen.

 !

> Um die Sätze eines Textes inhaltlich miteinander zu verbinden, häufige Wortwiederholungen zu vermeiden und den Text flüssiger und verständlicher zu gestalten, werden **sprachliche Verknüpfungsmittel** verwendet, z. B.:
> - **Pronomen,** wie *sie, diese, das,*
> - **Adverbien,** wie *dort, dann, danach, deshalb,*
> - **bedeutungsähnliche Wörter** (aus einem Wortfeld), wie *Gepäck* für *Koffer und Reisetasche.*
>
> Außerdem kann man den Textfluss durch das **Umstellen von Satzgliedern** verbessern.
> Die Verknüpfungsmittel stehen oft an der ersten Satzgliedstelle (vor der finiten Verbform), im **Vorfeld** des Satzes, z. B.:

Die Familie und Peter	*wollten*	*Tom*	*abholen.*
Deshalb	*fuhren*	*sie*	*pünktlich zum Flughafen.*
Vorfeld	finite Verbform		

2

TIPP In Satz 5 gibt es zwei Hauptsätze.

a   Schreibe die Sätze 3 bis 5 und 8 der Aufgabe 1a (S. 192) untereinander in dein Heft.

b   Ermittle mithilfe der Umstellprobe die Satzglieder. Grenze sie durch einen senkrechten Strich voneinander ab. Bestimme, welche sprachlichen Verknüpfungsmittel verwendet wurden.

3. Dann | wurde | die Maschine ... (Adverb im Vorfeld)

3   Ewald erzählt, wie es mit dem Austauschkind weiterging.

a   Überprüfe, ob die Sätze gut miteinander verknüpft sind und ob sich der Text flüssig lesen lässt. Begründe deine Meinung.

1 Der nette Tom hatte sich ein Bein gebrochen. **2** Tom konnte nicht zu uns kommen. **3** Der korpulente Jasper stand mit seinen Gepäckstücken wie ein Fels in dem Gewühl von Gasteltern und Austauschkindern. **4** Ich war irgendwie von Jasper fasziniert. **5** Jasper zog ein Foto aus der Hosentasche. **6** Jasper betrachtete kurz das Foto. **7** Jasper schaute sich in der Halle um. **8** Jasper entdeckte uns. **9** Dicht vor uns blieb Jasper stehen, ließ seine Gepäckstücke fallen und verglich die Personen auf dem Foto mit den Personen, die vor ihm standen. **10** Jasper sah uns unheimlich griesgrämig an und sagte: »I am Jasper.« **11** Der erste Tag mit dem untergeschobenen Austauschkind Jasper war angebrochen. **12** In mir kam ein ungutes Gefühl auf.

b   Verändere den Text so, dass Wiederholungen vermieden werden und die inhaltliche Verknüpfung der Sätze verbessert wird. Verwende dazu Pronomen und Wörter, wie *deshalb, dann, nun, schließlich, aber*. Schreibe den verbesserten Text in dein Heft.

 c   Gestalte den Text interessanter und spannender, indem du Satzglieder umstellst. Probiere verschiedene Varianten aus.

 **4**   Wenn ihr nun wissen wollt, wie die Geschichte mit Jasper weitergeht, dann besorgt euch das Buch von Christine Nöstlinger »Das Austauschkind« in der Bibliothek.

Wortbildung

a Lest die Antworten, die Jungschauspielerin Lucie Hollmann gibt.

– Das Fahrrad? Fürs Radfahren ist mir nie zu kalt. Und Sweatshirt
und Wollmütze sind jetzt meine Lieblingsklamotten.
– Neidische Blicke? Gibt es von meinen Freunden nicht. Und auch
keine komischen Bemerkungen wegen dieser Filmrolle. In
5 »Mein Freund aus Faro« spiele ich ja diese impulsive 14-Jährige,
die sich in Miguel verliebt, der eigentlich Melanie heißt und nur
so tut, als sei er ein Junge.
– Nein, zum ersten Casting kannte ich das Drehbuch noch nicht.
Dann wollte ich absagen, aber die Regisseurin hat mich über-
10 zeugt.
– Seit 2005. Da wurde ich für die Filmrolle der Gaby Glockner im
Kinofilm TKKG gecastet. Außerdem habe ich in drei Produkti-
onen der »Wilden Hühner« mitgespielt.
– Von wegen wahnsinnig viel Geld. Für den Kurzfilm »Mit 16 bin
15 ich weg« habe ich gar keine Gage erhalten, das ist bei Abschluss-
filmen an Filmhochschulen nicht üblich. Von meinem ersten
Filmgeld habe ich mir einen iPod gekauft, alles andere spare ich.
– Ja, jetzt nehme ich Schauspielunterricht. Da lerne ich das genaue
Sprechen und das Bewegen auf der Bühne und bekomme Feed-
20 back.

b Welche Fragen könnten gestellt worden sein? Formuliert sie.

> **!**
> Unser **Wortschatz erweitert sich** ständig durch
> • die **Übernahme von Wörtern** aus anderen Sprachen:
>   aus dem Englischen, z. B.: *chatten, der Soundtrack, der Stuntman,*
>   aus dem Französischen, z. B.: *die Blamage, das Cabriolet,*
> • die **Nominalisierung** von Wörtern (Verben und Adjektive), z. B.:
>   *filmen* → *das/beim Filmen; neu* → *der Neue,*
> • die **Wortbildung:**
>   Zusammensetzung, z. B.: *vor+führen* → *vorführen,*
>   Ableitung, z. B.: *ver-+arbeiten* → *verarbeiten,*
>   *verarbeiten+-ung* → *die Verarbeitung.*

c Belegt die drei Möglichkeiten der Wortschatzerweiterung aus dem
Merkkasten mit Beispielen aus Lucies Antworten (Aufgabe a).

Zusammensetzungen

a Bilde aus folgenden Einzelwörtern zusammengesetzte Wörter, die mit der Film- und Kinobranche zu tun haben, und notiere sie in deinem Heft. Schreibe Nomen mit dem bestimmten Artikel auf.

spielen – Zeit – Plan – Rolle – vor – ab – drehen – Buch – arbeiten – Film – Publikum – Gespräch – Wettbewerb – Leistung – fähig

die Spielzeit, ...

b Lies im Merkkasten nach, was Grundwörter leisten. Unterstreiche die Grundwörter in den Zusammensetzungen in deinem Heft.

> **!**
>
> **Zusammensetzungen** bestehen aus einem **Bestimmungswort,** das manchmal selbst eine Zusammensetzung sein kann, und einem **Grundwort,** z. B.:
>
> *das Dreh|buch*   +   *der Autor*   →   *der Drehbuchautor.*
> Bestimmungswort   Grundwort   Zusammensetzung
>
> Das Grundwort entscheidet über die **Wortart** der Zusammensetzung und damit auch über seine Groß- oder Kleinschreibung, z. B.:
> *der Film + reif → filmreif; drehen + das Buch → das Drehbuch.*
>
> Manchmal muss ein **Fugenelement,** wie -e-, -(e)s-, -(e)n- oder -er- eingefügt werden, z. B.:
> *die Bühne + das Bild*   →   *das Bühnenbild,*
> *die Animation + der Film*   →   *der Animationsfilm.*

 Was ist das? Sage es in einem Wort. Schreibe die mehrfach zusammengesetzten Wörter in dein Heft. Zerlege sie durch senkrechte Striche in ihre Bestandteile.

1 eine Sendung für Kinder im Radio
2 ein Wettbewerb, in dem nur Dokumentarfilme gezeigt werden
3 das Fernsehprogramm, das zum Frühstück gesendet wird
4 eine Person, die Filme vorführl
5 ein Schauspieler, der zum Nachwuchs gehört
6 eine Veranstaltung, auf der für Filme Preise verliehen werden

1. Kinder|radio|sendung, 2. ...

3 Schreibe die folgenden Zusammensetzungen in dein Heft und zerlege sie durch senkrechte Striche in Grund- und Bestimmungswort sowie Fugenelement. Schreibe Nomen mit großem Anfangsbuchstaben und passendem Artikel auf.

internetzugang – unterhaltungssendung – fernsehprogramm – erfolgreich – starbesetzung – vorspielen – abschminken – liebevoll – nebenrolle – temporeich – stillschweigend – schulalltag – zweifelsfrei – kinostart – fantasievoll – lebensgeschichten

→ S.229
Getrennt-
und Zusammen-
schreibung

4 In den folgenden Sätzen sind zusammengesetzte Verben enthalten.

a Schreibe sie heraus und ergänze die Infinitive und die Partizipien II.

1 Nach der Vorstellung schminkt sie sich ab.
2 Zwischen seinen Auftritten zieht er sich schnell um.
3 Die Vorstellung wiederholt man im Oktober.
4 Er übertreibt es mal wieder mit der Lautstärke.
5 Die Premiere fand am Sonntag statt.
6 Das Stück führen wir im Sommer auf.

1. schminkt sich ab – sich abschminken – abgeschminkt

b Stelle fest, was die Verben – abgesehen von der Bedeutung – voneinander unterscheidet. Untersuche die Wortbildung und die Betonung.

5
a Lies den Merkkasten und fasse zusammen, wie man fest und unfest zusammengesetzte Verben unterscheiden kann.

> **!** Die meisten **zusammengesetzten Verben** sind **unfest** (trennbar) zusammengesetzt, z.B.:
> *mitspielen* → *Er spielte im Film mit.*
> *ansagen* → *Sie sagt den Sänger an.*
> Bei Zusammensetzungen mit *unter-, durch-, wieder-, über-* entscheiden Bedeutung und **Betonung,** ob das Verb trennbar ist, z.B.:
> *wiederholen* → *er wiederholt die Ansage* **fest** (untrennbar)
> (er sagt es noch einmal, **Grundwort betont**) zusammengesetzt
> *wiederholen* → *er holt den Film wieder* **unfest** (trennbar)
> (er holt ihn zurück, **Bestimmungswort betont**) zusammengesetzt

b Ergänze die folgenden Sätze. Verwende die Infinitive in Klammern im Präsens oder Präteritum und schreibe die Sätze auf.

1 Hilfe, das Boot ▬▬ gleich ▬▬! (untergehen)
2 Den Mordfall ▬▬ der Kommissar. (untersuchen)
3 Du ▬▬ zunächst den Stadtkern und biegst dann auf die Hauptstraße ein. (umfahren)
4 Pass auf! Du ▬▬ noch das Kind ▬▬! (umfahren)
5 Wir ▬▬ im Dunkeln den Wald. (durchqueren)
6 Wir ▬▬ ohne Halt bis Leipzig ▬▬. (durchfahren)

1. Hilfe, das Boot geht gleich unter!
2. ...

c Markiere in deinem Heft die trennbaren und die untrennbaren Verben verschiedenfarbig.

d Bilde weitere Sätze mit den folgenden Verben.

untergehen – untersuchen – durchqueren – umfahren

6

a Suche die zusammengesetzten Verben in folgenden Gedichten und entscheide, ob sie fest oder unfest zusammengesetzt sind.

TIPP
Bilde geeignete Sätze. (Achtung! Drei der Verben gibt es fest und unfest zusammengesetzt.)

Hans Manz
Begegnungsformen

Aneinander vorbeigehen.
Aufeinander zugehen.

Aufeinander zugehen,
aneinander vorbeireden.

Aufeinander zugehen,
aufeinander einreden.

Aufeinander zugehen,
miteinander reden.

Viola Oehme
Begegnungsformen

Etwas umschleichen,
umgehen,
umlaufen,
umrunden,
umrennen,

umstoßen –
und wieder aufstellen.

b Schreibe ähnliche Sprachgedichte, z. B. mit *über-, unter-* oder *durch-*.

Ableitungen

1 Übertrage die Tabelle in dein Heft. Bilde aus folgenden Wortbestand-
teilen abgeleitete Wörter und ordne sie der richtigen Wortart zu.

Nomen	Adjektiv	Verb
Verbesserung	...	...

! **Ableitungen** entstehen durch Anfügen von Präfixen (Vorsilben)
oder Suffixen (Nachsilben) an einen Wortstamm. Präfixe und Suffixe
sind keine selbstständigen Wörter.
Typische **Präfixe** sind z. B.: *be-, er-, ent-, ver-, zer-, un-, miss-.*
Folgende **Suffixe** (Nachsilben) sind typisch für:
Nomen/Substantive: *-ung, -heit, -keit, -nis, -(t)ion, -ik, -ine,*
Adjektive: *-lich, -ig, -isch, -sam, -bar, -haft, -iv,*
Verben: *-ier(en).*

2 Bilde von folgenden Wörtern abgeleitete Adjektive.

der Verstand – die Vernunft – die Vorsicht – die Furcht – der Nebel –
der Winkel – die Chemie – die Mathematik – streiten – lachen – sorgen

3 Von welchen Nomen sind folgende Adjektive abgeleitet?
Schreibe sie zusammen mit dem Adjektiv in dein Heft.

kritisch – problematisch – technisch – lyrisch – maschinell –
grammatisch – massiv – musikalisch

4 Wie heißen die Verben? Schreibe sie mit den dazugehörigen Nomen
in dein Heft.

der Lack – die Operation – das Amt – die Addition – das Diktat –
die Spende – die Frisur – der Stolz

Wortbedeutung

Wortfelder

1 Jennifer schreibt ihren Großeltern aus dem Sommerurlaub einen Brief. Sie hat den Text entworfen und die Mutter hat einiges unterstrichen.

a Lies den Text.

Während der Fahrt habe ich stundenlang aus dem Fenster gesehen. Kurz vor Hamburg habe ich zum ersten Mal die Elbe gesehen. Bei einem Zwischenstopp haben wir uns natürlich Hamburg angesehen. Da gab es viel Interessantes zu sehen: die Alster, das Rathaus oder das Hafengelände. Zum Schluss sind wir auf den »Michel" gestiegen und haben auf diese tolle Stadt von oben gesehen.

b Überarbeite Jennifers Text. Wähle passende Verben mit ähnlicher Bedeutung aus, um Wiederholungen zu vermeiden.

blicken – schauen – gucken – sich ansehen – erblicken – besichtigen

! Wörter einer Wortart, die eine ähnliche Bedeutung (teils gleiche, teils unterschiedliche Merkmale) haben, sind **Synonyme.** Sie bilden ein **Wortfeld.**

2

a Vergleiche die folgenden Synonyme miteinander. Verwende sie dazu in Wortgruppen oder Sätzen.

flink – schnell – eilig – rasant – stürmisch – hastig

b Ermittle, welche Bedeutungsmerkmale bei allen Synonymen gleich sind und welche bei einzelnen unterschiedlich.

3

a Ergänzt weitere Synonyme zu der folgenden Reihe.

essen – futtern – speisen

b Tauscht euch darüber aus, in welchen Texten und Situationen ihr die einzelnen Synonyme verwenden würdet und in welchen nicht. Begründet eure Meinung.

> **!** Auch ein Oberbegriff und dazugehörige Unterbegriffe bilden ein **Wortfeld.** Ein **Oberbegriff** hat eine allgemeine Bedeutung (fasst Einzelnes unter einem Merkmal zusammen), **Unterbegriffe** haben eine spezielle Bedeutung (bezeichnen Einzelnes mit unterschiedlichen Merkmalen).

4

TIPP
Manchmal gehören auch zwei der vorgegebenen Wörter zu einem Wortfeld.

a Suche jeweils zu einem Wort den Oberbegriff sowie weitere dazugehörige Unterbegriffe.

Kraulen – Erzählung – Trompete – Euro – Klarinette – Kurzgeschichte

Schwimmart: Kraulen, ...

b Erkläre, welche allgemeine Bedeutung der Oberbegriff jeweils hat und welche speziellen Bedeutungen die dazugehörigen Unterbegriffe haben.

5

a Sucht alle euch bekannten Unterbegriffe zum Wortfeld »Gewässer«.

b Ordnet alle gefundenen Unterbegriffe den folgenden Gruppen zu.

fließend: ...   *stehend: ...*
natürlich: ...   *künstlich angelegt: ...*

→ S.123 Eine Mindmap anlegen

c Stellt das Wortfeld »Gewässer« mit den Gruppen aus Aufgabe b als Mindmap dar.

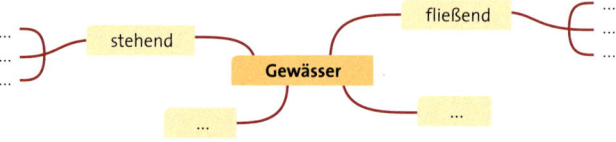

6

TIPP
Überlege, wo du
ggf. nachschlagen
könntest.

a Suche Synonyme zu folgenden Wörtern und schreibe sie in dein Heft.

1 fliederfarben – ▪▪l▪
2 Flasche – ▪u▪▪e *(umgangssprachlich)*
3 Unterstützung – ▪i▪▪▪
4 gelingen – ▪▪ap▪▪▪ *(umgangssprachlich)*
5 Fachmann – ▪x▪e▪▪▪
6 vermuten – ▪h▪▪n

b Suche Unterbegriffe zu den folgenden Wörtern und schreibe sie in dein Heft.

1 Farbe – ▪l▪u
2 Möbel(stück) – ▪ie▪▪
3 Niederschlag – H▪▪▪▪
4 Süßwasserfisch – ▪▪r▪l▪e
5 Nadelbaum – ▪▪▪▪▪er
6 Geschirr(teil) – U▪t▪r▪a▪▪e
7 Vogel – R▪t▪e▪▪c▪▪n

7

a In Kreuzworträtseln werden meist Synonyme oder Unterbegriffe gesucht.
Übertrage die Tabelle in dein Heft und ordne die Wortpaare richtig ein.

Synonyme	Oberbegriff – Unterbegriff
hüpfen – springen	...

1 hüpfen – springen 2 Farbe – schwarz 3 Telefon – Fernsprecher
4 Teil – Stück 5 Meeresfisch – Hering 6 schieben – schubsen
7 Fahrzeug – Fahrrad 8 Staat in Europa – Island 9 stehlen – klauen
10 Haustier – Hund 11 Kinderkrankheit – Masern 12 Lärm – Krach
13 lachen – kichern 14 Computer – Rechner

 **b** Finde eigene Beispiele und ergänze sie in der Tabelle.

Redewendungen

a Ergänzt die folgenden Redewendungen. Erklärt, was sie bedeuten.

Suppe – Hand – Topf – Feuer – Glocke

1 alles in einen ▧▧▧▧ werfen **2** jemandem die ▧▧▧▧ versalzen **3** etwas an die große ▧▧▧▧ hängen **4** für jemanden die ▧▧▧▧ ins ▧▧▧▧ legen

b Tauscht euch darüber aus, in welchen Situationen, zu welchen Themen und wem gegenüber ihr diese und andere Redewendungen verwenden würdet. Tragt die Ergebnisse in der Klasse vor.

> **!**
> **Redewendungen** sind feste Wortverbindungen, mit denen man etwas anschaulich (bildhaft) ausdrücken kann. Ihre Bedeutung ist oft nicht direkt aus der Bedeutung der Einzelwörter erklärbar, z. B.: *große Augen machen (sich wundern).*
> Manche Redewendungen sind umgangssprachlich und deshalb nicht in allen Situationen bzw. Texten verwendbar, z. B.: *die Beine in die Hand nehmen.*

2 Ordne den nicht bildhaften Ausdrücken (Zahl) jeweils die passende Redewendung (Buchstabe) zu.

1 sich wundern/staunen	**A** sich die Haare raufen
2 sehr schnell (weg)laufen	**B** etwas auf die lange Bank schieben
3 etwas Notwendiges ver-schieben / nicht rechtzeitig tun	
	C die Beine in die Hand nehmen
4 etwas ahnen/vermuten	**D** auf den Hund kommen
5 sich sehr ärgern	**E** den Braten riechen
6 arm werden	**F** große Augen machen

3

a Schreibe auf, was die folgenden Redewendungen bedeuten.

1 Schlange stehen
2 den Kopf in den Sand stecken
3 die Katze aus dem Sack lassen
4 etwas/alles über den Haufen werfen
5 jemandem einen Bären aufbinden

TIPP
Überlege, welche Nachschlage-werke du ggf. nutzen könntest.

b Vergleiche jeweils die Redewendungen mit dem gleichbedeutenden, aber nicht bildhaften Ausdruck. Erkläre, auf welche Weise die Redewendung die Bedeutung anders ausdrückt.

4 Denkt über einige Redewendungen genauer nach. Stellt Vermutungen an, welcher Zusammenhang zwischen dem bildhaften Ausdruck und der Bedeutung der Redewendung besteht.

5

a Sucht so viele Redewendungen wie möglich, in denen die folgenden Körperteile enthalten sind. Schreibt sie auf. Vergleicht, welche Gruppe die meisten gefunden hat.

Kopf – Bein – Arm – Fuß – Bauch – Haar – Hand

Kopf: sich keinen Kopf machen, ...

b Erläutert ihre Bedeutung und verwendet sie jeweils in einem Satz.

sich keinen Kopf machen – sich keine Gedanken machen / nicht nachdenken
Leider hat sich Jan darüber keinen Kopf gemacht.

TIPP
In allen Redewendungen fehlt dasselbe Wort.

6 Ergänze die folgenden Redewendungen und erkläre ihre Bedeutung. Was ist dabei jeweils mit dem ergänzten Wort gemeint?

1 jemanden beim ▬▬ nehmen
2 ▬▬ halten
3 auf dein / sein ▬▬ bauen
4 jemandem sein ▬▬ geben
5 über etwas viele / nicht viel(e) ▬▬ machen
6 ums ▬▬ bitten
7 das letzte ▬▬ haben

7 Schreibe möglichst viele Sätze auf, in denen die Redewendungen aus den Aufgaben 5 und 6 vorkommen.

8 Recherchiere die englischen Entsprechungen der folgenden deutschen Redewendungen und vergleiche sie:
1 (großes) Schwein haben   2 die Nase vorn haben
3 den Kopf in den Sand stecken   4 seinen Kopf durchsetzen

Sprichwörter

1 Ermittle, welche Sprichwörter sich in den Zeichnungen verstecken.

1. Wenn zwei sich streiten, freut sich der Dritte.
2. Der Apfel fällt nicht weit vom Stamm.
3. Eine Hand wäscht die andere.
4. Ein blindes Huhn findet auch mal ein Korn.
5. Den Letzten beißen die Hunde.

> **!** **Sprichwörter** sind feste Sätze, die Einsichten und Erfahrungen von Menschen verallgemeinernd, knapp, oft anschaulich (bildhaft) und deshalb einprägsam ausdrücken, z. B.:
> *Lügen haben kurze Beine.*

2

a Ergänze die folgenden Sprichwörter. Erkläre, was sie bedeuten.

1. Hunde, die bellen, …
2. Lügen haben …
3. Stille Wasser sind …
4. Wer zuletzt lacht, …
5. Ende gut, …
6. Wer nicht hören will, …
7. Der Klügere …
8. Wer wagt, …

TIPP
Überlege, welche Hilfen du ggf. nutzen könntest.

b Wähle ein Sprichwort aus und erzähle mithilfe von Stichpunkten eine kurze Geschichte dazu.

c Erkläre, warum dich das Sprichwort zu dieser Geschichte angeregt hat.

 3 Diskutiert miteinander, inwieweit ihr der Aussage der folgenden Sprichwörter zustimmt.

1. Was Hänschen nicht lernt, lernt Hans nimmermehr.
2. Wer einmal lügt, dem glaubt man nicht.

4

a Stelle gegenüber, was die beiden Sprichwörter aussagen.

1 Viele Köche verderben den Brei.
2 Viele Hände machen der Arbeit ein schnelles Ende.

b Denke dir Situationen aus, auf die die Sprichwörter zutreffen oder nicht zutreffen.

5 Beurteilt in gleicher Weise die folgenden Paare von Sprichwörtern.

a Stellt gegenüber, was die Sprichwörter ausdrücken, und beschreibt, in welchen Situationen ihr sie anwenden würdet.

1 Geld allein macht nicht glücklich. – Geld regiert die Welt.
2 Man lebt nur einmal. – Erst die Arbeit, dann das Vergnügen.
3 Was du heute kannst besorgen, das verschiebe nicht auf morgen. – Aufgeschoben ist nicht aufgehoben.
4 Morgenstunde hat Gold im Munde. – Man soll den Tag nicht vor dem Abend loben.

b Erläutert, welches Sprichwort innerhalb eines Paars jeweils eure Erfahrung bzw. euren Standpunkt wiedergibt.

! Aufgrund unterschiedlicher Erfahrungen der Menschen sind manche **Sprichwörter** nicht allgemeingültig. Manchmal stehen sie sogar im Widerspruch zu anderen Sprichwörtern.

TIPP
Ihr könnt Sprichwörter bildlich darstellen und die Bilder im Klassenzimmer aufhängen.

6 Wer sammelt die meisten Sprichwörter?

a Sammle in Gesprächen mit deinen Eltern, Großeltern und anderen Erwachsenen Sprichwörter, die sie kennen bzw. die sie oft benutzen. Kläre mit ihnen gemeinsam die Bedeutung.

b Stelle die Sammlung in deiner Klasse vor. Gehe besonders auf die Sprichwörter ein, die du bisher nicht kanntest.

c Benutzt du persönlich Sprichwörter oft, selten oder nie? Überlege, woran das liegen könnte.

Zur Geschichte unserer Sprache

Martin Luther und die deutsche Sprache im 16. Jahrhundert

a Lies den folgenden Text.

[1] Religionswissen-
schaftler, Religionslehrer
[2] Lehrsätze,
Hauptgedanken einer
Lehre
[3] Anzahl von Exem-
plaren beim Druck eines
Werkes

Im 16. Jahrhundert hatte der Mönch und Theologe[1] Martin Luther (1483–1546) großen Einfluss auf die Entwicklung der deutschen Sprache. Luther kämpfte gegen Missstände in der damaligen katholischen Kirche, z. B. gegen den Ablasshandel. Im Jahr 1517
5 schlug er in Wittenberg an die Tür der Schlosskirche 95 Thesen[2] an, in denen er Veränderungen (Reformen) forderte. Durch das Wirken des Reformators Martin Luther entstand eine neue Kirche, die evangelische (protestantische) Kirche.
Großen Einfluss auf das Deutsche hatte Martin Luther durch seine
10 Werke: die Übersetzung der Bibel aus dem Griechischen bzw. dem Hebräischen (Neues Testament 1521 auf der Wartburg bei Eisenach, gedruckt 1522; Altes und Neues Testament, gedruckt 1534), seine Streitschriften (Flugschriften), Predigten, Lieder und Dichtungen. Die Luther-Bibel konnte durch den Buchdruck, der um
15 1440 von Johann Gutenberg in Mainz erfunden worden war, in großen Auflagen[3] hergestellt und verbreitet werden. Sie wurde in den protestantischen Gebieten Deutschlands bald zu einem Volkslesebuch.

→ S. 101 Informationen sammeln

b Finde heraus, was beim Ablasshandel geschah und warum Luther ihn verurteilte.

c Suche nach Informationen über den Aufenthalt Luthers auf der Wartburg.

d Informiere dich darüber, wie vor der Erfindung des Buchdrucks durch Johann Gutenberg Buchstaben auf Papier gebracht wurden. Stelle dar, was das Neue an Gutenbergs Erfindung war.

e Gestalte ein übersichtliches Informationsblatt über die wichtigsten Stationen im Leben Martin Luthers.

2

Die Luther-Bibel

a Lies den folgenden Text zuerst still. Lies anschließend den zweiten Abschnitt laut vor.

Luther wollte mit seinen Werken viele Menschen erreichen. Damals gab es noch keine einheitliche deutsche Sprache, sondern in den Regionen verschiedene Dialekte (Mundarten). Deshalb musste er eine Sprache benutzen, die von vielen verstanden wurde.
5 Das war das Ostmitteldeutsche. Es war im 11./12. Jahrhundert im heutigen Sachsen (im Raum Leipzig – Meißen – Dresden) entstanden, als sich Menschen aus dem Norden, der Mitte und dem Süden Deutschlands dort neu ansiedelten. Luther verwendete bewusst sehr viele Mittel dieser Sprache und schuf auch neue Ausdrücke.
10 Das hat er selbst so beschrieben:
»... denn man mus nicht die buchstaben jnn der Lateinischen sprachen fragen / wie man sol Deudsch reden / wie diese Esel thun / Sondern man mus die mutter jhm hause / die Kinder auff der gassen / den gemeinen man auff dem marckt drümb fragen /
15 vnd den selbigen auff das maul sehen / wie sie reden / vnd darnach dolmetschen / so verstehen sie es denn / vnd mercken / das man Deutsch mit jn redet.«

(Luther: Sendbrief vom Dolmetschen)

b Kläre Wörter und Wortformen, die du nicht verstanden hast.

TIPP
Dabei hilft dir der Textzusammenhang.

c Vergleiche, wie sich die damalige Rechtschreibung von der heutigen unterscheidet. Suche Beispiele heraus. Welche Unterschiede zum heutigen Deutsch findest du noch?

man mus – man muss, ...

d Erkläre mit eigenen Worten, wie Luther Texte ins Deutsche übersetzt hat.

TIPP
Nutze geeignete Nachschlagewerke.

3 In seinen Schriften verwendete Luther regelmäßig Fremdwörter, die dadurch im Deutschen sehr bekannt wurden.
Erkläre die Bedeutung der folgenden Fremdwörter, die nicht nur in der Bibel verwendet werden, sondern teilweise auch im alltäglichen Sprachgebrauch.

Apostel – Evangelium – Psalm – Prophet – Testament – Tyrann – regieren

TIPP
Nutze geeignete Nachschlagewerke.

4 Luther benutzte oft mitteldeutsche Wörter anstelle gleichbedeutender oberdeutscher (süddeutscher) Wörter. Prüfe, ob die oberdeutschen Wörter der Luther-Zeit heute noch existieren. Wenn ja, wo und mit welcher Bedeutung?

Mitteldeutsch	Oberdeutsch (Süddeutsch)
Blüte, Blume	Bluome
Fliege	Mucke
Hügel	Bühel
Pflaster	Est(e)rich
Scheune	Scheuer
Töpfer	Hafner

5 Außerdem schuf Luther selbst neue Wörter.

TIPP
Manchmal kann man ein Synonym zur Erklärung nutzen.

a Versuche zunächst, die Bedeutung der folgenden Zusammensetzungen aus ihren Bestandteilen (Grund-, Bestimmungswort) zu erklären.

Bubenstück – Feuereifer – kleingläubig – geistreich – nacheifern

TIPP
Suche die Wörterbücher im Internet.

b Schlage die Wörter in einem Synonym- oder Bedeutungswörterbuch nach. Vergleiche die Bedeutungserklärungen mit deinen (Aufgabe a).

6 Auch Redewendungen bzw. Sprichwörter wurden von Luther geprägt und verbreitet. Erläutere die Bedeutung der folgenden Redewendungen bzw. Sprichwörter und verwende sie in einem Satz.

→ S.202
Redewendungen
→ S.204 Sprichwörter

1 jemandem ein Dorn im Auge sein
2 sein Licht unter den Scheffel stellen
3 Wer andern eine Grube gräbt, fällt selbst hinein.
4 Wes das Herz voll ist, des gehet der Mund über.
   (heute: Wem das Herz …, dem geht …)

! Durch die weite Verbreitung seiner Werke (v. a. der Bibelübersetzung) mit ihrer klaren, lebendigen, bildhaften und volksnahen Ausdrucksweise hat Martin Luther im 16. Jahrhundert einen wichtigen Beitrag zur **Entwicklung einer einheitlichen deutschen Nationalsprache** geleistet.

Entwicklungen in der deutschen Gegenwartssprache

 Auch in der Gegenwart entwickelt sich unsere Sprache – in kleinen Schritten und oft unbemerkt. Auffällig sind Veränderungen vor allem im Wortschatz, z. B. durch **regionale Varianten, Kurzwörter** oder **Fremdwörter.**

Regionale Varianten suchen

1

a Suche regionale Varianten für die folgenden Beispiele.

1 Wie nennst du den sechsten Tag der Woche? Welche andere Bezeichnung dafür kennst du?

2 Wie bezeichnest du jemanden, der Fleisch und Wurst herstellt und verkauft, und wie das entsprechende Geschäft? Welche weiteren Bezeichnungen dafür gibt es in Deutschland?

3 Wie formulierst du die Uhrzeiten 7:15 Uhr, 8:45 Uhr? Welche anderen Ausdrucksweisen dafür sind dir bekannt?

4 Welche Präposition gebrauchst du in folgenden Sätzen? Welche andere Präposition ist in Teilen Deutschlands gebräuchlich? Wir treffen uns immer ▬▬▬ Weihnachten. Tom kommt erst ▬▬▬ Ostern.

 b Sammelt weitere regionale Bezeichnungen. Fragt auch Freunde und Verwandte danach. Tragt die Ergebnisse in der Klasse vor.

 c Tauscht euch darüber aus, warum Varianten existieren und sich ausbreiten und welche in eurer Gegend üblich sind. Überlegt auch, warum meist nur eine Variante gebraucht wird.

Kurzwörter untersuchen

2 Unser Wortschatz ändert sich auch durch Kurzwörter.

TIPP
Schlage, wenn nötig, in einem Wörterbuch nach.

a Viele Kurzwörter finden sich z. B. im Bereich des Sports. Nenne die Vollformen der folgenden Kurzwörter.

WM – EM – IOC – SC – SV – FC – FSV – VfB – VfL – TSV – (Hertha) BSC

b Auch rund ums Auto sind zahlreiche Kurzwörter gebräuchlich geworden. Ermittle zu folgenden Kurzwörtern die Vollform und erläutere ihre Bedeutung.

Kfz – Pkw – Lkw – VW – PS – TÜV – ADAC – HU – AU

c Die Namen von Fernsehsendern sind zumeist als Kurzwörter bekannt. Suche solche Sendernamen aus einer Programmzeitschrift heraus und ergänze die Vollformen.

ZDF – Zweites Deutsches Fernsehen, ...

d Auch Namen von Zeitungen werden oft mit einem Kurzwort wiedergegeben. Ermittle die Vollformen der folgenden Zeitungsnamen.

Tageszeitungen werden nach ihrem Verbreitungsgebiet in überregionale und regionale Zeitungen eingeteilt. Zu den überregionalen Tageszeitungen gehören die FAZ (Frankfurt/M.), die SZ (München), die Welt (Hamburg), der Tagesspiegel (Berlin) und das ND (Berlin). Regionale Tageszeitungen dagegen sind die BZ (Berlin), die LVZ (Leipzig), die SZ (Dresden), die MZ (Halle), die TA (Erfurt), die OTZ (Gera) oder die OZ (Rostock).

TIPP
Bildet Beispielsätze, um die Verwendung der Kurzwörter zu verdeutlichen.

e Sammelt Kurzwörter aus weiteren Sachgebieten. Stellt sie euch gegenseitig vor. Nennt dazu auch die Vollformen und erklärt ihre Bedeutungen.

3 Tauscht euch darüber aus, warum Kurzwörter gebildet und häufig gebraucht werden. Besprecht auch, in welchen Situationen man besser die Vollformen verwenden sollte.

Fremdwörter untersuchen

→ S. 234

4 Im gegenwärtigen Sprachgebrauch finden sich auch zahlreiche neue Fremdwörter. Unverzichtbar sind sie z. B. im Zusammenhang mit Computer und Internet.

a Schreibe aus Sophies Erzählung alle Fremdwörter heraus und erkläre ihre Bedeutung.

Gestern Abend wollte ich noch schnell meine Freunde in der Chatgroup erreichen, habe aber keine Verbindung bekommen. Dann habe ich ein Update versucht, das hat aber auch nicht geholfen. Beim Surfen habe ich im Net eine Software gefunden, mit der ein Chatroom neu aufgebaut werden kann. Aber da gab es beim Downloaden auch wieder Schwierigkeiten. Schließlich hat mir mein Bruder für eine halbe Stunde sein Notebook gegeben.

Chatgroup – ...

b Überlegt, für welche Fremdwörter es deutsche Wörter gibt. Prüft und bewertet mehrere Möglichkeiten.

Chatgroup – Chatgruppe, Gesprächsgruppe, …

c Erläutere den Unterschied zwischen den folgenden Arten der Informationsübermittlung.

chatten – bloggen – twittern – simsen

d Sammle weitere Fremdwörter aus dem Bereich Computer, Internet und Handy. Ordne sie nach Sachgruppen. Erkläre ihre Bedeutung, indem du sie in einem Satz oder kurzen Text verwendest.

5 Auch für neue Sportarten (v.a. im Freizeitbereich) haben sich Fremdwörter sehr ausgebreitet.

a Erläutere die Merkmale der folgenden Sportarten.

Snowboarding – Nordic Walking – Jogging – Aquajogging – Rafting

b Erkläre, was an der Form dieser Fremdwörter auffällt. Was sagt das über ihre Herkunft aus?

c Ermittle, welche weiteren Sportarten mit Fremdwörtern bezeichnet werden. Schreibe sie auf und überprüfe die Schreibung. Erläutere das Besondere dieser Sportarten.

Basketball (engl.): Mannschaftsspiel, in dem …

6 Viele Leute interessieren sich für moderne Musik. Auch auf diesem Gebiet werden Fremdwörter gebraucht.
Stellt Fremdwörter zu moderner Musik, Musikrichtungen usw. zusammen. Erläutert euch gegenseitig die Bedeutung dieser Bezeichnungen.

7 Tauscht euch darüber aus, wann es notwendig oder angemessen ist, Fremdwörter zu verwenden, und wann man darauf verzichten sollte. Formuliert eure Meinungen und begründet sie mit Beispielen.

1 Lies den folgenden Text.

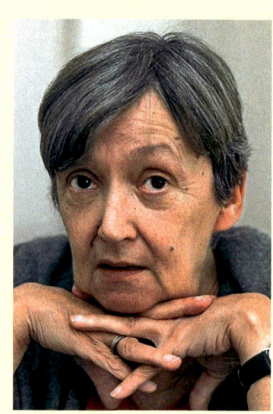

1 Wer zu Christine Nöstlinger kommt, muss sich nicht die Schuhe ausziehen, weil sie übertriebene Ordnungsliebe hasst. Vor Spinnen hat sie Angst, und auch Schlangen und Mäuse mag sie nicht.

5 **2** Christine Nöstlinger ist eine österreichische Schriftstellerin, die weit über 100 Bücher und Geschichten veröffentlicht hat. Die meisten wurden für Kinder geschrieben, aber manche hat sie auch für Erwachsene verfasst. Einige ihrer Bücher sind verfilmt worden.

10 **3** Sie wurde 1936 in Wien geboren. Ihr Vater war Uhrmacher, die Mutter Kindergärtnerin. Sie ist mit dem Journalisten Ernst Nöstlinger verheiratet und hat zwei Töchter, die beide schon Bücher von ihr illustriert haben. Christine Nöstlinger lebt abwechselnd in Wien oder auf einem Bauernhof. Sie liebt das Pendeln zwischen

15 Großstadt und Land.

4 Christine Nöstlinger ging zunächst auf die Kunstuniversität, um das Malen richtig zu erlernen. Dort stellte sie jedoch fest, dass sie nicht genug Talent hatte. 1970 zeichnete sie trotzdem ein Bilderbuch, und dazu schrieb sie eine Geschichte. Die nannte sie »Die

20 feuerrote Friederike«. Friederike hat rote Haare, weshalb sie von anderen Kindern nicht nur ausgelacht, sondern sogar gequält wird. In ihren Haaren aber stecken Zauberkräfte. Mit Freunden bricht sie schließlich in ein utopisches Land auf, wo alle Menschen glücklich sind.

25 **5** Christine Nöstlinger hat die feste Überzeugung, dass Kinder beim Lesen gern lachen. Sie will Kinder unterhalten und ihnen gleichzeitig erklären, dass sie mit ihren Schwierigkeiten nicht alleine dastehen.

2

a Schreibe fünf Satzgefüge heraus.

b Unterstreiche die Nebensätze, markiere die Einleitewörter und die finiten Verbformen verschiedenfarbig.

c Bestimme, ob es sich bei den Einleitewörtern um eine Konjunktion, ein Relativpronomen oder ein Fragewort handelt.

3 Schreibe die Satzreihen (Satzverbindungen) heraus.
Setze die Kommas in Klammern, die man weglassen könnte.

4 Schreibe einen mehrfach zusammengesetzten Satz heraus.

5

a Schreibe einen Satz mit einem Infinitiv mit *zu* heraus.

b Formuliere den Nebensatz in einen Infinitiv mit *zu* um.

Christine Nöstlinger schreibt, damit sie Kindern Mut macht.

6

a Notiere den folgenden Satz orthografisch richtig.

Die österreichische schriftstellerin, die 1936 geboren wurde, ist bekannt für ihre humorvollen und fantasiereichen Erzählungen.

b Die Attribute (als Nomensignale) sind unterstrichen. Markiere mit einem Pfeil, auf welche Nomen sie sich beziehen.

Achtung, Fehler!

7 Schreibe je eine Zeitform heraus, die eine abgeschlossene bzw. eine noch andauernde Handlung bezeichnet.

8

a Schreibe aus den Absätzen 2 bis 4 die Passivformen heraus.

b Forme die folgenden Sätze mithilfe von Passivformen um.

1 Man hat einige Nöstlinger-Bücher verfilmt.
2 Kinder haben die feuerrote Friederike ausgelacht.

TIPP
Lege eine Tabelle an oder gestalte eine Übersicht.

9 Schreibe aus dem Text für jede veränderbare Wortart (Nomen, Verb, Adjektiv, Pronomen) und jede nicht veränderbare Wortart (Adverb, Konjunktion, Präposition) mindestens zwei Beispiele heraus.

→ S.239 Wörterbuch

Häufig vorkommende Wortstämme richtig schreiben

Wörter mit *h* und ohne *h*

!

Wörter bestehen aus einzelnen **Bauteilen:**
Präfix (Vorsilbe), Wortstamm, Suffix (Nachsilbe), z. B.:

Er		fahr		ung
Präfix		Stamm		Suffix

Diese Bauteile haben große Bedeutung für die Rechtschreibung im Deutschen, weil sie **fast immer gleich geschrieben** werden, z. B. wird der Wortstamm *fahr* stets mit einem Dehnungs-*h* geschrieben. Die Schreibung wird praktisch von Wort zu Wort »vererbt«. Deshalb spricht man auch von der **Wortstammschreibung** und von **stammverwandten Wörtern** (Wortfamilien).

①

Rechtschreibhilfe: Verwandtschaftsprobe

a Schreibe aus einem Wörterbuch mindestens zehn Wörter mit dem Wortstamm *fahr* heraus und markiere das Dehnungs-*h*.

TIPP
silbenöffnendes *h*: am Anfang der zweiten Silbe, z. B.: *se-hen* einsilbige Wörter verlängern, z. B.: *sah – sa-hen*

b Prüfe, ob auch in Wörtern mit silbenöffnendem *h* die Wortstammschreibung gleich ist. Bilde dazu von folgenden Wörtern
   • die 2. Person Singular Präsens,
   • die 1. Person Singular Präteritum,
   • das Partizip II sowie
   • ein zusammengesetztes Nomen/Substantiv.
Markiere in allen Formen das *h*.

sehen – flehen – fliehen – drehen – mähen – nähen

du siehst, ich sah, gesehen, die Sehkraft; ...

c Prüfe mit den folgenden Wörtern, ob die Stammschreibung auch bei Wörtern ohne *h* wirksam ist. Gehe dabei vor wie in Aufgabe b.

sparen – schälen – klären – spüren – schämen – quälen – toben – kramen

du sparst, ich sparte, gespart, die Sparkasse;
du schälst, ...

d Schreibe zu den folgenden Wörtern stammverwandte Wörter auf. Nutze dazu ein Wörterbuch.

drehen – Schuhe – Schule – schwören – spülen – nahen – drohen – Mühe

2 Bilde mit diesen Wortbausteinen stammverwandte Wörter.

ab-	an-	er-	klär	führ	zähl	-bar	-en
aus-	ent-		zieh	geh		-ung	

3

a Ordne die Wörter nach ihren Wortstämmen.

ruhig – wahrhaft – zähmbar – sich bewahrheiten – ruhend – ruhelos – dehnbar – Wahrung – gespurt – Unruhe – Wahrheit – gedehnt – beruhigen – Dehnbarkeit – spurlos – gezähmt – unwahr – Dehnung – geruht – wahrlich – Zähmung

b Suche dir fünf Wörter aus und bilde damit jeweils einen kurzen Satz.

4

a Diktiert euch gegenseitig diesen Text. Vergleicht und korrigiert das Partnerdiktat anschließend gemeinsam.

Vorläufer der Eisenbahnen gab es schon im 17. Jahrhundert. Sie wurden viele Jahre vorwiegend in Bergwerken eingesetzt. Auf

Holzschienen liefen dort ziemlich schwere Wagen, die Pferde ziehen mussten. 1804 fei-
5 erte die Eisenbahn in England ihre Premiere. Eine Dampflokomotive zog einen Wagen samt Ladung und Passagieren 15 Kilometer weit. 1825 fuhr der erste Personenzug auf schmalen Stahlschienen. 1835 wurde die erste
10 Eisenbahnstrecke in Deutschland eingeweiht, und zwar die Verbindung von Nürnberg nach Fürth.

b Schreibe deine Fehlerwörter richtig auf. Markiere die schwierigen Stellen. Suche dazu verwandte abgeleitete oder zusammengesetzte Wörter.

→ S. 245 Einprägen fehlergefährdeter Wörter

Konsonantenverdopplung nach kurzem Stammvokal

Konsonanten werden nur nach kurzem Stammvokal **verdoppelt,** z. B.:
der Ba̦ll, die Pu̦ppe, die Ta̦nne, die Ka̦nne.
Der Konsonant verbindet in diesem Fall zwei Silben wie ein Gelenk
(Silbengelenk), z. B.:
die Wel le, der Him mel, der Schim mel.

Einsilbige Wörter muss man verlängern, um zu entscheiden, ob ein
doppelter Konsonant geschrieben werden muss, z. B.:
der Ka■ – die Kämme → *der Kamm.*
Entsteht kein Silbengelenk, muss auch nicht verdoppelt werden, z. B.:
die Tan te, die Wol ke.

Kann man ein Wort nicht verlängern, erfolgt keine Verdopplung, z. B.:
an, bis, mit, plus, von, zum.
Ausnahmen sind *wann, wenn, dann, denn,* weil sie früher zweisilbig
waren (*wanne, wenne, danne, denne*).

❶

a Bilde von den folgenden Wörtern verwandte Wörter (Wortfamilie)
und unterstreiche die zwei Konsonanten nach dem Stammvokal.

Sonne – hoffst – Herz – Luft – sammelst – Hand – glatt

Sonne: sonnig, gesonnt, Sonnabend, …

TIPP
Zu den Leitfor-
men findest du
mehr im Merk-
wissen auf S. 267.

b Schreibe zu den Verben die Leitformen auf und unterstreiche die zwei
Konsonanten nach dem Stammvokal.

hoffen – brummen – sammeln – halten – finden – stoppen – wollen

hoffen – hoffte – gehofft, …

❷ Schreibe die folgenden Merkhilfen ab, vervollständige sie und ergänze
jeweils drei Beispielwörter.

1 Die Konsonantenverdopplung erfolgt nur nach ■■■■ Vokal,
z. B.: ■■■■.

2 Nach einem ■■■■ Vokal wird nie ein Konsonant verdoppelt,
z. B.: ■■■■.

> **!** Das Prinzip der **Stammschreibung** gilt auch **bei der Konsonanten-verdopplung.** Die Verdopplung nach kurzem Stammvokal bleibt in allen verwandten Wörtern bestehen, z.B.:
> *hell – heller – am hellsten – aufgehellt – Helligkeit.*
> Achte auf die Länge des Stammvokals, z.B.: *kommen – er kam.*
> Folgen nach kurzem Vokal zwei unterschiedliche Konsonanten, dann werden diese auch in allen verwandten Wörtern geschrieben, z.B.:
> *halten – hält – hältst – Halt – Haltepunkt – haltlos – haltbar.*

TIPP
Zu den schwachen und starken Verben findest du mehr auf S. 267.

a Begründe, weshalb die Verdopplung hier nicht durchgehend ist.

1 kommen – kam – gekommen
2 fallen – fiel – gefallen
3 bitten – bat – gebeten

b Schreibe die 1. und die 3. Person Singular Präsens und Präteritum der folgenden Verben auf. Begründe die Schreibung.

kommen – fallen – bitten – treffen

Ein Dosendiktat
schreiben

a Übe mit einem Dosendiktat: Schreibe die Sätze einzeln auf Papierstreifen, wirf sie in eine Dose und mische. Entnimm die Streifen und ordne sie. Präge sie dir Satz für Satz ein, wirf sie zurück in die Dose und schreibe die Sätze aus dem Gedächtnis auf.

Wieso klappern Klapperschlangen?
Das Klappern der Klapperschlange ist ein Warnsignal. Sie klappert meist nur dann, wenn sie gestört wird. Das ist ein Signal, das man sehr ernst nehmen muss. Trifft man auf eine Schlange, sollte man die Stelle schnellstens verlassen. Denn ihr Biss kann tödlich
5 sein.
Die Schlange setzt das Klappern aber nur als letztes Mittel der Selbstverteidigung ein. Sie klappert mit einer Rassel. Diese besteht aus einer dünnen Haut. Jedes Mal, wenn sie sich häutet, bleibt am Schwanzende ein Stückchen Haut zurück. Daraus entsteht die
10 Rassel.

→ S. 245 Einprägen fehlergefährdeter Wörter

b Schreibe deine Fehlerwörter richtig auf und markiere die schwierigen Stellen farbig. Suche zu jedem Fehlerwort weitere stammverwandte Wörter.

Wörter mit *s, ss, ß* im Wortstamm

1 Prüfe, ob die Stammschreibung auch bei Wörtern mit *s, ss* und *ß* im Wortstamm gilt.

a Bilde von folgenden Verben jeweils
  - die 3. Person Singular Präsens,
  - die 1. Person Plural Präteritum,
  - Partizip I und II und
  - ein Nomen/Substantiv.

lesen – lassen – essen – schließen – beißen

lesen: er liest, wir lasen, lesend, gelesen, der Leser;
lassen: ...

 b Kontrolliert die Schreibung der Wörter und korrigiert sie gegebenenfalls.

 **c** Fasst zusammen, welche Regeln und Rechtschreibhilfen ihr angewendet habt.

> **!** Enthält ein Wort **im Stamm** ein *s, ss* oder *ß*, bleibt dieses in allen stammverwandten Wörtern **erhalten**, z. B.:
> *liest, las, lies; Wasser, wässrig, wässern; grüßen, grüßt, gegrüßt, Gruß.*
> Aber: Manchmal wechseln *ss* und *ß*, und zwar nach folgender Regel:
> **Nach kurzem Vokal** schreibt man *ss*. **Nach langem Vokal** oder
> **Diphthong** (Zwielaut) schreibt man *ß*, z. B.:
> *essen – aß, schließen – schloss, beißen – Biss.*

Rechtschreibhilfen:
Verwandtschafts-
probe, Regeln
anwenden

2 Schreibe die Lückenwörter richtig auf. Setze *s, ss* oder *ß* ein. Ergänze möglichst viele stammverwandte Wörter.

TIPP
Ein bisschen
kommt von *Biss.*

Sehr häufig gehe ich mit meinem Hund am Flu▪ auf dem Ra▪en spazieren. Rex, so hei▪t er, hat zwar ein gro▪es wei▪es Gebi▪, aber er bei▪t nur in Fu▪bälle. Sobald er einen Ball sieht, ra▪t er über die Wie▪e oder rei▪t mich mit der Leine beinahe von den Fü▪en. Dann rufe ich laut: »Schlu▪ jetzt! Komm zurück!«. Meistens hört er dann auch. Wenn nicht, dann mu▪ ich ganz fest an der Leine ziehen. Jetzt wei▪ er, dass das kein Spa▪ mehr ist. Dann ist er zwar ein bi▪chen beleidigt. Aber schlie▪lich beruhigt er sich wieder, bis der nächste Ball in Sicht ist.

3 Finde die Besonderheit der Schreibung dieser Wortstämme heraus, indem du Wortformen zu diesen Wörtern zusammenstellst.

essen – schließen – lassen – reißen – beißen – vergessen – wissen

4

a Schreibt als Partnerdiktat diesen Text.
Wechselt in Zeile 5 ab. Vergleicht und korrigiert gemeinsam.

Viel trinken

Nicht nur im Sommer, wenn es heiß ist, auch im Winter sollte man jeden Tag mindestens zwei Liter Wasser trinken. Etwa so viel Flüssigkeit verliert der Körper nämlich jeden Tag. Selbst beim Atmen wird Flüssigkeit benötigt, um die Luft anzufeuchten, bevor
5 sie den Körper wieder verlässt. Zu empfehlen sind Mineralwässer, Tees oder Säfte ohne Zuckerzusatz. Alles andere führt dem Körper wieder Nährstoffe zu. Natürlich kann man schon einmal ein Glas Limonade trinken. Man sollte aber schon aufpassen, nicht zu viel Zucker zu sich zu nehmen. Davon ist in Limo und Cola wirklich
10 jede Menge drin.

→ S.245 Einprägen fehlergefährdeter Wörter

b Schreibe deine Fehlerwörter richtig auf, markiere die schwierigen Stelle(n) farbig und suche dazu stammverwandte abgeleitete oder zusammengesetzte Wörter.

5

a Wiederhole, wovon abhängt, ob man *das* oder *dass* schreibt. Erkläre anhand folgender Beispielsätze.

→ S.183 Wortarten und Wortformen

1 Die Ärztin sagte, das Trinken sei wichtig.
2 Sie meint, dass man 1,5 Liter am Tag trinken soll.

b Die Ersatzprobe kann bei der Schreibentscheidung (*das* oder *dass*?) helfen. Erkläre anhand von Beispielen, wie sie funktioniert.

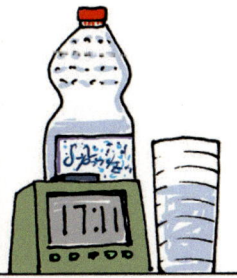

6 Ergänze die folgenden Sätze. Schreibe sie in dein Heft.

1 Da■ man viel trinken soll, da■ wissen die meisten.
2 Aber manchmal ist da■ gar nicht so einfach.
3 Vor allem ältere Leute vergessen da■ Trinken oft.
4 Man weiß inzwischen, da■ sie weniger Durst verspüren als jüngere und da■ da■ sogar ziemlich gefährlich sein kann.

Wörter mit *b, d, g* am Stammende

 Im Auslaut (*gab, Hund, Berg*) werden *b, d, g* wie *p, t, k* gesprochen.
Bei der Schreibentscheidung hilft die **Verlängerungsprobe.** Man bildet
- von Verben den Infinitiv, z. B.: *schraubt – schrauben,*
- von Adjektiven eine Steigerungsform, z. B.: *klug – klüger,*
- von Nomen/Substantiven den Plural oder den Genitiv Singular, z. B.: *die Hand – die Hände, das Pferd – des Pferdes.*

Außerdem kann man die **Verwandtschaftsprobe** nutzen, denn auch hier setzt sich die Stammschreibung durch: Wörter mit *b, d, g* am Stammende werden in allen Wortformen und verwandten Wörtern mit *b, d, g* geschrieben, z. B.: *die Hand, die Hände, handlich, Handschuh.*

Rechtschreibhilfen:
Verlängerungs-
probe, Verwandt-
schaftsprobe

1

 a Schreibe die Wörter ab und füge in die Lücken die fehlenden Buchstaben ein.

b oder *p*?	*d* oder *t*?	*g* oder *k*?
Lo■ – Sta■	Han■ – Wan■	Bur■ – Schran■
Die■ – Kor■	Pfer■ – Jag■	Zwei■ – Schla■
plum■ – glau■t	Mun■ – bun■	Zwer■ – Flu■zeu■
schrau■t – Kal■	Bil■ – Lif■	star■ – klu■ – Ber■

b Die Verlängerungsprobe kannst du auch bei Zusammensetzungen und Ableitungen nutzen. Schreibe die verlängerten Wortstämme auf und setze *b, d, g* oder *p, t, k* richtig in die Lücken ein.

Fahrzeu■teil – schä■lich – Ber■wer■ – Bin■faden – Lan■schaft – Gel■schein – tä■lich – Urlau■sbild – frie■lich – Schu■karre – Ra■weg – Gewan■haus

Fahrzeuge – Fahrzeugteil, Schäden – schädlich, ...

c Erfinde zu den Wörtern aus Aufgabe b eine spannende oder lustige Geschichte und schreibe sie auf.

TIPP
Stellt fest, wer die meisten Wörter in seiner Geschichte untergebracht hat.

Gleich und ähnlich klingende Stammvokale

1 Mit dem Stamm *kauf* kann man viele verwandte Wörter bilden.
Sie gehören alle zu einer Wortfamilie. Bilde möglichst viele Wortformen und Wörter mit den folgenden Wortbausteinen.

ver-	kauf	-en
an-	käuf	-lich
ge-		-er(in)
		-t
		-e

2 Füge *e* oder *ä* ein und schreibe die Sätze ab.

1 Wir lagen in unserem Z■lt und klapperten
vor K■lte.
2 Alle hatten kalte H■nde und Reif bed■ckte
die W■nde.
3 Deshalb hüllten wir uns in w■rmende
D■cken und warteten auf b■sseres W■tter.

! Beim Sprechen sind **e** und **ä** kaum zu unterscheiden. Um richtig
schreiben zu können, muss man deshalb den Wortstamm kennen.
Dabei hilft die **Verwandtschaftsprobe:** Man prüft, ob es ein
stammverwandtes Wort mit *a* gibt, z.B.:
K■lte – kalt → Kälte;   N■he – nah → Nähe.

Rechtschreibhilfe:
Verwandtschafts-
probe

3 Begründe, weshalb die folgenden Wörter mit *ä* geschrieben werden.

gefährlich – Gelände – vierblättrig – lächerlich – Händler – gekämmt –
hässlich – verändern – länglich – Gegenstände – Rechtshänder –
Behälter – nämlich – einfältig

gefährlich – Gefahr, Gelände – …

4 Begründe die Schreibung der folgenden Wörter mit *äu*.

träumen – Bäume – schäumen – beräumen – Häute – säubern

5 Setze *äu* oder *eu* ein. Überprüfe zuerst, ob es zu den Wörtern ein stammverwandtes Wort mit *au* gibt. Schreibe die Wörter in dein Heft.

bl■lich – Ger■sch – K■le – ger■chert – h■fig – Str■cher – h■len – Verk■ferin – bet■ben – ges■bert – l■chten – aufr■men

blau – bläulich, ...

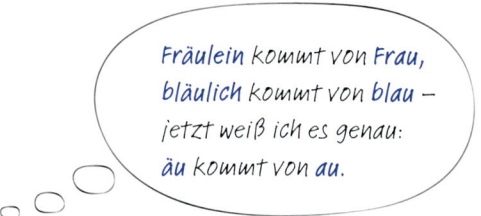

Fräulein kommt von Frau,
bläulich kommt von blau –
jetzt weiß ich es genau:
äu kommt von au.

6

a Diktiert euch gegenseitig den folgenden Text. Vergleicht und korrigiert gemeinsam.

Das Rätsel von den Gummibärchen

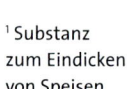¹ Substanz zum Eindicken von Speisen

In der Bärchenfabrik wird zunächst Zuckerwasser erhitzt. Dann wird Gelatine¹ dazugegeben. Gelatine wird aus den Knochen von Tieren hergestellt. Dieses Gemisch muss etwa 15 Minuten lang quellen, bis eine Temperatur von 75 Grad Celsius erreicht ist. Jetzt
5 kommen noch Apfelsäure, Fruchtaroma und Färbemittel hinzu. Die Farben kann man ganz nach Belieben auswählen. Man könnte sogar gelbe Gummibärchen mit Erdbeergeschmack herstellen. Jetzt kann die flüssige Masse in einen Plastiktrichter gegeben und in Bärenformen gegossen werden. Wichtig ist, dass der Trichter
10 immer wieder zuverlässig mit heißem Wasser durchgespült wird. Sonst lässt sich die Masse nicht richtig in die Form bringen. Nach ungefähr 10 Stunden sind die Gummibärchen richtig fest. Sie werden dann in Bienenwachs gebadet, damit sie in der Tüte nicht zusammenkleben. Dann kommen sie zum Händler und man kann
15 sie für wenig Geld kaufen. Wichtig für die Ernährung sind die kleinen Bären allerdings nicht.

→ S.245 Einprägen fehlergefährdeter Wörter

b Schreibe deine Fehlerwörter richtig auf, markiere die schwierigen Stellen farbig und suche dazu verwandte abgeleitete und zusammengesetzte Wörter.

Die Wortbausteine *-end-*, *ent-* und *-t-*

> **!** Auch Präfixe (Vorsilben) und Suffixe (Nachsilben) werden wie Wortstämme immer gleich geschrieben. So wird das **Präfix *ent-*** immer mit *t* geschrieben, der **Stamm *-end-*** dagegen stets mit *d*. Man kann sich folgende Regel merken: Der Stamm *-end-* wird stets betont, das Präfix *ent-* stets unbetont gesprochen, z. B.:
> *der Endspurt, beenden; entdecken, die Entscheidung*.

Rechtschreibhilfe: Wortbausteine erkennen

TIPP
Prüfe die Betonung der Wörter.

1 Vervollständige die Lückenwörter mit *d* oder *t*. Übertrage die Tabelle in dein Heft und ordne die Wörter in die richtige Spalte ein.

En■spiel – en■ziffern – En■spurt – en■scheiden – en■laden – been■en – en■zückend – en■decken – En■station – en■gültig – En■täuschung – en■los – En■schuldigung – unen■schlossen – En■ung – en■lang – En■fernung – en■lich

Präfix *ent-*	Stamm *-end-*
...	Endspiel

> **!** Auch **Fugenelemente** sind Wortbausteine, wie z. B. das *t* in:
> *hoffen* + *t* + *lich* → *hoffentlich*,
> *wesen* + *t* + *lich* → *wesentlich*.
> Das *t* wird eingefügt, damit man das Wort besser sprechen kann.

2 Schreibe den Text ab und füge die folgenden Wörter sinnvoll ein. Markiere das Fugenelement farbig.

eigentlich – gelegentlich – wöchentlich – versehentlich – öffentlich

1 ▬▬ ist Lena immer pünktlich.
2 Nur ▬▬ verspätet sie sich. **3** Aber das liegt an den ▬▬ Verkehrsmitteln.
4 Mindestens einmal ▬▬ kommt der Zug verspätet. **5** Nur ein einziges Mal kam sie sehr viel später. Sie war ▬▬ in den falschen Zug eingestiegen.

Groß- und Kleinschreibung

Die Schreibung von Eigennamen

 1

TIPP
Schlage im Regel-
teil eines Wörter-
buchs nach.

→ S.243 Regeln
nachschlagen

a Schreibe die unterstrichenen Wörter und Wortgruppen heraus und erkläre die Unterschiede in der Groß- und Kleinschreibung.

Das Internationale Olympische Komitee (IOC) wählt im Abstand von vier Jahren die Austragungsorte für die Olympischen Spiele. Sowohl bei den Sommerspielen als auch bei den Winterspielen haben deutsche Sportler schon viele olympische Medaillen
5 errungen und damit höchste internationale Anerkennung erzielt. Als erfolgreichste deutsche Sportlerin bei Olympia gilt die Ruderin Birgit Fischer aus Potsdam mit acht Goldmedaillen.

b Schreibe in dein Heft, was du unter Eigennamen verstehst.

c Vergleiche deine Erklärung mit dem folgenden Merkkasten und vervollständige deine Aufzeichnungen, wenn es nötig ist.

!

> **Eigennamen** sind Wörter und Wortgruppen, die z.B. Personen, Orte, Veranstaltungen, Organisationen und Institutionen als einmalig bezeichnen. Eigennamen werden **immer großgeschrieben**, z.B.:
> *Emilia, Deutsche Meisterschaften im Schwimmen, Dirk Neumann, Bahnhofstraße, Potsdam, Sachsen-Anhalt, Europa, Deutsches Rotes Kreuz, Freie Universität.*
> Wenn Adjektive, Partizipien oder Numeralien (Zahlwörter) Teil eines Eigennamens sind, werden auch diese großgeschrieben, z.B.:
> *die Olympischen Spiele, die Vereinigten Staaten, Friedrich der Zweite.*

2 Übertrage die Tabelle in dein Heft. Ordne die Eigennamen aus dem Text auf der nächsten Seite richtig ein.

Orte	Personen	Veranstaltungen	Organisationen, Institutionen, Marken
...	...	...	...

Die Rallye[1] Dakar

[1] sprich:
['rali] oder ['rɛli]

Die Rallye Dakar gilt mit ihren Schlamm- und Flussdurchfahrten, Wüstendurchquerungen, Sandstürmen und wilden Bergpisten als die härteste Rallye der Welt. Der Start dieses internationalen Rennens erfolgte zum ersten Mal 1978 in Paris, der Hauptstadt
5 Frankreichs. Das Ziel lag nach fast 10 000 km in Dakar, der Hauptstadt von Senegal (Afrika). 2009 fand sie aus Sicherheitsgründen erstmals in Südamerika statt. Sie wurde in Argentinien, und zwar in Buenos Aires, gestartet. Dort endete sie auch, nachdem eine große Strecke unter schwierigsten Bedingungen in Chile durch die
10 Atacama, das ist die trockenste Wüste der Welt, zurückgelegt wurde. Unter anderem mussten auch die Anden in fast 5000 m Höhe überquert werden. Gewonnen hat, wer die 16 Etappen mit ihren Sonderprüfungen jeweils am schnellsten bewältigt. Übrigens gewann Jutta Kleinschmidt aus Deutschland mit ihrem

15 VW Touareg im Jahre 2001 als erste Frau die Rallye Dakar. Zu den bisherigen Siegern gehört mit Ari Vatanen (Finnland) sogar ein Abgeordneter aus dem Parlament der Europäischen Union. Obwohl die Rallye aufgrund der vielen schweren Unfälle und der
20 Belastung der Umwelt in harter Kritik steht, z. B. bei Greenpeace, einer internationalen Umweltorganisation, wird dieses spektakuläre Rennen nach Ansicht des Internationalen Automobilverbandes FIA auch in den kommenden Jahren stattfinden.

3 Eigenname oder nicht?

 a Schreibt alle Wortgruppen richtig auf, die einen Eigennamen enthalten. Begründet die Schreibung.

1 Eröffnung der g/Grünen Woche in Berlin
2 wieder g/Großer Stau auf Autobahnen
3 der a/Allgemeine d/Deutsche Automobil-Club (ADAC) half
4 im r/Roten Meer tauchen
5 auf der g/Grünen Wiese spielen
6 die Wand mit r/Roter Farbe streichen
7 einen h/Hohen Turm besteigen
8 den s/Schiefen Turm von Pisa fotografieren
9 in der h/Hohen Tatra wandern
10 in den f/Fernen Osten reisen

b Groß oder klein? Schreibt die unterstrichenen Wortgruppen heraus und begründet eure Schreibentscheidung.

Die o/Olympischen Ringe

Die o/Olympischen Ringe dienen als Symbol der i/Internationalen o/Olympischen Bewegung und als Emblem des i/Internationalen o/Olympischen Komitees (IOC). Es war Baron de Coubertin, der

5 Gründer der o/Olympischen Spiele der Neuzeit, der die Fahne mit den fünf Ringen 1913 dem IOC vorstellte. Die fünf ineinander verschlungenen Ringe in Blau, Schwarz, Rot, Gelb und Grün sollen das Miteinander der fünf Kontinente im Zeichen des o/Olympischen Friedens ausdrücken. Zum ersten Mal wurde die

10 o/Olympische Flagge bei den o/Olympischen Spielen von 1920 im b/Belgischen Antwerpen gehisst.

c Schreibe die folgenden Sätze in richtiger Groß- und Kleinschreibung ab. Unterstreiche die Eigennamen und begründe ihre Schreibung.

Achtung, Fehler!

1 Das blaue wunder in dresden ist eine berühmte sehenswürdigkeit.
2 Das rote rathaus steht mit seiner roten fassade mitten in berlin.
3 Die technische universität in dresden verfügt über eine moderne technische ausstattung.
4 Auf der grünen woche in berlin werden grüner salat und viele andere gemüse- und obstsorten angeboten.
5 Der sicherheitsrat der vereinten nationen löst internationale probleme mit vereinten kräften.
6 Die große mauer ist ein berühmtes großes chinesisches bauwerk.
7 Der große wagen (sternbild) sieht tatsächlich aus wie ein großer wagen.
8 Im fernen osten kann man viele ferne länder besuchen.

a Leite aus der folgenden Übersicht Rechtschreibregeln ab.
Schlage dazu auch im Regelteil eines Rechtschreibwörterbuchs nach.

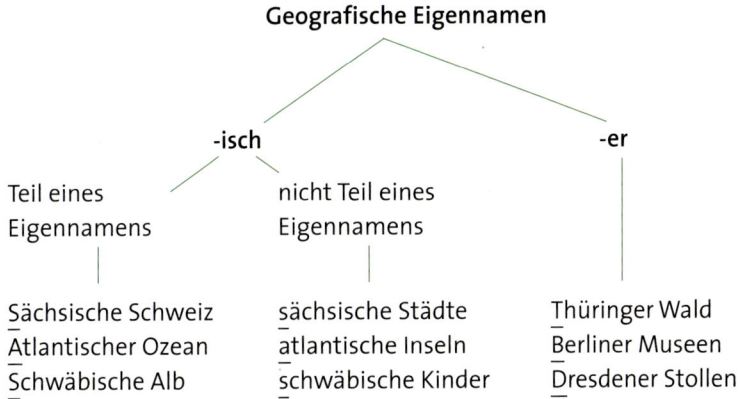

Geografische Eigennamen

-isch
-er

Teil eines
Eigennamens

nicht Teil eines
Eigennamens

Sächsische Schweiz
Atlantischer Ozean
Schwäbische Alb

sächsische Städte
atlantische Inseln
schwäbische Kinder

Thüringer Wald
Berliner Museen
Dresdener Stollen

Rechtschreibhilfe:
Regeln anwenden

b Bilde aus den Ländernamen Adjektive auf -isch und -er und ordne diese der Übersicht von Aufgabe a zu.

Rostbratwurst aus Thüringen – Tee aus China – Käse aus Holland – Weintrauben aus Griechenland – Schinken aus Südtirol – Klöße aus Thüringen – Gänse aus Polen – Heidelbeeren aus dem Vogtland – Schokolade aus der Schweiz – Lachs aus Norwegen – Kaviar aus Russland – Spagetti aus Italien

Thüringer Rostbratwurst, ...

a Übertrage die Übersicht von Aufgabe 4a in dein Heft.

b Ordne die folgenden von Eigennamen abgeleiteten Adjektive mit ihrem Bezugswort der Übersicht von Aufgabe 4a zu.

1 Der s/Schweriner See ist ein Anziehungspunkt für Ausflügler.
2 In der l/Lüneburger Heide trifft man viele Wanderer.
3 Die s/Schwäbische Alb gehört zu den erdbebengefährdetsten Zonen Deutschlands.
4 Das h/l lavelländische Obst schmeckt lecker und enthält viele Vitamine.
5 Der Sachsenring in Hohenstein-Ernstthal ist die bekannteste s/Sächsische Rennstrecke für Autos und Motorräder.
6 Unsere Klassenfahrt führt in diesem Jahr in den b/Bayerischen Wald.
7 Zu meinen Lieblingsspeisen gehören t/Thüringer Klöße.
8 Der k/Kölner Dom steht nur 250 m vom Rhein entfernt.

Die Schreibung von Zeitangaben (Tageszeiten)

TIPP
Wenn du es schon erstellt hast, kannst du dein Poster von Aufgabe 3 a (S. 244) nutzen.

a Wiederhole die Regeln zur Schreibung der Angabe von Tageszeiten. Schlage im Regelteil eines Wörterbuchs nach.

b Vergleiche jetzt die Regeln mit dieser Kurzfassung.

> Die Angabe von **Tageszeiten** schreibt man
> - **groß (Nomen):** 1. nach Artikeln und Präpositionen (+ Artikel), z. B.:
>   *der Abend, zum (zu dem) Mittag, am Morgen,*
>   2. nach Adverbien *(gestern, heute)*, z. B.:
>   *vorgestern Abend, gestern Morgen.*
> - **klein (Adverb):** wenn ein *-s* folgt, z. B.: *abends, dienstags.*

TIPP
Hilfe findet man auch in Wörterbüchern unter den Stichwörtern *Abend* und *Dienstag.*

c Begründe die Groß- bzw. Kleinschreibung der Zeitangaben.

1 Gestern Abend waren wir im Kino. Wir trafen uns abends am Kino.
2 Heute Morgen war ich noch müde. Ich stehe morgens zeitig auf.
3 Bis zum Mittag hatten wir Unterricht. Tom kommt mittags zu mir.
4 Der Nachmittag ist heute frei. Wir gehen nachmittags in den Zoo.

d Schreibe die Sätze so um, dass die Zeitangabe im ersten Satz klein- und im zweiten großgeschrieben wird.

1. Wir waren abends im Kino. Wir trafen uns am Abend ...

> **Zusammensetzungen** aus **Wochentag** und **Tageszeit** schreibt man **groß**, z. B.:
> *Montag + Abend → (der) Montagabend,*
> *Mittwoch + Morgen → (am) Mittwochmorgen.*
> Aber Zeitangaben auf *-s* schreibt man klein, z. B.:
> *dienstagabends*, auch: *dienstags abends.*

Rechtschreibhilfe:
Regeln anwenden

2 Verwende die folgenden Zeitangaben in Sätzen. Achte auf die richtige Groß- und Kleinschreibung.

TIPP
Erfinde eine kurze Geschichte.

MORGEN VORMITTAG   HEUTE ABEND   GESTERN MITTAG

(AM) MITTWOCHNACHMITTAG   SPÄTNACHTS   FREITAGS

Getrennt- und Zusammenschreibung

Fest und unfest zusammengesetzte Verben

1

→ S.194 Wortbildung

a Schreibe die Infinitive der im Text unterstrichenen Verben auf und bilde davon die 3. Person Singular Präsens. Was stellst du fest?

Wie immer fand das Sportfest im Sportpark statt. Einige aus unserer Klasse vollbrachten hervorragende Leistungen. Danny übersprang im Hochsprung 1,40 m und Luisa durchlief die 60 m schneller
5 als der beste Junge aus unserer Klasse. Leider überzogen dunkle Wolken den vorher strahlend blauen Himmel. Wegen eines Gewitters mussten die Wettkämpfe unterbrochen werden. Wir konnten leider nichts gegen das viele Wasser unternehmen. Die
10 Sprunggrube war vollgelaufen. Wir mussten sogar die Feuerwehr darüber unterrichten. Sie kam mit Blaulicht und Tatütata herangebraust und untersuchte zunächst die Abflussmöglichkeiten für das Wasser.
15 Aber bald schien wieder die Sonne und das Sportfest konnte weitergehen.

stattfinden: (es) findet statt, …

b Konjugiere die Verben *eintreten* und *unterbrechen* im Präsens und schreibe die Formen in dein Heft. Welche Unterschiede erkennst du?

eintreten: ich …   *unterbrechen: ich …*

!

Bei zusammengesetzten Verben gibt es
- **fest zusammengesetzte Verben,** z.B.: *unterrichten – (er) unterrichtet,*
- **unfest zusammengesetzte Verben,** z.B.: *teilnehmen – (er) nimmt teil.*

Man kann sie an der **Betonung** unterscheiden:
- fest zusammengesetzt: Betonung auf dem Grundwort, z.B.: *unterrichten,*
- unfest zusammengesetzt: Betonung auf dem Bestimmungswort, z.B.: *teilnehmen.*

Rechtschreibhilfe:
Betonungsprobe

 Übertrage die folgende Tabelle in dein Heft und ordne die Verben
aus Aufgabe 1a (S. 229) in der 3. Person Singular Präsens ein.

fest zusammengesetzte Verben	unfest zusammengesetzte Verben
(er) vollbringt	(es) findet statt
...	...

3

a Vervollständige die Sätze durch zusammengesetzte Verben mit
um-, aus-, ab-, über-, durch-, ein- und dem Grundwort *setzen*.

1 Im Frühjahr werden wir im Garten einige Bäume ▬▬▬.
2 Wildtiere sind im Winter Schnee und Frost ▬▬▬.
3 Conny hat ihre tolle Mütze im Zimmer ▬▬▬.
4 Über das Wochenende müssen wir einen Englisch-Text ins
Deutsche ▬▬▬.
5 Man sollte sich nicht immer mit allen Mitteln ▬▬▬ wollen.
6 Ich werde mich immer für meine Freunde ▬▬▬.

1. umsetzen
2. ...

b Schreibe die Leitformen/Stammformen der zusammengesetzten
Verben aus Aufgabe a in dein Heft. Markiere das fest zusammengesetzte Verb.

1. umsetzen – setzte um – umgesetzt
2. ...

Einige Verben bilden in Verbindung mit *durch, wieder, über, unter*
und *um* sowohl **feste** als auch **unfeste Zusammensetzungen** mit
unterschiedlichen Bedeutungen, wie z.B.:
*Franz wollte während der Fahrradrallye mit Geschick alle aufgestellten
Kegel umfahren und dabei nicht einen einzigen umfahren.*
umfahren = vorbeifahren (ohne zu berühren)
umfahren = anfahren und umwerfen
Die **Betonung** liegt bei den festen Verbindungen auf dem zweiten
Bestandteil (Grundwort), bei den unfesten Verbindungen auf dem
ersten Bestandteil (Bestimmungswort).

Rechtschreibhilfe:
Betonungsprobe

 4

a Achte auf die Bedeutung und setze das Verb in Klammern richtig
in die Lücken ein.

1 Danny passt nicht auf und ▬▬ einen Kegel ▬▬. Luisa dagegen
▬▬ den Kegel vorsichtig. (umfahren)

2 Der Fährmann ▬▬ uns ans andere Ufer ▬▬. Ich ▬▬
oft die Briefe meiner Schwester an ihre Brieffreundin. (übersetzen)

3 Hoffentlich ▬▬ ihr den Mathe-Test gut. Dieser Felsen ▬▬
zwei Meter ▬▬, sodass das Klettern gefährlich ist. (überstehen)

4 Er ▬▬ zu einem anderen Glauben ▬▬. ▬▬ er beim Staffellauf
die Markierung, wird er disqualifiziert. (übertreten)

5 Durch das Elfmeterschießen ▬▬ sie die Sendezeit. Wegen der Kälte
▬▬ sie sich dicke Pullover ▬▬. (überziehen)

6 Wir ▬▬ die Möbel im Keller ▬▬. Wir ▬▬ dir keine bösen
Absichten. (unterstellen)

b Schreibe die Verbformen in dein Heft, ergänze jeweils die Leitformen/
Stammformen. Unterstreiche den betonten Wortteil.

1. fährt um (umfahren, fuhr um, umgefahren); …

 **5**

TIPP
Du kannst im
Sprach- und
Lesebuch unter
Invinitivgruppe
nachschlagen.

a Beschreibe, wie sich die fest und unfest zusammengesetzten
Verben in einer Infinitivgruppe verhalten.

1 *übersetzen:*
Mir gelang es, die Briefe **zu** übersetzen. (fest)
Der Fährmann versprach, uns über**zu**setzen. (unfest)

2 *unterstellen:*
Bitte versuche nicht, mir etwas **zu** unterstellen. (fest)
Wir schafften es, uns bei dem Regen unter**zu**stellen. (unfest)

b Vervollständige die folgende Regel und schreibe sie in dein Heft.

1 Bei ▬▬ zusammengesetzten Verben steht *zu* in der Wortfuge
und die Betonung liegt auf dem Bestimmungswort. Das Wort
wird zusammengeschrieben, z.B.: *überzusetzen*.

2 Bei ▬▬ zusammengesetzten Verben steht *zu* vor dem Verb und
die Betonung liegt auf dem Grundwort. Das Verb und *zu* werden
getrennt geschrieben, z.B.: *zu übersetzen*.

6 Lies den folgenden Merkkasten und erkläre ihn anhand der Beispiele aus Aufgabe 5 a (S. 231).

> **!**
>
> Bei **Infinitivgruppen** muss man besonders auf die Schreibung von Verben achten, die **mit *zu* zusammengesetzt** sind, z. B.: *zusehen, zustimmen, zustellen, zutreffen.*
> *Die Fans versuchten, ihre Band vor dem Hotel zu sehen.*
> *Es war schon immer mein Wunsch, einem Flugzeug bei der Landung zuzusehen.*
> Das *zu-* verändert die Bedeutung. Bei der Schreibung hilft die Betonungsprobe:
> Wird das **Verb betont** → **Getrenntschreibung**, z. B.: *zu sehen.*
> Wird ***zu* betont** → **Zusammenschreibung**, z. B.: *zusehen.*

Rechtschreibhilfe:
Betonungsprobe

7 Schreibe die Sätze ab und setze den Infinitiv mit *zu* richtig ein. Überlege, ob *zu* vor dem Verb oder in der Wortfuge steht.

1 Der Fernsehmoderator versprach, die Sendung nicht ▬▬. (überziehen)
2 Es ist nicht einfach, einen supermodernen Schwimmanzug ▬▬. (überziehen)
3 Er hat versucht, das Fremdwort ▬▬. (umschreiben)
4 Dabei war es nicht nötig, den Text ▬▬. (umschreiben)
5 Anna gelang es, die Strecke in neuem Rekord ▬▬. (durchlaufen)
6 Die meisten hatten aber Mühe, ohne einen Zwischenstopp ▬▬. (durchlaufen)
7 Wir haben versucht, für den Deutsch-Test den gesamten Stoff ▬▬. (wiederholen)
8 Karl hat uns versprochen, den in den Fluss gefallenen Ball ▬▬. (wiederholen)

8 Lies die folgenden Hinweisschilder. Begründe die verschiedenen Schreibungen von *zu* und *schließen.*

> **Bitte abends die Haustür zuschließen.**

> Die Haustür ist abends zuzuschließen.

> Wir bitten Sie, die Haustür abends zu schließen.

9

a Setze ein und schreibe die Sätze in dein Heft. Achte auf die unterschiedliche Bedeutung.

1 *zu setzen* oder *zusetzen?*
Beim Versuch, die große Blumenvase auf den Tisch ,
zerbrach diese in tausend Stücke.
Da werden ihm die Eltern ganz schön ▬▬▬.

2 *zu gehen* oder *zugehen?*
Haben Sie Lust, am Wochenende ins Theater ▬▬▬?
Die Eintrittskarten werden Ihnen heute noch ▬▬▬.

3 *zu machen* oder *zumachen?*
Der Laden wird heute schon um 12 Uhr ▬▬▬.
Da ist halt nichts ▬▬▬.

b Wähle das treffende Verb aus, setze es in der richtigen Form ein und schreibe die Sätze auf. Achte auf die Kommas bei der Infinitivgruppe.

TIPP
Zusammen-
gesetzte Verben
mit *zu* werden
immer zusam-
mengeschrieben.

zuhören – hören – zuschauen – zuwenden – vernehmen – geben –
aufmerksam machen – zugeben – zuhören – zuteilen – sprechen –
zusprechen – einschalten

1 Wir wollten der Theatergruppe bei der Probe ▬▬▬. **2** Aber über die
Lautsprecher war nichts ▬▬▬. **3** So blieb uns nur übrig, den Akteuren
▬▬▬. **4** Nur wenn sie sich uns beim Sprechen ▬▬▬, war etwas ▬▬▬.
5 Der Regisseur versuchte, einige wichtige Hinweise ▬▬▬ und auf
Fehler ▬▬▬. **6** Die Jungen mussten ▬▬▬, dass sie zu leise sprachen.

7 Es war schwer, ihnen ▬▬▬.
8 Mia bekam sogar die Rolle eines
Jungen ▬▬▬, weil es ihr möglich
war, viel deutlicher ▬▬▬.
9 Allerdings war es nötig, ihr viel
Mut ▬▬▬. **10** Erst gegen Ende
der Probe funktionierte der Ton
wieder. Der Techniker hatte
einfach vergessen, das Mikrofon
▬▬▬.

→ **S.239** Wörterbuch

Fremdwörter

 1

a Lies den folgenden Witz.

Franz kommt in den Blumenladen. »Ich hätte gern sechs Gladia-toren. Meine Mutti hat nämlich Geburtstag.« »Du meinst be-stimmt Gladiolen?«, fragt die Verkäuferin. Franz überlegt einen Moment und erwidert: »Ach ja, Gladiatoren sind ja diese Heiz-körper.«

b Prüfe, ob Franz alle Fremdwörter richtig verwendet. Was will er kaufen?

c Schlage im Wörterbuch die beiden Wörter *Gladiolen* und *Gladiatoren* nach und schreibe die Erläuterung in dein Heft.

● ● ● **d** Wie heißt das richtige Fremdwort für *Heizkörper*? Notiere es.

> **!** Wörter aus anderen Sprachen sind eine wertvolle Bereicherung für die deutsche Sprache. Man sollte aber nur solche **Fremdwörter** verwenden, die man genau kennt und von denen man annimmt, dass sie auch die Gesprächs- und Schreibpartner kennen.

2 Was sagst du zu diesen Angeboten?

a Lies und übersetze, was hier angepriesen wird.

[1] *engl.* Drehhocker

Sitness[1] *– die coole Alternative*

Hightechstuhl – *Topstar for Juniors*

Mountainbike – superlight and superfast

Cool: Spiele-Konsole mit 40 Games inklusive Metallbox

Sweatshirt brand-new – im poppigen Design for kids

→ **S.16** Eine Diskussion vorbereiten und durchführen

b Diskutiert in der Klasse, was ihr von solchen Werbesprüchen haltet.

! Gegenwärtig kommen viele **Fremdwörter aus dem Englischen** (Anglizismen) in die deutsche Sprache.
Manche sind notwendig, weil sie sich nur sehr umständlich übersetzen lassen (z. B. *Scanner, Boygroup*), einige sind kürzer und präziser (z. B. *Pool, Stress, Gameboy*), andere sind nicht unbedingt sinnvoller als das bisher verwendete deutsche Wort (z. B. *Kids* für *Kinder, brand-new* für *brandneu, superlight* für *sehr leicht*).

3 Kennst du diese Wörter? Erkläre sie in einem Satz.

Notebook – Outdoor-Event – Snowboard – Dream-Team – Boygroup

Ein Notebook ist ein ...

! Viele Fremdwörter haben typische Wortbestandteile, die immer gleich geschrieben werden. Das sind z. B. die **Suffixe -ier(en), -ine, -iv/-ive, -ik** und **-(t)ion.**
Das Suffix **-ier(en)** gehört zu den häufigsten Fremdwortsuffixen im Deutschen. Mit ihm werden aus anderen Fremdwörtern (Nomen/Substantive, Adjektive) Verben gebildet, z. B.:
sortieren, produzieren, organisieren.

4 Verben auf *-ier(en)*

TIPP
-ier(en) wird immer mit *ie* geschrieben.

a Bilde von diesen Wörtern Verben mit dem Suffix *-ier(en)* und schreibe sie in dein Heft. Markiere das Suffix. Schlage dir unbekannte Wörter nach.

Export – aktiv – Fotograf – Telefon – Fantasie – Transport – Asphalt – Interesse – Konjugation – spezial – Frisur – Kontrolle – Automat – Dressur – real

export<u>ieren</u>, ...

 **b** Bilde auch von diesen Wörtern Verben mit dem Suffix *-ier(en)* und schreibe sie zu den Verben aus Aufgabe a. Schlage dir unbekannte Wörter nach.

elektrisch – Fabrik – Charakter – Favorit – Therapie

5

a Suche entsprechende Fremdwörter, die auf *-ier(en)* enden, und schreibe sie auf.

1	etwas vorbereiten	or
2	einen Raum ausschmücken	dek
3	etwas herstellen, erzeugen	pro
4	Geld einnehmen	ka
5	etwas Kaputtes wieder in Gang setzen	rep
6	jemanden beglückwünschen	gra
7	etwas hervorheben, kennzeichnen	mar
8	Verben beugen	kon
9	malnehmen	mul
10	Versuche durchführen	exp

b Bilde aus diesen Verben, wenn möglich, ein passendes Nomen/Substantiv mit dem Suffix *-ion* bzw. *-tion*. Schreibe jeweils Verb und Substantiv nebeneinander.

organisieren – Organisation, …

6 Nomen/Substantive auf *-(t)ion*

 a Diktiert euch gegenseitig die folgenden Fremdwörter und schreibt sie untereinander in euer Heft.

die Addition – die Kombination – die Sensation – die Invasion – die Mission – die Deklaration – die Redaktion – die Position – die Intonation – die Subtraktion – die Föderation – die Aktion – die Kanalisation – die Aggression – die Operation – die Diskussion – die Tradition

b Lies sie anschließend laut vor und schreibe ihre Bedeutung dazu. Nimm ein Wörterbuch zu Hilfe.

die Addition – das Zusammenzählen, …

c Bilde zu den folgenden Wörtern jeweils das verwandte Adjektiv.

die Sensation – die Aggression – die Operation – die Tradition

die Sensation – sensationell, …

7 Nomen/Substantive auf *-ine*

Suche die entsprechenden Wörter mit dem Suffix *-ine* und schreibe sie mit dem Artikel auf. Markiere das Suffix farbig.

1	von den Bergen herabstürzende Schneemassen	L
2	vitaminreiche Südfrucht	A
3	Fensterdekoration, Vorhang	G
4	Gerät zur Herstellung von Produkten	Ma
5	Kraftmaschine zur Energiegewinnung	Tu
6	getrocknete Weintraube	Ro
7	Ausstellungsschrank	Vi
8	Pflanzenfett	Mar

1. die Lawine, 2. ...

8 Fremdwörter auf *-iv/-ive*

a Entscheide, welche Bedeutung die richtige ist. Verwende das entsprechende Wort in einem ganzen Satz.

1 *kreativ*
a) nützlich
b) vorbildlich
c) schöpferisch

2 *negativ*
a) schlecht, ergebnislos
b) farbig
c) ganz gut

3 *objektiv*
a) durchlässig
b) sachlich
c) wichtig

4 *effektiv*
a) nützlich
b) tätig
c) wirksam

5 *attraktiv*
a) schlank
b) jung
c) anziehend

6 *intensiv*
a) innerlich
b) schwierig
c) gründlich

7 *passiv*
a) lebhaft
b) untätig
c) passend

8 *aggressiv*
a) angriffslustig
b) mutig
c) kräftig

9 *kursiv*
a) auffallend
b) schräg
c) gedruckt

Rechtschreibhilfe:
Wörter
nachschlagen

b Suche das entsprechende Fremdwort mit dem Suffix *-iv/-ive* und schreibe es in dein Heft. Markiere das Suffix farbig und kontrolliere die Schreibung mit einem Wörterbuch.

1	Befehlsform *(gramm.)*	Imp ▬▬
2	Fahrzeug, das einen Zug zieht	Lo ▬▬
3	Nennform, Grundform des Verbs *(gramm.)*	In ▬▬
4	der 4. Fall *(gramm.)*	Ak ▬▬
5	Meiststufe *(gramm.)*	Sup ▬▬
6	Angriff	Offen ▬▬
7	Entscheidung zwischen zwei Möglichkeiten	Alter ▬▬
8	Blickwinkel	Persp ▬▬

TIPP
Du kannst nicht
von allen Nomen
Verben bilden.

c Bilde aus den folgenden Nomen Adjektive mit dem Suffix *-iv* und Verben mit dem Suffix *-ier(en)*. Übertrage die Tabelle in dein Heft und ordne die gebildeten Wörter ein. Benutze ein Wörterbuch.

Dekoration – Demonstration – Depression – Explosion – Illustration – Information – Konstruktion – Kooperation – Operation – Produktion – Reaktion – Situation – Spekulation

Nomen	Adjektiv	Verb
Dekoration	dekorativ	...

9 Nomen/Substantive auf *-ik*

a Verbinde die Wortbauteile mit dem Suffix *-ik* und schreibe die Wörter in dein Heft. Kläre die Bedeutung der entstandenen Nomen mithilfe eines Wörterbuchs.

Phys   Krit   Statist   Akust   Takt   Grammat   Kom

Graf   Opt   Mus   Tourist   Hekt   Pan

b Leite von den Nomen entsprechende Adjektive ab und bilde mit diesen Adjektiven jeweils eine Wortgruppe.

Physik: physikalisch – ein physikalisches Experiment, ...

Mit dem Wörterbuch arbeiten

Wörter nachschlagen

1 Es kommt vor, dass man nicht genau weiß, was ein Wort bedeutet oder wie es geschrieben wird.

 a Tauscht euch darüber aus, wo man Antworten auf diese Fragen erhalten kann.

Welcher Artikel ist richtig?
der/die/das Dschungel, der/das Nougat,
der/das Laptop, die/das Mail

Gibt es eine Pluralform?
die Butter – die Butters? die Buttern?

Wie schreibt man das Wort richtig?
Interesse, Interresse oder Intresse?

Was bedeutet dieses Wort?
Tohuwabohu

b Beantworte die Fragen, ohne nachzuschlagen.

c Schlage jetzt in einem Wörterbuch nach und vergleiche die Ergebnisse mit deinen Antworten.

Das Alphabet festigen

2 Damit man Wörter schnell findet, muss man das deutsche Alphabet sicher beherrschen.

a Wiederhole das Alphabet. Sprich es mehrmals halblaut vor dich hin.

b Für Spezialisten: Versuche es nun auch rückwärts.

c Ordne die Buchstaben und Buchstabengruppen nach dem Alphabet.

m – g – b – s – i – z – a – k – y – c – w

fa – or – c – vi – ha – op – z – qu – hi – dar – b – lö – y – daz – scha – vo

In einem Wörterbuch stehen die **Stichwörter** in **alphabetischer Reihenfolge.** Beim Nachschlagen geht man vom ersten Buchstaben des gesuchten Wortes aus und beachtet danach den zweiten, dritten und die folgenden Buchstaben, die ebenfalls alphabetisch geordnet werden, z. B.:

Aal, Abart, Abbau, abbeißen, abbestellen, ...

Seitenleitwörter helfen bei der Orientierung. Sie geben das erste und letzte Wort einer Seite oder Doppelseite an.

3

a Suche diejenigen Wörter aus jeder Reihe heraus, die alphabetisch falsch eingeordnet wurden, und ordne die Reihen neu.

1 Ananas – Mandarine – Banane – Birne – Erdbeere – Orange – Pflaume
2 Cent – Creme – Chance – Chemie – Chor – Chronik – Cockpit – Computer
3 schwarz – schwer – Schwester – schweigen – schwören – Schwung

b Ordne die Wörter jeder Zeile alphabetisch und schreibe sie auf.

1 Mammut – Giraffe – Saurier – Aal – Reh – Wildschwein – Hase – Bär
2 Ball – Buch – Brunnen – Beruf – Banane – Boden – Brille – Birke – Baum
3 Sportartikel – Sportplatz – Sportschau – Sportdress – Sportlerin

c Schreibe die Seitenleitwörter der folgenden Seiten aus dem Rechtschreibwörterbuch heraus.

S. 179 – S. 204 – S. 246 – S. 382 – S. 508 – S. 783 – S. 864 – S. 1036

Wörter nachschlagen

4

a Zu den einzelnen Stichwörtern enthält ein Wörterbuch sehr viele Informationen. Sieh dir das folgende Beispiel an.

Betonung   Silbentrennung   Aussprache in Lautschrift   Herkunft

Ral|lye [... li, *auch* 'rɛli], die; -, -s ‹engl.-franz.› (Autorennen [in einer od. mehreren Etappen] mit Sonderprüfungen)

Geschlecht   Genitiv   Plural   Wortbedeutung

b Nenne die Informationen, die du bei folgenden Stichwörtern erhältst.

> **Me|dail|lon** [… dal'jõ:], das; -s, -s (Bildkapsel; Rundbild[chen];
> *Kunstwiss.* rundes od. ovales Relief; kleine, runde Fleisch-
> schnitte)

> **down|loa|den** ['daʊnloʊdn̩] ‹engl.› (*EDV* Daten von einem
> Computer, aus dem Internet herunterladen); ich downloade,
> ich habe downgeloadet

> **in|dis|kret** [*auch* …'kre:t] ‹franz.› (nicht verschwiegen;
> taktlos; zudringlich)

! Die meisten Wörterbücher oder Lexika (Singular: Lexikon) enthalten eine Vielzahl von Informationen. Sie geben nicht nur Auskunft über die Bedeutung und Schreibung des **Stichworts,** sondern informieren auch über die Silbentrennung, die Aussprache, die Betonung, die Herkunft sowie bei Nomen/Substantiven auch über das Geschlecht (den Artikel), den Genitiv Singular und den Nominativ Plural.

TIPP
Die Angaben in den Wörterbüchern können sich unterscheiden.

5 Lies den folgenden Text und schreibe auf, was du aus dem Wörterbuch über die markierten Wörter erfährst.

Die Hauptstadt der Schweiz

Was für ein Malheur: Die Schweiz hat keine Hauptstadt. Das liegt an der Geschichte der Eidgenossen[1] und ihrer Demokratie. Man scheute sich, einen Kanton explizit herauszuheben. Seit 1803 wechselte der Regierungssitz in einem ein- bis zweijährlichen Rhythmus. Ab 1848 wurde dieses Prinzip der Rotation abgeschafft. Es kam zu turbulenten und leidenschaftlichen Diskussionen um die künftige Hauptstadt. Große Chancen hatte Zürich. Aber schließlich setzte sich Bern als ständiger Sitz der Regierung durch. Bern fungiert also de facto als Hauptstadt, obwohl die Schweiz eigentlich keine Hauptstadt hat.

[1] so werden die Schweizer auch bezeichnet

Malheur
Silbentrennung: Mal-heur
Aussprache: …

6 Bei starken Verben gibt es in den Wörterbüchern weitere
Hinweise.

a In welcher Reihenfolge stehen die Verbformen?
Schreibe die folgenden Verbformen in dein Heft und bestimme sie.

> **fah|ren**
> – du fährst; er fährt
> – du fuhrst; du führest
> – gefahren; fahr[e]!

fahren: Infinitiv
du fährst: 2. Person Singular Präsens
er fährt: ...

b Untersuche nun genauso die Angaben im Wörterbuch
zu den folgenden Verben.

gehen – laufen – fließen – schreien – fliegen – wachsen

 **7** Vervollständige die Lückenwörter, schreibe sie in dein Heft
und überprüfe ihre Schreibung mit dem Wörterbuch.

Annon■e – Ba■ance – Barri■re – Bibliot■ek – Cha■c■ – Mil■■arde –
C■ao■ – Dif■erenz – Kom■is■ion – Ko■itee – Mane■e – inte■es■ant –
Marionet■e – Meda■l■e – Roula■e – Inter■ity – hof■en■lich –
allmä■lich – vi■■leicht

8 Paul schreibt aus dem Sportlager an seine Eltern einen Brief,
der nicht ganz fehlerfrei ist. Lies diesen kurzen Ausschnitt und
berichtige die unterstrichenen Fehlerwörter mithilfe eines
Wörterbuchs. Schreibe alle Informationen zu den Wörtern
heraus.

Achtung, Fehler!

... Wir spielen hier viel Fußball. Deshalb gehe
ich regelmäßig zum Träning. Alle spielen sehr
fähr, spetsiell die Älteren. Nur Manuel wurde
akresiv, obwohl ich ihn nur ganz leicht gefault
hatte.

Regeln nachschlagen

 Die meisten Rechtschreib-Wörterbücher enthalten neben dem Wörterverzeichnis auch eine Übersicht über die gültigen **Rechtschreibregelungen.** Die Regeln in diesem Teil sind meist mit K (Kennziffer) oder R (Regel) und einer Nummer gekennzeichnet und befinden sich am Anfang des Wörterbuchs.

1

a   Lies die folgenden Informationen zur Schreibung von *ss* und *ß*.

K 159
1. Für den stimmlosen s-Laut nach langem Vokal oder Doppellaut (Diphthong) schreibt man ß.
2. Dies gilt jedoch nur, wenn der s-Laut in allen Beugungsformen stimmlos bleibt und wenn im Wortstamm kein weiterer Konsonant folgt. ⟨§ 23 u. 25⟩.
3. Für den stimmlosen s-Laut nach kurzem Vokal schreibt man ss. Das gilt auch im Auslaut der Wortstämme ⟨§ 2⟩.
4. Wörter auf „-nis" und bestimmte Fremdwörter werden nur mit einem s geschrieben, obwohl ihr Plural mit Doppel-s gebildet wird ⟨§ 4 u. 5⟩.

1. Blöße, Maße, Maß, grüßen, grüßte, Gruß außer, reißen, es reißt, Fleiß, Preußen
   Ausnahmen: aus, heraus usw.
2. Haus (*stimmhaftes s in* Häuser)
   ▪ Gras (*stimmhaftes s in* Gräser)
   ▪ sauste (*stimmhaftes s in* sausen)
   ▪ meistens (*folgender Konsonant im Wortstamm*)
3. Masse, Kongress, wässrig, Erstklässler, dass (Konjunktion)
   ▪ hassen, ihr hasst
   ▪ Fluss, Flüsse
   ▪ essen, du isst, iss!
   ▪ Missetat, missachten
   Ausnahmen: das (Pronomen, Artikel), was, des, wes, bis
4. Zeugnis (*trotz:* Zeugnisse)
   ▪ Geheimnis (*trotz:* Geheimnisse)
   ▪ Bus (*trotz:* Busse)
   ▪ Atlas (*trotz:* Atlasse)

 In Personennamen oder geografischen Namen kann die Schreibung des stimmlosen s-Lauts von den amtlichen Regeln abweichen.

▪ Theodor Heuss (erster deutscher Bundespräsident)
▪ Neuss (Stadt am Niederrhein)

b   Setze in die Lückenwörter *ss* oder *ß* ein. Schreibe die Wörter in dein Heft, ordne sie nach der Schreibung des *s*-Lauts.

Fü■e – Kü■e – rei■en – geri■en – wu■te – au■erdem – blo■ – So■e – wi■begierig – Spa■ – Spä■e – spa■ig – gie■en – go■ – gego■en – hei■en – hei■t – hie■ – sto■en – stie■ – gesto■en – verge■en – vergi■t – verga■ – e■en – i■ – gege■en – a■

2 Um Auskünfte über bestimmte Rechtschreibregeln zu erhalten, kannst du auch dein Sprach- und Lesebuch als Nachschlagewerk nutzen.

a Wiederhole, wie man bei der Suche im Sprach- und Lesebuch vorgehen sollte.

b Suche in deinem Sprach- und Lesebuch nach Informationen zur Schreibung von Tageszeiten.

3

 a Gestalte ein Lernplakat mit allen Regeln zur Schreibung von Tageszeiten und entsprechenden Beispielen. Nutze dazu auch den Regelteil in deinem Wörterbuch.

 b Wende die Regel zur Schreibung von Tageszeiten an und schreibe die folgenden Formen richtig auf.

TIPP
Du findest diesen Abschnitt im Duden unter K 69.

MORGEN NACHMITTAG   HEUTE ABEND   VORGESTERN NACHT

ÜBERMORGEN VORMITTAG   HEUTE FRÜH   MORGEN MITTAG

HEUTE NACHT   GESTERN FRÜH   VORGESTERN VORMITTAG

4

a Tauscht euch darüber aus, welche anderen Nachschlagewerke man nutzen kann,
- um sich über richtige Schreibungen zu informieren,
- um Wortbedeutungen nachzuschlagen,
- um bedeutungsgleiche oder bedeutungsähnliche Wörter zu finden,
- um Auskünfte über seltene Redewendungen einzuholen.

b Schaut euch verschiedene Nachschlagewerke genauer an und besprecht deren Vor- und Nachteile.

Fehlergefährdete Wörter einprägen

So kannst du fehlergefährdete Wörter üben
1. das Wort richtig aufschreiben und die Fehlerstellen markieren
2. das Wort laut lesen und in Silben sprechen (Robotersprache)
3. verwandte Wörter suchen
4. Wortgruppen bilden
5. Merkhilfen (z. B. Eselsbrücken) suchen

Merkhilfen einprägen

1 Präge dir die Merkhilfen für die folgenden Wörter gut ein.

a *stets*
Dieses Wort kann man nicht nur vorwärts und rückwärts lesen,
sondern auch vorwärts und rückwärts schreiben.

b *vielleicht*
Das ist das einzige Wort im Deutschen, in dem nach einem *ie* ein
Doppelkonsonant folgt, weil es zusammengesetzt ist: *viel-leicht*.

2 Übe besonders schwierige Wörter. Bearbeite dazu folgende Aufgaben.

a *Kommission – Komitee*
Merkhilfe: In *Kommission* die Konsonanten in der Wortmitte doppelt,
in *Komitee* einfach.

1 Schlage in einem Wörterbuch die Bedeutung beider Wörter nach.
2 Bilde mindestens drei Zusammensetzungen mit jedem Wort.

Prüfungskommission, ...

b *gar nicht*
Merkhilfe: *Gar nicht* wird gar nicht zusammengeschrieben.

1 Setze *gar nicht, gar nichts* oder *gar keine* ein.
Der Bus kommt wegen der Eisglätte heute ▬▬▬. Ich weiß deshalb
▬▬▬, wie ich nach Hause kommen soll. Das macht ▬▬▬, denn du
kannst bei meiner Oma übernachten. Du brauchst daher ▬▬▬ Angst
zu haben.

TIPP
Diese Merkhilfe
trifft auch für
gar nichts und
gar kein zu.

1 Ordne die folgenden Wörter nach dem Alphabet.

Deutschunterricht – Deutschlehrerin – Deutschland – Deutschstunde – deutschsprachig – Deutschkurs

TIPP
Verwende eine geeignete Probe.

2 *end-* oder *ent-*? Bilde Wörter und verwende sie in kurzen Sätzen.

das ▪spiel – die ▪scheidung – ▪gültig – ▪los – die ▪schuldigung – der ▪schluss – das ▪ergebnis – ▪senden – der ▪lauf – ▪lich – ▪laufen

TIPP
Verwende eine geeignete Probe.

3 Berichtige die folgenden Sätze schriftlich. Achte auf die unterschiedliche Bedeutung der fest und unfest zusammengesetzten Verben und unterstreiche den betonten Wortteil.

Achtung, Fehler!

1 Wir setzten den Brief aus London ins Deutsche über.
2 Die Gruppe übersetzte am Morgen mit der Fähre ans andere Ufer.
3 Der Beste hat das Ziel schon nach zwei Stunden durchgelaufen.
4 Das Kaffeewasser ist schon längst durchlaufen.
5 Wegen des starken Regens unterstellten sie sich bei uns.
6 Die Polizei stellt ihnen Diebstahl unter.
7 Der Trainer schrieb das peinliche Tor um als kleines Missgeschick.
8 Nun habe ich den Hausaufsatz schon das dritte Mal umschrieben.
9 Nach der Pause übergingen wir zur Tagesordnung.
10 Über meine Meinung gingen sie einfach.

4 Nur eine Behauptung ist jeweils richtig. Schreibe die richtige Behauptung in dein Heft und ergänze jeweils ein Beispiel.

1 Die Stammschreibung hilft beim Rechtschreiben, weil
  a) Wortstämme fast immer gleich geschrieben werden.
  b) die Stämme alle so schön kurz sind.

2 Ein Konsonant wird verdoppelt
  a) nach kurzem Vokal.
  b) nach langem Vokal.

3 Wenn es ein stammverwandtes Wort mit *au* gibt, schreibt man
  a) manchmal auch *eu*.
  b) immer *äu*.

4 Geografische Eigennamen auf *-er* werden

a) sehr selten großgeschrieben.

b) immer großgeschrieben.

5 Nach Wörtern wie *gestern, heute, morgen* schreibt man Zeitangaben, wie *Abend, Mittag, Nachmittag,*

a) immer groß.

b) immer klein.

6 Bei fest zusammengesetzten Verben liegt die Betonung

a) auf dem Grundwort.

b) auf dem Bestimmungswort.

7 Man macht bei Infinitivgruppen nichts falsch, wenn man

a) auf das Komma verzichtet.

b) immer ein Komma setzt.

5 Lies den Text und schreibe die unterstrichenen Wortgruppen in der richtigen Groß- oder Kleinschreibung heraus. Begründe deine Schreibentscheidung.

Die d/Deutsche Band Tokio Hotel erhielt schon viele i/Internationale Auszeichnungen, so zum Beispiel mehrmals die g/Goldene Kamera und die g/Goldene Stimmgabel, aber auch den b/Bayrischen Musiklöwen für die Kategorie »Exportschlager Deutsch-

5 lands«. Sie konnte sich innerhalb kurzer Zeit in den meisten Ländern Europas, aber auch in Israel, Kanada und den v/Vereinigten s/Staaten von Amerika eine Fan-Basis aufbauen. Trotz ihres n/Nationalen und i/Internationalen Ruhms essen die jungen Musiker um die Zwillinge Bill und Tom Kaulitz nicht

10 mit g/Goldenen Messern und Gabeln von g/Goldenen Tellern. Sie sind, auch wenn es nicht nur in der n/Nationalen Presse

15 einige negative Meldungen gab, die netten Jungen von nebenan geblieben.

Merkwissen

Ableitung	Form der **Wortbildung**: Ableitungen entstehen durch: • das Anfügen von **Präfixen** (Vorsilben) und **Suffixen** (Nachsilben) an einen Wortstamm, z.B.: *beachten, achtsam, Achtung, Verachtung*, • **Änderung des Stammvokals**, z.B.: *fliegen – Flug, wählen – Wahl*.

Adjektiv
(Eigenschaftswort)
	Wortart, die **Eigenschaften** und **Merkmale** bezeichnet.
	Adjektive sind:
	• **deklinierbar**, d.h., sie verändern ihre Form in Fall (Kasus), Zahl (Numerus) und Geschlecht (Genus), z.B.: *ein schönes Buch, mit schönen Bildern.*
	• meist **komparierbar** (steigerbar). Man unterscheidet:
	  – Positiv (Grundstufe), z.B.: *klein,*
	  – Komparativ (Mehrstufe), z.B.: *kleiner,*
	  – Superlativ (Meiststufe), z.B.: *am kleinsten.*

Adverb (Umstandswort)	**Wortart**, die angibt, **wann**, **wo**, **wie**, **warum** etwas geschieht. Man unterscheidet **Adverbien** • **der Zeit** (Fragen: *Wann? Wie oft?*), z.B.: *morgens, heute,* • **des Ortes** (Fragen: *Wo? Wohin?*), z.B.: *oben, dort,* • **der Art und Weise** (Frage: *Wie?*), z.B.: *seltsamerweise,* • **des Grundes** (Frage: *Warum?*), z.B.: *darum, deswegen.* Adverbien sind in der Regel **unveränderbar**. Oft ersetzen sie Wortgruppen oder Sätze, z.B.: *Auf dem Weg nach unten gingen wir vorsichtig. Abwärts gingen wir vorsichtig.*
Adverbial- **bestimmung** (Umstands- bestimmung)	**Satzglied**, das Prädikate näher bestimmt. Man unterscheidet u.a.: • **Temporalbestimmung** (Adverbialbestimmung der Zeit, Fragen: *Wann? Wie lange? Bis wann? Seit wann?*), z.B.: *Morgen wird von morgens bis mittags gelernt, ab 12 Uhr gibt es Mittagessen.* • **Lokalbestimmung** (Adverbialbestimmung des Ortes, Fragen: *Wo? Woher? Wohin?*), z.B.: *Wir kommen aus Plauen, verbringen die Ferien in Binz und gehen jeden Tag zum Strand.* • **Modalbestimmung** (Adverbialbestimmung der Art und Weise, Fragen: *Wie? Auf welche Art und Weise?*), z.B.: *Sie arbeiteten schnell. Mit viel Vergnügen planschten sie im Wasser.* • **Kausalbestimmung** (Adverbialbestimmung des Grundes, Fragen: *Warum? Weshalb? Weswegen? Aus welchem Grund?*), z.B.: *Wegen des Wetters bleiben wir hier. Wir kamen zu spät, weil wir verschlafen hatten.*
Anekdote	(*griech.* anékdota – das nicht Herausgegebene) Eine ursprünglich mündlich überlieferte Geschichte, in der typische Eigenheiten einer bekannten Persönlichkeit, einer gesellschaftlichen Gruppe oder das Charakteristische eines bestimmten Ereignisses wiedergegeben werden. Anekdoten sind meist kurz und witzig und enden oft mit einer Pointe.

Anredepronomen	Die **persönlichen Anredepronomen** *du/dein, ihr/euer* können in Briefen und E-Mails **klein- oder großgeschrieben** werden. Die **höflichen Anredepronomen** *Sie* und *Ihr* und alle ihre Formen muss man **immer großschreiben**.
Argumentieren	Diskussionsstrategie, bei der Aussagen bzw. Behauptungen formuliert und durch **Argumente** (Begründung + Beispiel) gestützt werden, z. B.: *Ich brauche ein neues Fahrrad, weil das alte inzwischen zu klein ist. Wenn ich damit fahre, ist das sehr unbequem.*
Artikel	**Wortart**: **Begleiter** von Nomen/Substantiven, die Fall (Kasus), Zahl (Numerus) und Geschlecht (Genus) verdeutlichen. Artikel sind **deklinierbar**, d. h., sie verändern ihre Form in Fall (Kasus), Zahl (Numerus) und Geschlecht (Genus), z. B.: *das Haus, des Hauses, die Häuser, eine Straße, (in) einer Straße.* Man unterscheidet: ▪ **unbestimmte Artikel** (*ein, eine, einer*), ▪ **bestimmte Artikel** (*der, die, das*), z. B.: *Sie hat ein neues Fahrrad. Das alte Rad war zu klein.*
Artikelprobe	Probe zur Ermittlung der Groß- bzw. Kleinschreibung: Steht bei dem Wort ein Artikel oder lässt es sich mit einem Artikel verwenden? Ja → Nomen/Substantiv → Großschreibung Nein → kein Nomen/Substantiv → Kleinschreibung
Attribut (Beifügung)	**Satzgliedteil**, das Nomen/Substantive näher bestimmt (Fragen: *Welche(-r, -s)? Was für ein(e)?*). Attribute können nicht allein umgestellt werden. Sie bleiben immer bei dem Substantiv, zu dem sie gehören, und sind ein Teil dieses Satzgliedes, z. B.: *Wir sahen	im Zimmer seines Bruders	einen lustigen Film.*
Aufzählung	Wörter, Wortgruppen oder Teilsätze können aufgezählt werden. Zwischen den Gliedern einer Aufzählung **muss** man ein **Komma** setzen, wenn diese nicht durch eine **aufzählende Konjunktion** (*und, oder, sowie* oder *sowohl … als auch …*) verbunden sind, z. B.: *Wir sahen dichte Wälder, grüne Wiesen und hohe Berge.* Steht zwischen den Gliedern einer Aufzählung eine **entgegenstellende Konjunktion** (*aber, doch, jedoch* oder *nicht nur …, sondern (auch) …*), **muss** auch vor der Konjunktion ein **Komma** gesetzt werden, z. B.: *Sie kamen, sahen, aber blieben nicht. Wir sahen nicht nur Wälder, Wiesen und Berge, sondern auch seltene Pflanzen.*
Autor, Autorin	(*lat.* auctor – Urheber, Verfasser) Verfasser von literarischen (erzählenden, lyrischen, dramatischen) Texten, aber auch von Drehbüchern, Fernsehspielen oder Sachtexten (Fachbuch-, Lehrbuch-, Sachbuchautor).
Ballade	**Textsorte**: mehrstrophiges, meist gereimtes Gedicht, das die Merkmale von Geschichten, Gedichten und Dramen in sich vereint (Erzählgedicht): ▪ ist wie ein Gedicht aufgebaut (Strophen, Reime),

	• eine spannende Geschichte wird erzählt, • meist gibt es einen dramatischen Höhepunkt, • oft wird wörtliche Rede verwendet.
Bänkellieder	(auch Bänkelsang) erzählen eine meist dramatische Geschichte, wurden von umherziehenden Jahrmarktsängern vorgetragen, die auf einer Holzbank standen, oft von einer Drehorgel oder Violine begleitet. Außerdem wurde das Geschehen mithilfe einer Bildtafel verdeutlicht.
Berichten	Leser oder Hörer werden möglichst **knapp**, **sachlich** und **in der richtigen Reihenfolge** über einen Sachverhalt oder ein Ereignis informiert. Meist werden dazu die wichtigsten *W*-Fragen beantwortet: *Was? Wann? Wo? Warum? Wer? Welche Folgen ergaben/ergeben sich?* Die Auswahl der Informationen und die Gestaltung des Berichts hängen vom Anlass, vom Zweck und vom Empfänger ab. **Schriftliche Berichte** über vergangene Ereignisse werden meist im Präteritum verfasst. In **mündlichen Berichten** kann man das Präteritum oder das Perfekt verwenden. Berichte, in denen es unwichtig ist, wer handelt, werden in **unpersönlicher Ausdrucksweise** verfasst.
Beschreiben	Leser oder Hörer werden über Gegenstände, Lebewesen, Erscheinungen, Vorgänge, Handlungen u. Ä. so informiert, dass man sie wiedererkennen, nachvollziehen bzw. sich gut vorstellen kann. Welche Merkmale für die Beschreibung wichtig sind, hängt vom Anlass, vom Zweck und vom Empfänger ab. • Beschreiben von **Gegenständen**: **allgemeine Merkmale** (z. B. Größe, Form, Farbe, Material) und **besondere Merkmale** (z. B. Besonderheiten der Größe, Form, Farbe, des Materials) • Beschreiben von **Personen**: **Gesamterscheinung** (Geschlecht, Alter, Größe, Figur), **Einzelheiten** (z. B. Gesichtsform, Augen, Nase, Mund) und **besondere Merkmale** (z. B. Narben, Leberflecke) • Beschreiben von **Tieren**: **Aussehen**, **Verhalten**, **Lebensweise**, **Lebensraum**, **Ernährung** und **besondere Fähigkeiten** • Beschreiben von **Pflanzen**: **Bestandteile** (z. B. Wurzeln, Stamm, Äste, Nadeln, Blüten, Früchte), **Vorkommen** (z. B. Juli, Mischwälder) und **Besonderheiten** (z. B. Essbarkeit, unter Naturschutz) • Beschreiben von **Vorgängen**: **Materialien** (Materialliste), **Teilhandlungen** (Arbeitsschritte) in der richtigen Reihenfolge • Beschreiben von **Bildern**: *was* ist *wie* dargestellt, **Wirkung** auf den Betrachter • Beschreiben von **Experimenten**: **Ziel** bzw. Untersuchungsaufgabe, **Geräte und Materialien**, **Teilhandlungen**, **Ergebnisse**
Brainstorming (engl. *brain* – Gehirn, *storm* – Sturm)	**Methode zur Ideenfindung:** Schnell und ohne nachzudenken werden mit einem Bild, einem Begriff, einer Frage oder einem Problem verbundene Gedanken, Gefühle oder Erlebnisse geäußert und notiert.

Buchvorstellung	**Präsentation**, in der man Zuhörer mit einem Buch bekanntmacht, um sie dafür zu interessieren und zum Lesen anzuregen. Eine Buchvorstellung kann so aufgebaut sein: ▪ Autorin/Autor und Titel des Buches, ▪ handelnde Personen, ▪ kurze Zusammenfassung der Handlung, ▪ Vortrag einer besonders witzigen oder spannenden Stelle, ▪ Zusammenfassung, warum das Buch besonders gefallen hat.
Cluster, Clustering (engl. *cluster* – Haufen, Schwarm, Anhäufung)	**Methode zum Sammeln von Ideen**: Sammlung von Begriffen, die mit einem Thema in Zusammenhang stehen. Man schreibt einen zentralen Begriff in die Mitte und ordnet ringsherum weitere Begriffe an. Dann verdeutlicht man die Beziehungen zwischen den Begriffen durch Verbindungslinien, sodass ein Netz (**Ideennetz**) entsteht.
Datumsangabe	Wenn eine Datumsangabe nach einem Wochentag steht, so setzt man vor dem Datum ein **Komma**. Man kann auch nach der Datumsangabe ein Komma setzen, z. B.: *Die Kinder trafen sich am Donnerstag, dem 3. Juli(,) in der Schule.* Die nachgestellte Datumsangabe steht in der Regel im gleichen Fall wie der Wochentag, auf den sie sich bezieht.
Dehnungs-*h*	Als Dehnungs-*h* (silbenschließendes *h*) bezeichnet man das ***h* am Ende einer Silbe**. Das Dehnungs-*h* steht nur vor *l, m, n* und *r*, z. B.: *Höh-le, Müh-le, neh-men, seh-nen, fah-ren.* Beginnt ein Wort mit *kl, kr, qu, sp, t* und *sch*, steht *nie* ein Dehnungs-*h*, z. B.: *klar, Krone, Qual, Spur, Tal, Schal.*
Deklination	**Beugung** (Formveränderung) von Nomen/Substantiven, Artikeln, Adjektiven und Pronomen, d. h., diese Wortarten verändern sich in **Fall** (Kasus), **Zahl** (Numerus) und **Geschlecht** (Genus), z. B.: ▪ Nominativ: *das neue Haus, die neuen Häuser* ▪ Genitiv: *des neuen Hauses, der neuen Häuser* ▪ Dativ: *dem neuen Haus, den neuen Häusern* ▪ Akkusativ: *das neue Haus, die neuen Häuser*
Dialog	(*griech.* dialogos – Wechselrede, Zwiegespräch) Unterredung zwischen zwei oder mehreren Personen im Unterschied zum Monolog (Selbstgespräch). Szenische Texte bestehen fast ausschließlich aus Dialogen.
direkte (wörtliche) **Rede**	Wörtliche Wiedergabe von Gesagtem oder Gedachtem, am Anfang und Ende durch **Anführungszeichen** gekennzeichnet. Auch Ausrufe- und Fragezeichen, die zur direkten Rede gehören, stehen innerhalb der Anführungszeichen. Oft steht vor, zwischen oder nach der direkten Rede ein **Begleitsatz**, der durch Doppelpunkt oder Komma(s) abgegrenzt wird, z. B.: *Nils flüstert mir zu:* »*Bestimmt ist alles bald wieder in Ordnung.*« »*Das hoffe ich*«, *ruft Randi,* »*schließlich müssen wir heim!*« »*Dann lasst uns doch einfach gehen*«, *denke ich.*

Diskutieren, Diskussion	Austausch über strittige Fragen und Probleme. Größere Diskussionen sollten gründlich **vorbereitet** werden (Welches Problem ist zu besprechen? Welche Fragen sind zu klären? Welche Meinung habe ich? Wie kann ich diese sachlich begründen?). Ein **Diskussionsleiter** sollte die Diskussion eröffnen, die Reihenfolge der Redner festlegen, auf die Einhaltung der Diskussionsregeln achten und die Ergebnisse zusammenfassen. Die **Diskussionsteilnehmer** sollten sich mit den Meinungen anderer auseinandersetzen. Dazu muss man auf sie eingehen, d.h.: ▪ **zustimmen** (z.B.: *Ja, das stimmt. Dieser Meinung bin ich auch.*), ▪ **ablehnen** (z.B.: *Meinst du das wirklich? Das ist keine gute Idee!*) ▪ oder einen **Kompromiss vorschlagen** (man weicht von seiner Meinung etwas ab und einigt sich, z.B.: *Ich schlage vor, wir verbinden beides und fahren mit Fahrrädern an den See. Ich bin einverstanden, wenn …*).
Eigennamen	Wörter und Wortgruppen, die z.B. Personen, Orte, Veranstaltungen, Organisationen und Institutionen als einmalig bezeichnen. Eigennamen werden **immer großgeschrieben**, z.B.: *Emilia, Dirk Neumann, Bahnhofstraße, Potsdam, Sachsen-Anhalt, Europa, Deutsche Meisterschaften im Schwimmen, Deutsches Rotes Kreuz, Freie Universität.* Wenn Adjektive, Partizipien oder Numeralien (Zahlwörter) Teil eines Eigennamens sind, werden auch diese großgeschrieben, z.B.: *die Olympischen Spiele, die Vereinigten Staaten, Friedrich der Zweite.* Von geografischen Eigennamen abgeleitete **Adjektive auf -isch** werden kleingeschrieben, wenn sie nicht Teil eines Eigennamens sind, z.B.: *eine sächsische Großstadt.* Als Teil eines Eigennamens werden sie dagegen großgeschrieben, z.B.: *die Sächsische Schweiz.* Von geografischen Eigennamen abgeleitete **Adjektive auf -er** werden **immer großgeschrieben**, z.B.: *Thüringer Bratwurst.*
Erbwort	Älteste Wörter unserer Sprache, die vor ungefähr 5000 Jahren entstanden und uns noch heute Auskunft über die Lebensweise der germanischen Stämme geben, z.B.: *Rind, Hund, Beil, weben.*
Ersatzprobe	Probe zur Ermittlung von Fällen und Satzgliedern, z. B.: *Die Suppe schmeckt den Kindern. – Die Suppe schmeckt dem Jungen/ihm.* (Dativ) *Sie aßen an einem schönen großen runden Tisch. – Sie aßen dort.* (Satzglied) Probe zur Unterscheidung von *das* und *dass*: ▪ Kann man *da∎* durch *dieses* ersetzen? → **Artikel** → *das* ▪ Kann man *da∎* durch *welches* ersetzen? → **Relativpronomen** → *das* ▪ Ergibt der Satz bei der Probe keinen Sinn? → **Konjunktion** → *dass*
Erweiterungsprobe	Probe zur Ermittlung der Groß- bzw. Kleinschreibung. Man erweitert eine **nominale Wortgruppe** (Nomen/Substantiv + Begleiter) durch Attribute, z.B.: *das Laufen, das schnelle Laufen, das anstrengende schnelle Laufen.* Das Wort, das ganz rechts steht, ist das Nomen/Substantiv bzw. eine Nominalisierung/Substantivierung und wird großgeschrieben.

Erzählen	Anschauliches und unterhaltsames Darstellen von Erlebnissen, Ereignissen oder Erfundenem (Fantasiegeschichten). Dazu lassen sich verschiedene **Gestaltungsmittel** nutzen, z. B.: die Figuren und deren Gedanken und Gefühle lebendig beschreiben, wörtliche Rede einbauen, anschauliche Vergleiche, treffende Verben und Adjektive verwenden. Geschichten lassen sich **aus verschiedenen Perspektiven** (aus der Sicht verschiedener Personen) erzählen: ■ **Ich-Erzähler** (ist am Geschehen beteiligt, erzählt aus seiner Sicht, gibt seine Gedanken und Gefühle wieder), z. B.: *Heute ging ich besonders früh zu Bett, denn ich wollte …* ■ **Sie-Erzählerin / Er-Erzähler** (ist nicht selbst beteiligt, beobachtet von außen), z. B.: *Heute ging Fanny besonders früh zu Bett, denn sie wollte …* Um **Ideen** für eine Geschichte zu **sammeln**, kann man z. B.: einen **Erzählplan** machen, einen **Erzählkern** ausgestalten, ein **Brainstorming** durchführen, eine **Reizwortkette** oder **Bilder** als Anregungen nutzen.
Erzähler, Ich-Erzähler	Eine vom Autor geschaffene Figur, die die Geschichte erzählt, d. h., Autor und Erzähler sind immer zu unterscheiden. Eine Autorin kann z. B. einen männlichen Erzähler die Geschichte vortragen lassen. Schildert eine Figur die Ereignisse in der Ich-Form, dann handelt es sich um einen Ich-Erzähler.
Erzählkern	Enthält Ort, Zeit, Personen und wichtige Handlungsschritte, zu denen man sich eine Geschichte ausdenkt.
Erzähl-perspektive	Die Perspektive (Sicht), aus der ein Geschehen erzählt wird. Eine Erzählung kann aus der Sicht einer beteiligten Person erzählt sein, d. h. in der Ich-Form, oder der Erzähler befindet sich außerhalb des erzählten Geschehens, d. h., es wird in der Sie- oder Er-Form erzählt.
Erzählplan	Vorbereitung einer **Erzählung** mithilfe von Fragen, z. B.: ■ **Worüber** soll erzählt werden? ■ Welche **Handlungsschritte** sind wichtig? ■ An welchen **Orten** und zu welcher **Zeit** geschieht etwas? ■ Welche **Personen** spielen eine Rolle? ■ Welche **Dialoge** sollen eingebaut werden? ■ Welche **Einleitung** macht den Leser neugierig? ■ Welcher **Schluss** rundet die Geschichte ab?
Fabel	**Textsorte**: Kurzer erzählender oder gereimter Text. Zu den **Merkmalen** einer Fabel gehören: ■ Tiere denken, handeln und sprechen wie Menschen, ■ Tieren sind bestimmte menschliche Eigenschaften zugeordnet, ■ Fabeln enthalten eine Lehre (zentrale Aussage).
Fastnachtsspiel	Theaterform, die im Mittelalter entstand und am Anfang vorrangig um Fastnacht herum aufgeführt wurde. Dabei zogen junge Burschen verkleidet von einem Haus zum anderen, um ihre Bekannten mit derben Scherzen zu belustigen.

	Dies führte allmählich zu wirklichen Vorstellungen, die mit einem Dialog, später sogar mit szenischen Anordnungen verbunden wurden und weltliche und komische Elemente in sich aufnahmen. Es gab keine Bühne, keine Regieanweisungen, keine aufwändigen Requisiten. Die Spieler waren meist Handwerksgesellen. Der wohl bekannteste und berühmteste Vertreter dieser Theaterform ist Hans Sachs.
Fehlerkartei	Mithilfe einer Fehlerkartei kann man **fehlerhaft geschriebene Wörter üben**. Dazu geht man so vor: • Fehlerwort in die Mitte einer Karteikarte schreiben, • Fehlerstelle farbig kennzeichnen, • verwandte Wörter auf die Karte schreiben, Fehlerstelle markieren, • Wörter einprägen und aus dem Gedächtnis aufschreiben. Wenn ein Übungswort mehrmals fehlerfrei geschrieben wurde, kann die Karte aus der Kartei entfernt werden.
fester Vergleich	Anschauliche, oft bildhafte Wortgruppen mit dem Vergleichswort *wie*, z. B.: *arm wie eine Kirchenmaus.*
Figur	(*lat.* figura – Gestalt, Wuchs) Jede Person, die in einem literarischen Text vorkommt.
flektieren (die Flexion), **flektierbar**	Ein Wort beugen, seine Form verändern (die Beugung, Formveränderung), z. B.: *(des) Flusses, (in den) Flüssen; (ich) gehe, (du) gehst, (wir) gingen.* Flexion ist der **Oberbegriff** zu Deklination und Konjugation.
Frageprobe	Probe zur Ermittlung von Fällen, Satzgliedern und Satzgliedteilen, z. B.: *dem Jungen helfen* – Wem helfen? (Dativ) *die Katze fangen* – Wen/Was fangen? (Akkusativ) *Sie essen den leckeren Kuchen nachmittags im Garten.* • Wer/Was isst …? (Subjekt) • Wen/Was essen sie …? (Objekt) • Wann essen sie …? (Temporalbestimmung) • Wo essen sie …? (Lokalbestimmung) • Welchen/Was für einen Kuchen …? (Attribut)
Fremdwort	Wort, das aus einer anderen Sprache übernommen wurde, sich aber in Aussprache, Schreibung und Betonung **nicht oder nur zum Teil dem Deutschen angepasst** hat, z. B.: *Sweatshirt, Ragout.* Typische Wortbauteile (Suffixe) sollte man sich einprägen, z. B.: *reparieren, Energie, Musik, positiv, Aktion, Aktivität.*
Gedicht	**Textsorte**, in der Gedanken und Gefühle eines **lyrischen Sprechers** (**lyrisches Ich**) mithilfe besonderer Gestaltungsmittel (z. B. sprachliche Bilder, Vergleiche) ausgedrückt werden. Gedichte sind oft in **Strophen** unterteilt, die aus **Versen** (Gedichtzeilen) bestehen. Gedichte haben einen bestimmten **Rhythmus** und können sich nach einem bestimmten Schema **reimen**.

Genus (Geschlecht)	Grammatisches Geschlecht: **männlich**, **weiblich** oder **sächlich**. Das grammatische Geschlecht erkennt man am **Artikel** (*der/einer, die/eine, das/ein*), z. B.: *der Regen, das Wetter, eine warme Jacke.*
germanische Sprachen	Die deutsche Sprache gehört zur Gruppe der germanischen Sprachen in der indoeuropäischen Sprachfamilie, wie auch das Englische, Friesische, Niederländische, Dänische, Isländische und Norwegische. Innerhalb der Gruppe der germanischen Sprachen können Wörter sich ähneln, z. B. *Mutter* – engl. *mother* – dän. *mor; drei* – engl. *three* – dän. *tre.*
Gesprächsregeln beachten	In Gesprächen sollte man einige **Regeln** beachten: ■ sachlich und freundlich bleiben, andere zu Wort kommen lassen, ■ aktiv zuhören und auf andere eingehen, ■ Meinungen begründen, ggf. einen Kompromiss suchen.
Gestik	Bezeichnet Körperbewegungen, um Aussagen zu unterstützen oder um sich ohne Worte zu verständigen (v. a. des Kopfes und der Hände).
Gruppenarbeit	Bei Gruppenarbeit sollte man einige **Regeln** beachten: ■ geeignete Arbeitsplätze einrichten, ■ Aufgaben planen und verteilen, Gruppensprecher/-leiter festlegen, ■ Zeit einteilen, Zeitplanung beachten, ■ alle einbeziehen und sich aktiv beteiligen, ■ Arbeitsergebnisse festhalten.
Haiku	(*jap.* lustiger Vers) Ist die kürzeste Gedichtform, die ursprünglich aus Japan stammt. Das Haiku besteht aus 17 Silben, die auf drei Verse zu 5, 7, 5 Silben verteilt sind. Themen sind vor allem Beobachtungen aus der Natur.
Handlung	Der Erzähler lässt seine Figuren in unterschiedlichen Situationen handeln. Dabei unterscheidet man die äußere Handlung, die das sichtbare Geschehen, die Außenwelt, zeigt. Hier handeln und sprechen die Figuren direkt. Die innere Handlung dagegen umfasst die Gedanken und Gefühle der Figuren, also deren Innenwelt.
Hauptsatz	**Teilsatz eines zusammengesetzten Satzes.** In Hauptsätzen steht die finite (gebeugte) Verbform an zweiter Stelle, z. B.: *Tim und Tom lächelten glücklich, als sie uns sahen.*
Hörspiel	Ein für den Hörfunk produziertes oder bearbeitetes Stück, das allein mit akustischen Mitteln (Wort, Ton, Geräusche) arbeitet.
Hypertexte schreiben	Ein Hypertext ist ein Text, der nicht »der Reihe nach« (linear) gelesen wird, er ist ein durch Hyperlinks (Stichworte zum Anklicken) verknüpfter Text. So kann man Hypertexte verfassen. ■ Anfang/Teil des Textes in eine Word-Datei schreiben, ■ Stichwort für die Weiterführung der Geschichte markieren, ■ in der Menüleiste auf »Einfügen« und dann auf »Hyperlink« klicken, ■ einen Dateinamen eingeben, mit OK bestätigen, ■ die Fortsetzung der Geschichte schreiben und eventuell gestalten.

Infinitivgruppe	Wortgruppe, die einen Infinitiv mit *zu* enthält (**erweiterten Infinitiv mit *zu***). Sie muss **meis**t durch **Komma** abgegrenzt werden, z B.: *Sibylle versprach**, ** bei den Hausaufgaben zu helfen*. Ist ein Infinitiv nicht erweitert, kann man ein Komma setzen, um die Gliederung des Satzes zu verdeutlichen, z B.: *Sibylle versprach(,) zu helfen*.
Informationen suchen	Um nach bestimmten Informationen zu suchen, kann man: ■ im **alphabetischen**, **systematischen** oder **Onlinekatalog** einer **Bibliothek** nach Büchern und anderen Medien suchen, ■ im **Inhaltsverzeichnis** von **Zeitschriften** nach Beiträgen suchen, ■ in einem **Lexikon** (alphabetisches Nachschlagewerk) nachschlagen, ■ im **Inhaltsverzeichnis**, **Klappentext** und **Register** von **Sachbüchern** nach geeigneten Inhalten suchen, ■ **Suchmaschinen** und **Web-Kataloge** (nach Themen geordnete Sammlungen von Internetadressen) im **Internet** nutzen. Die **Beurteilung der Suchergebnisse** sollte nach folgenden Punkten erfolgen: ■ **Autor** (Autor/Autorengruppe angegeben oder anonyme Seite?) ■ **Herkunft** (Kontaktdaten/Impressum vorhanden? Von einer offiziellen Organisation oder privat? Ein Diskussionsforum?) ■ **Aktualität** (Entstehungszeit? Letzte Aktualisierung?) ■ **Inhalt** (Überprüfbarkeit der Fakten? Quellen genannt?) Entnimmt man Büchern oder Internetseiten Informationen und Textstellen, muss man die **Quellenangabe** exakt notieren.
Inhaltsangabe	Eine Inhaltsangabe soll den Leser knapp, sachlich und genau über den Inhalt eines Textes informieren. Dabei darf man nichts weglassen, aber auch nichts hinzufügen. Mithilfe der W-Fragen kann man prüfen, ob die Inhaltsangabe alle wichtigen Angaben enthält. Die Inhaltsangabe wird in den Zeitformen Präsens und Perfekt geschrieben. Sie besteht aus den drei Teilen Einleitung, Hauptteil und Schluss.
Kasus (Fall)	Fall in der Grammatik. Es gibt **vier Fälle**: ■ **Nominativ** (Fragen: *Wer? Was?*), z. B.: *Die Lehrerin liest vor. Langsam fließt das Wasser ab.* ■ **Genitiv** (Frage: *Wessen?*), z. B.: *Er fragt den Bruder seines Freundes.* ■ **Dativ** (Fragen: *Wem? Wo?*), z. B.: *Er hilft seiner Mutter. Wir helfen ihm.* ■ **Akkusativ** (Fragen: *Wen? Was? Wohin?*), z. B.: *Ihren kleinen Hund finden alle lustig. Wir spielen ein neues Spiel.*
Kommasetzung	Ein **Komma muss** gesetzt werden: ■ bei der **Aufzählung** von Wörtern, Wortgruppen und Teilsätzen, wenn diese nicht durch eine aufzählende Konjunktion (*und, oder, sowie* oder *sowohl ... als auch ...*) verbunden sind, z. B.: *Wir sahen dichte Wälder, grüne Wiesen und hohe Berge. Wir sahen dichte Wälder, grüne Wiesen**, ** jedoch keine Berge.*

- in einer Satzreihe (Satzverbindung) **zwischen den Hauptsätzen**, wenn sie nicht durch eine aufzählende Konjunktion (*und, oder, sowie* oder *sowohl ... als auch ...*) verbunden sind, z.B.: *Wir wollten etwas unternehmen, aber wir konnten uns nicht einigen. Tom ging ins Kino, ich blieb zu Hause. Tom und ich gingen an den See (,) und die anderen spielten am PC.*
- in einem Satzgefüge **zwischen Haupt- und Nebensatz**, z.B.: *Wir packten gleich aus, als wir angekommen waren. Nachdem wir ausgepackt hatten, liefen wir zum See.*
- bei einer Wortgruppe, die einen **erweiterten Infinitiv mit *zu*** enthält, z.B.: *Sibylle versprach, bei den Hausaufgaben zu helfen.*
- wenn eine **Datumsangabe** nach einem Wochentag steht, z.B.: *Die Kinder trafen sich am Donnerstag, dem 3. Juli(,) in der Schule.*

Konflikt	(*lat.* conflictus – Zusammenstoß) Problem der Hauptfigur, das sie im Verlauf der Handlung lösen muss. Das kann ein Streit sein oder eine schwierige Entscheidung.
Konjugation	**Beugung** (Formveränderung) von Verben nach **Person**, **Zahl** (Numerus), **Zeit** (Tempus) und **Handlungsform** (Aktiv, Passiv), z.B.: *(ich) schreibe, (wir) schrieben, (er) wurde geschrieben.*
Konjunktion (Bindewort)	**Wortart**, die Wörter, Wortgruppen und Teilsätze miteinander verbindet. Nach ihrer **Bedeutung** unterscheidet man: - **aufzählende Konjunktionen** (treten bei Aufzählungen auf, z.B.: *und, sowie, sowohl ... als auch, oder, weder ... noch ...*), - **entgegenstellende Konjunktionen** (drücken einen Gegensatz aus, z.B.: *aber, doch, nicht nur ..., sondern auch ...*). Nach der **Funktion** unterscheidet man: - **nebenordnende Konjunktionen** (verbinden gleichrangige Wörter, Wortgruppen und Teilsätze, z.B.: *aber, und, sondern, denn*), - **unterordnende Konjunktionen** (leiten einen Nebensatz ein, z.B.: *als, weil, dass, wenn, falls, ehe, bevor, nachdem, sodass*).
Konsonanten-verdopplung	Konsonanten werden nur **nach kurzem Stammvokal** verdoppelt, z.B.: *der Ball, die Puppe.* Der Konsonant verbindet in diesem Fall zwei Silben wie ein Gelenk (**Silbengelenk**), z.B.: *die Wel le, der Him mel.* Einsilbige Wörter muss man verlängern, z. B: *der Ka■ – die Kämme → der Kamm.* Kann man ein Wort nicht verlängern, erfolgt keine Verdopplung, z.B.: *an, bis, mit, plus, von, zum.* Ausnahmen sind *wann, wenn, dann, denn*, weil sie früher zweisilbig waren (*wanne, wenne, danne, denne*).
Lehnwort	Wort, das aus einer anderen Sprache »entliehen« wurde und sich im Laufe der Zeit in Aussprache, Schreibung und Beugung **der deutschen Sprache angepasst** hat, z.B.: *Fenster (*von lateinisch *fenestra).*

Leserbrief	**Schriftliche Stellungnahme** zu einem Artikel in einer Zeitung oder Zeitschrift. Ein Leserbrief besteht aus: ▪ Einleitung (knapp mitteilen, auf welchen Artikel man sich bezieht), ▪ Hauptteil (mit Bezug auf den Artikel kurz die eigene Meinung formulieren und Begründungen nennen), ▪ Schluss (Standpunkt kurz zusammenfassen).
Literatur	(*lat.* litterātūra – Buchstabenschrift, Schrifttum) Bezeichnung für alle Texte, die aufgezeichnet und veröffentlicht werden. Manchmal wird der Begriff *Literatur* auch in einem engeren Sinn verwendet und meint dann vor allem die künstlerische Literatur.
lyrisches Ich	Bezeichnet den Sprecher des Gedichts, also das sprechende, künstlerisch gestaltete Ich, das nicht mit dem Ich des Autors übereinstimmt.
Märchen	**Textsorte** mit bestimmten **Merkmalen**, wie z.B.: gleicher oder ähnlicher Beginn und Schluss, Gegensatzpaare, magische Zahlen, Fantasiewesen, wiederkehrende Sprüche, Verwandlungen, Zaubereien, das Gute siegt über das Böse. **Volksmärchen** wurden meist mündlich überliefert. Der Autor sowie Zeit und Ort des Entstehens lassen sich nicht mehr eindeutig feststellen. **Kunstmärchen** sind die Schöpfung eines Dichters.
Medien	Mittel zur **Verständigung der Menschen** untereinander, wie z.B. Zeitung, Zeitschrift, Hörfunk, Film und Fernsehen, Computer. Man unterscheidet **Printmedien** (zum Lesen) und **audiovisuelle Medien** (zum Hören und Sehen). Wichtige Printmedien sind **Bücher** und **Zeitungen/ Zeitschriften**. Sie dienen der Information, Wissensgewinnung, Unterhaltung und Entspannung. Vom Manuskript bis zum Erscheinen eines **Buchs** vergeht meist ein langer Zeitraum, in dem viele verschiedene Berufe beteiligt sind (Autoren, Illustratoren, Lektoren, Drucker, Buchbinder). **Zeitungen** erscheinen meist täglich, außer sonntags. Ein großer Teil der Informationen, Grafiken und Fotos kommt von **Nachrichtenagenturen**. **Zeitschriften** erscheinen in größeren Abständen: wöchentlich, alle zwei Wochen, monatlich oder sechs Mal im Jahr.
mehrdeutiges Wort	Wörter, die mehrere Bedeutungen haben, z.B.: *Hahn* (Tier, Wasserhahn), *Flügel* (Teil eines Vogels oder Flugzeugs, Musikinstrument). Welche der Bedeutungen gemeint ist, wird erst aus dem Textzusammenhang klar.
Metapher	(*griech.* metaphora – Übertragung) Ein Wort wird nicht in seiner eigentlichen Bedeutung gebraucht, sondern im bildlichen, übertragenen Sinne. Diese Bedeutungsübertragung entsteht aufgrund eines gemeinsamen Merkmals, z.B. *Stuhlbein* oder *Lebensabend*. Metaphern kommen in unserer Umgangssprache häufig vor, in Gedichten werden sie bewusst zur Veranschaulichung einer Aussage eingesetzt.
Mimik	Bezeichnet den Gesichtsausdruck. Im Alltag und auf der Bühne oder im Film kann man an der Mimik die Gefühle eines Menschen ablesen.

Mindmap (engl. *mind* – Gedanken, Gedächtnis; *map* – Landkarte)	**Methode zur Sammlung und logischen Strukturierung von Informationen** zu einem Thema. Ausgehend von dem zentralen Begriff, der in der Mitte steht, werden weiterführende Informationen ringsherum angeordnet. Linien (z.B. Haupt- und Nebenäste) verdeutlichen Beziehungen, z.B. zwischen Ober- und Unterbegriff oder Teil und Ganzem.
Mitschreiben	Schriftliches Festhalten von Gehörtem. Dabei muss man: ■ genau und konzentriert zuhören, ■ Wesentliches von Unwesentlichem unterscheiden, ■ Aussagen genau zusammenfassen. Um schnell mitschreiben zu können, sollte man **Stichpunkte** formulieren und **Abkürzungen** benutzen, z.B.: *u., ca., usw.*
Mitteilungen verfassen	Es gibt verschiedene Anlässe und Möglichkeiten, Mitteilungen zu verfassen, z.B. als SMS, E-Mail oder Brief. Immer ist zu beachten, an wen und aus welchem Anlass man schreibt. Danach richtet sich die Gestaltung der Mitteilung. **Offizielle Briefe** bzw. **E-Mails** sind Mitteilungen an eine Institution oder ein Unternehmen, z.B. Anträge, Beschwerden und Bewerbungen, in denen bestimmte Regeln beachtet werden sollten: Man formuliert sachlich und knapp, aber höflich, verwendet die **Anredepronomen** *Sie, Ihr(-e)*, achtet auf fehlerfreie Rechtschreibung und Zeichensetzung. Eine **Betreffzeile** enthält kurz den Anlass des Briefs, z.B.: *Bewerbung um einen Praktikumsplatz.* In der **Anrede** schreibt man: *Sehr geehrte Frau Müller, … Sehr geehrter Herr Lehmann, …* oder *Sehr geehrte Damen und Herren, …* Nach dem Komma wird auf einer neuen Zeile klein weitergeschrieben. Die übliche **Grußformel** am Schluss ist: *Mit freundlichen Grüßen / Mit freundlichem Gruß* In Briefen folgt die **persönliche Unterschrift**.
Monolog	(*griech.* monologos – allein sprechend) Selbstgespräch einer Person im Gegensatz zum Zwiegespräch (Dialog). Im Drama, aber auch in erzählender Literatur kann eine handelnde Figur in einem Monolog ihre Gedanken äußern.
Nacherzählen	**Wiedergabe** gelesener oder gehörter Geschichten **mit eigenen Worten**. Zur Vorbereitung kann man die Geschichte in Abschnitte einteilen und Stichpunkte zum Inhalt notieren. Besonders zu achten ist auf die zeitliche Abfolge der Handlung, auf die Orte und auf die Gedanken und Gefühle der handelnden Personen/Figuren.
Nebensatz	**Teilsatz eines zusammengesetzten Satzes**, der allein meist nicht verständlich ist. Er wird durch **Komma** vom **Hauptsatz** getrennt, z.B.: *Wir packten gleich aus, als wir angekommen waren. Nachdem wir ausgepackt hatten, liefen wir zum See.* Die meisten Nebensätze erkennt man an folgenden **Merkmalen**: ■ die **finite** (gebeugte) **Verbform** steht an letzter Stelle, ■ am Anfang steht ein **Einleitewort**. Nebensätze kann man nach ihrem Einleitewort unterscheiden:

	▪ **Konjunktionalsatz**: durch eine unterordnende Konjunktion eingeleitet, z.B.: *weil, dass, sodass, als, da, nachdem, bevor, seit, wenn*, ▪ **Relativsatz**: durch ein Relativpronomen eingeleitet, z. B: *der, die, das, welcher, welche, welches*, ▪ **Fragewortsatz**: durch ein Fragewort eingeleitet, z.B.: *wo, wie, was, warum.*
Nomen/Substantiv	**Wortart**, die Lebewesen, Gegenstände, Gefühle, Vorstellungen, Vorgänge, Orte und Veranstaltungen bezeichnet. Nomen können einen Begleiter (Artikel, Possessivpronomen) und ein Attribut bei sich haben. An den Begleitern erkennt man **Fall** (Kasus), **Zahl** (Numerus) und **Geschlecht** (Genus), z.B.: *die Wiese, unser Garten.* Nomen sind **deklinierbar**, d.h., sie treten in einem bestimmten Fall (Kasus), einer bestimmten Zahl (Numerus) auf und haben ein bestimmtes Geschlecht (Genus), z.B.: *(das) Haus – (die) Häuser – (in den) Häusern.* Nomen werden **großgeschrieben**.
nominale Wortgruppe	**Nomen/Substantiv mit seinen Begleitern und Attributen.** Das Wort am Ende einer nominalen Wortgruppe ist ein Nomen/Substantiv und wird großgeschrieben, z.B.: *das schöne hell leuchtende Blau.*
Nominalisierung/ Substantivierung	Im Deutschen kann jedes Wort **als Nomen gebraucht** – also nominalisiert/ substantiviert – werden. Es wird dann wie Nomen **großgeschrieben** und kann ebenfalls einen Begleiter und ein Attribut bei sich haben, z.B.: *das Blau, euer lautes Rufen.*
Numerale (Zahlwort)	Wörter, die eine Menge oder eine Anzahl angeben. Man unterscheidet: ▪ **bestimmte Numeralien**, z.B.: *eins, zwei, erster*, ▪ **unbestimmte Numeralien**, z.B.: *einige, viele, alle.* Numeralien gehören zu **verschiedenen Wortarten**: ▪ Nomen/Substantiv, z.B.: *eine Million*, ▪ Adjektiv, z.B.: *zwei Schüler, in der sechsten Klasse*, ▪ Adverb, z.B.: *er rief dreimal.*
Numerus (Zahl)	Zahl, in der Nomen/Substantive, Artikel, Adjektive oder Pronomen auftreten können. Es gibt eine Form für den **Singular** (Einzahl) und eine andere Form für den **Plural** (Mehrzahl), z.B.: *(das) Kind – (die) Kinder.*
Objekt	**Satzglied**, das das Prädikat ergänzt. Der Fall des Objekts ist vom Verb oder einer Präposition abhängig. Man unterscheidet: ▪ **Dativobjekt** (Frage: *Wem?*), z.B.: *Sie hilft ihrer Oma.* ▪ **Akkusativobjekt** (Frage: *Wen? Was?*), z.B.: *Er liest ein Buch.* ▪ **Genitivobjekt** (Frage: *Wessen?*), z.B.: *Sie erfreut sich bester Gesundheit.* Genitivobjekte werden selten, meistens in der Schriftsprache gebraucht. ▪ **Präpositionalobjekt** (Objekt, dessen Fall von einer **Präposition** bestimmt wird), z.B.: *Sie wartet auf ihn. Über das Buch freute sie sich.*
Parallelgedicht	Übernimmt das Muster des Vorbilds und füllt es mit neuem Inhalt.
Personifizierung	Naturerscheinungen oder Gegenstände verhalten sich wie Menschen, z.B.: *beißender Frost, das Haus ächzte im Sturm.*

Pointe	(*frz.* Spitze, Schärfe) Unerwartete Wendung, z.B. zum Schluss einer Anekdote, mit dem Ziel, durch ihren Witz die Zuhörer oder Leser zum Lachen zu bringen.
Prädikat	**Satzglied**, das etwas über das Subjekt aussagt (Satzaussage, Frage: *Was wird ausgesagt?*). **Subjekt** und **Prädikat** bilden den **Satzkern**. Wenn das Prädikat nur aus dem finiten (gebeugten) Verb besteht, nennt man es **einteiliges Prädikat**, z.B.: *(er) liest.* Das **mehrteilige Prädikat** besteht aus der finiten (gebeugten) Verbform und anderen, infiniten (ungebeugten) Verbformen (Partizip II, Infinitiv) oder weiteren Wörtern. Das mehrteilige Prädikat kann andere Satzglieder einrahmen. Dann bildet es einen **prädikativen Rahmen**, z.B.: *Er hat ein Buch gelesen. Trotz der Kälte ging sie ohne Mütze los.*
Präfix (Vorsilbe)	Dem Wortstamm vorangestellter **Wortbaustein**, der nicht selbstständig stehen kann. Wichtige Präfixe sind *be-, er-, ent-, ge-, miss-, ver-, zer-*. Durch das Anfügen von Präfixen entstehen oft neue Wörter (**Ableitung**) mit veränderter Bedeutung, z.B.: *fallen → gefallen, verfallen, zerfallen, befallen, entfallen.*
Präposition	**Wortart**, die räumliche, zeitliche oder andere Beziehungen zwischen Wörtern und Wortgruppen ausdrückt, z.B.: *in, aus, bei, mit, nach, vor, hinter, über, zu.* Präpositionen stehen meist **vor dem Nomen/Substantiv** und seinen Begleitern und **fordern einen bestimmten Fall**, z.B.: *mit dem Ball* (Dativ); *für den Freund* (Akkusativ), *wegen des Wetters* (Genitiv), *auf dem Tisch* (Wo? → Dativ), *auf den Tisch* (Wohin? → Akkusativ).
Präsentieren (siehe auch **Buchvorstellung**)	Man informiert Zuhörer über bestimmte Themen, Vorhaben oder Arbeitsergebnisse. Es kommt darauf an, die Aufmerksamkeit und das Interesse der Hörer zu gewinnen. Zur **Vorbereitung** sammelt und ordnet man Informationen und Anschauungsmaterial und fertigt übersichtliche Stichpunkte an (z.B. auf Karteikarten). Beim **Halten des Vortrags** ist auf freies, langsames und deutliches Sprechen sowie auf Blickkontakt zu den Zuhörern zu achten.
Pronomen	**Wortart**, die **Stellvertreter** oder **Begleiter** eines Nomens/Substantivs sein kann. Pronomen sind **deklinierbar**. ▪ **Personalpronomen** stehen stellvertretend für Nomen, z.B.: *ich, du, er, sie, es,* ▪ **Possessivpronomen** zeigen Besitz oder Zugehörigkeit an, z.B.: *mein, dein, sein, ihr,* ▪ **Demonstrativpronomen** weisen auf ein vorher genanntes Nomen hin, z.B.: *dieser, jene,* ▪ **Relativpronomen** leiten Nebensätze ein, die sich auf ein Nomen im Hauptsatz beziehen, z.B.: *der, welche,* ▪ **Interrogativpronomen** erfragen Personen, Sachen, Eigenschaften oder stehen für die Auswahl aus einer Menge, z.B.: *wer, was, welcher,* ▪ **Reflexivpronomen** weisen auf den Handlungsträger (sich selbst) zurück, z.B.: *(ich) mich, (er) sich.*

Protokoll	Besondere **Form des Berichts**, mit dem kurz und genau informiert oder dokumentiert wird. Im **Verlaufsprotokoll** hält man den Ablauf und die Ergebnisse einer Veranstaltung, Diskussion oder eines Experiments fest. Im **Ergebnisprotokoll** werden nur die Ergebnisse bzw. Beschlüsse notiert. Ein **Versuchsprotokoll** ist eine besondere Form des Verlaufsprotokolls. Es sollte folgende Angaben enthalten: ▪ Name, Klasse, Datum, ▪ Aufgabe bzw. Fragestellung, ▪ Materialien und Geräte, ▪ Durchführung des Experiments, ▪ Beobachtungen, ▪ Entsorgung der Materialien, ▪ Auswertung der Beobachtungen.
Quellenangabe	Verwendet man Informationen und Material aus verschiedenen Medien, muss man die Quelle genau angeben. Die **Quellenangabe zu einem Buch** sollte Folgendes enthalten: ▪ Autorin/Autor: *Hasselblatt, Karin und Sonja Wagenbrenner:* ▪ Titel: *Was du schon immer über China wissen wolltest.* ▪ Ort, Verlag, Jahr: *Berlin: Berlin Verlag, 2008,* ▪ Seitenzahl, woher die Information stammt: *S. 54.* **Internetquellen** sollten so angegeben werden: ▪ Autorin/Autor (wenn möglich): *Li Yang:* ▪ Titel und Untertitel des Beitrags: *Sitten und Gebräuche des Frühlingsfests.* ▪ Internetadresse: *Online im Internet: http://www.kultur.chinaweb.de* ▪ Abrufdatum, z. B.: *[15. 11. 2011]*
Redewendung	**Feste sprachliche Wendung** (Wortgruppe), mit der man etwas besonders anschaulich und einprägsam ausdrückt, z. B.: *auf die Nase fallen, sich den Kopf zerbrechen.*
Refrain	(*frz.* Echo) Regelmäßig wiederkehrende Wortgruppe in Liedern oder Gedichten, die meist zwischen den einzelnen Strophen steht.
Regieanweisung	(*frz.* régie – Verwaltung) Hinweise des Bühnenautors zu Bühnenbild, Sprechweisen, Figurenverhalten und Kostümen. Diese Hinweise werden nicht mitgesprochen. Im Text sind sie meist schräg gedruckt oder in Klammern gesetzt.
Reim	Gleichklang von Wörtern *(Hut – gut)*. Die häufigste Reimform ist der Endreim, d. h., Wörter reimen sich am Ende zweier Verse. Endreime sind z. B. der Paar-, der Kreuz- und der umarmende Reim. Beim Paarreim reimen sich zwei Verse unmittelbar aufeinander (Form: aabb). Beim Kreuzreim reimt sich ein Vers jeweils mit dem übernächsten (Form: abab). Und beim umarmenden Reim wird ein Paarreim von einem anderen Reim umschlossen (Form: abba).

Relativsatz	Ein **Nebensatz**, der durch ein **Relativpronomen** (*der, die, das, welcher, welche, welches*) **eingeleitet** wird. Das Relativpronomen bezieht sich auf ein Nomen im vorangehenden Hauptsatz (Bezugswort). Relativsätze werden durch **Komma** vom Hauptsatz abgegrenzt, z. B.: *Die Suppe, die wir morgens gekocht hatten, aßen wir zu Mittag.* *Dazu gab es Brot, welches wir selbst gebacken hatten.*
Sachtexte erschließen	Um Sachtexte zu erschließen, kann man die **5-Gang-Lesetechnik** nutzen: 1. Text überfliegen 2. Fragen an den Text stellen 3. Text gründlich lesen 4. das Wichtigste zusammenfassen 5. Text noch einmal lesen In Sachtexten sind häufig grafische Schaubilder, z. B. **Tabellen** oder **Grafiken**, enthalten. Um sie auszuwerten, beantwortet man folgende Fragen: ■ Welches Thema wird behandelt? ■ Was wird auf den Achsen des Diagramms bzw. in den Spalten und Zeilen der Tabelle angegeben? ■ Welche konkreten Werte sind angegeben? ■ Was ergibt sich bei einem Vergleich der Werte? ■ Welche Schlussfolgerungen kann man aus dem Vergleich ziehen?
Sage	**Textsorte** mit bestimmten **Merkmalen**, wie z. B.: Sagen enthalten einen **wahren historischen Kern** (geschichtliche Begebenheiten, Personen, landschaftliche Eigenheiten, Gebäude und Naturerscheinungen). Sagen wurden über Generationen weitererzählt. Man unterscheidet **Orts-**, **Götter-** und **Heldensagen**.

Satzart	Man unterscheidet drei Satzarten:
	■ **Aussagesatz**: Man stellt etwas fest, informiert über etwas.
	  Merkmale: finite (gebeugte) Verbform in der Regel an zweiter Stelle, Satzschlusszeichen: Punkt, z. B.: *Am Montag kommt eine neue Lehrerin.*
	■ **Fragesatz**: Man fragt, erkundigt sich nach etwas.
	  Merkmale: oft durch ein Fragewort eingeleitet (z. B.: *wer, was, wie, wann, wo, warum*) oder finite (gebeugte) Verbform an erster Stelle, Satzschlusszeichen: Fragezeichen, z. B.: *Wann beginnen wir? Kommst du mit?*
	■ **Aufforderungssatz**: Man fordert jemanden zum Handeln auf oder drückt Bitten, Wünsche, Hoffnungen aus.
	  Merkmale: finite (gebeugte) Verbform an erster Stelle, Satzschlusszeichen: Ausrufezeichen oder Punkt, z. B.: *Holt bitte frisches Wasser! Sei einfach etwas freundlicher.*

Satzgefüge	siehe zusammengesetzter Satz

Satzglied	**Subjekt**, **Prädikat**, **Objekt** und **Adverbialbestimmung** sind Satzglieder. (Das Attribut ist ein Satzgliedteil.) Satzglieder kann man mithilfe der **Umstellprobe** ermitteln. Durch das Umstellen von Satzgliedern lassen sich auch verschiedene Aussageabsichten verwirklichen, z. B.: *Die Kinder / warten / am Morgen / auf den Bus. Am Morgen / warten / … Auf den Bus / warten …*
Satzreihe/ Satzverbindung	siehe zusammengesetzter Satz
Satzverknüpfung/ Textgestaltung	Um Texte inhaltlich und sprachlich flüssig und verständlich zu gestalten, verwendet man **sprachliche Verknüpfungsmittel**, wie: ■ **Wiederaufnahme** aus vorherigen Sätzen oder Textteilen durch: **Wiederholung** (z B.: *Ria fuhr zum See. Ria wollte baden.*), **Pronomen** (z. B.: *Ria fuhr zum See. Sie wollte baden.*), **Adverbien** (z. B. *Sie fuhr zum See. Dort wollte sie baden.*), **bedeutungsähnliche Wörter** (Synonyme, z. B.: *Ria fuhr zum See. Das Mädchen wollte baden.*), **Teil-Ganzes Beziehungen** (z. B. *Die Landschaft war herrlich. Der See war klar und kühl.*) ■ Auch die **Stellung der Satzglieder** (besonders die **Vorfeldbesetzung**, an erster Stelle vor der finiten Verbform) beeinflusst die Satzverknüpfung. Etwas kann wieder aufgegriffen oder hervorgehoben werden, z. B.: *Lisa fährt mit dem Fahrrad zur Schule. Dieses ist ganz neu.*
Schreibkonferenz	In einer Schreibkonferenz werden **Texte gemeinsam** (in Gruppen) **überarbeitet**. Dazu kann man so vorgehen: 1. Arbeitsschritte festlegen (Karteikarten), Reihenfolge besprechen 2. Texte mehrfach laut vorlesen, gut zuhören, Notizen machen 3. Notizen vergleichen, Hinweise und Vorschläge für die Schreiber formulieren 4. den eigenen Text überarbeiten
Schreibwerkstatt	In einer Schreibwerkstatt steht der Spaß am gemeinsamen Schreiben im Mittelpunkt. Wie in einer Werkstatt wird **gemeinsam an Texten gearbeitet**. Die einzelnen Arbeitsschritte sind das Werkzeug und die Sprache ist das Material.
schriftliche Stellungnahme	siehe Leserbrief
Schwank	(*mhd.* swanc – Streich, Hieb) Seit dem 15. Jh. Bezeichnung für eine kleine Erzählung in Versen oder auch in Prosa mit scherzhaftem oder moralischem Inhalt. Oft handeln Schwänke von lustigen Begebenheiten, kleinen Pannen im Alltag oder auch der Überlistung eines dummen Menschen durch einen klugen, wie bei Till Eulenspiegel oder Hodscha Nasreddin.
silbenöffnendes *h*	Als silbenöffnendes *h* bezeichnet man das ***h* am Anfang der zweiten Silbe**, z. B.: *Schu-he, ge-hen.* Das silbenöffnende *h* hilft beim Lesen, indem es zwei Vokale voneinander trennt.
Sketch	(*engl.* Skizze) Kurze, witzige Szene mit überraschender Wendung.

sprachliche Mittel	Sprachliche Mittel dienen der anschaulichen, einprägsamen und/oder zweckmäßigen **Satz- und Textgestaltung**, wie z.B. in der Werbung: ■ Übertreibung, z.B.: *So wurden Sie noch nie erfrischt.* ■ Aufzählung, z.B.: *Quadratisch. Praktisch. Gut.* ■ Alliteration (gleicher Anfangsbuchstabe), z.B.: *Milch macht müde Männer munter.* ■ Reime, z.B.: *Mars macht mobil, bei Arbeit, Sport und Spiel.* ■ Wortspiel, z.B.: *Bemannte Räumfahrt.* ■ Gegensatz, z.B.: *Sind sie zu stark, bist du zu schwach.* ■ Ausruf, z.B.: *Wie gut, dass es Nivea gibt!* ■ Wortneuschöpfungen, z.B.: *Los Wochos!* ■ ungewöhnlicher Satzbau, z.B.: *Jetzt zuschlagen!* ■ Abweichungen von der Grammatik, z.B.: *Hier werden Sie geholfen!*
Sprichwort	Ein Sprichwort gibt Erfahrungen, Beobachtungen und Einsichten der Menschen in Form eines Satzes besonders anschaulich und einprägsam wieder, z.B.: *Wer andern eine Grube gräbt, fällt selbst hinein.*
Stegreifspiel	Kurzes unvorbereitetes Rollenspiel zu einem Thema.
Strophe	(*griech.* strophe – Wendung, Dehnung) Abschnitt eines Gedichts, der sich aus mehreren Versen zusammensetzt.
Subjekt	**Satzglied**, über das im Satz etwas ausgesagt wird (Satzgegenstand). Es steht in der Regel im **Nominativ** und kann mithilfe der Fragen *Wer?* oder *Was?* ermittelt werden, z.B.: *Am Abend trafen die Großeltern und mein Bruder ein. Der Schnee begann langsam zu tauen.* **Subjekt** und **Prädikat** bilden den **Satzkern**.
Suffix (Nachsilbe)	An den Wortstamm angehängter **Wortbaustein**, der in der Regel nicht selbstständig stehen kann. Durch das Anfügen von Suffixen entstehen Wortformen und neue Wörter (**Ableitungen**), z.B.: *lernen, lernte, Lerner; Kindheit, kindlich, kindisch.* Typische Suffixe für Nomen/Substantive sind *-heit, -keit, -ung, -nis*, z.B.: *Dunkelheit, Hindernis.* Typische Suffixe für Adjektive sind *-ig, -lich, -isch*, z.B.: *windig, heimlich, himmlisch.*
Synonyme	Wörter mit **sinngleicher oder -ähnlicher Bedeutung**, z.B.: *sprechen – reden – sagen – rufen.* Sie bilden ein **Wortfeld**.
Szene	(*griech.* skene – Zelt, Bühne) Sinneinheit innerhalb einer Handlung. Sie ist die kleinste Einheit eines Theaterstücks, oft werden mehrere Szenen zu einem Akt zusammengefasst. Im Film besteht eine Szene aus einer oder mehreren Einstellungen.
szenischer Text	Wird in Dialogen geschrieben, es gibt keinen Erzähler. Ziel ist es, den Text als Handlung zu spielen. Oft gibt es Regieanweisungen mit Hinweisen zur Handlung oder zum Sprechen.

Texte verfassen	Beim Verfassen von Texten sind verschiedene **Arbeitsphasen** und **Arbeitsschritte** nötig. So kann man vorgehen: ■ **Schreibaufgabe bedenken** (Für wen, warum, was/worüber soll geschrieben werden?), ■ **Text planen und gestalten** (Ideen/Informationen sammeln, ordnen und gliedern; Textteile formulieren, z. B. Einleitung, Schluss), ■ **Textentwurf schreiben,** ■ **Textentwurf überarbeiten** (Inhalt, Wortwahl, Satzbau, Rechtschreibung, Zeichensetzung; evtl. Schreibkonferenz), ■ **Endfassung schreiben** (evtl. gestalten).
Umstellprobe	Probe zur Ermittlung der **Satzglieder** eines Satzes: Alle Wörter, die nur zusammenhängend umgestellt werden können, bilden ein Satzglied. Im Aussagesatz kann jedes Satzglied, außer Prädikat, die erste Stelle (vor der finiten Verbform) einnehmen. Die finite (gebeugte) Verbform nimmt immer die zweite Stelle ein. Vor der finiten Verbform kann immer nur *ein* Satzglied stehen, z. B.: *Max und Moritz	spielten	den Erwachsenen häufig	böse Streiche.* *Den Erwachsenen	spielten	....* *Häufig	spielten	....*
unpersönliche Ausdrucksweise	Wenn es **unwichtig** ist, **wer handelt**, wird die unpersönliche Ausdrucksweise verwendet (z. B. in Berichten oder Beschreibungen). Es gibt zwei Formen der unpersönlichen Ausdrucksweise: ■ Verbform im Passiv, z. B.: *Das Wasser wird dazugegeben.* ■ *man*-Form, z. B.: *Man gibt das Wasser dazu.*
Verb	**Wortart**, die **Tätigkeiten** (was jemand tut), **Vorgänge** (was geschieht) und **Zustände** (was ist) bezeichnet. Es gibt infinite (ungebeugte) und finite (gebeugte) Verbformen. Die **infiniten Verbformen** sind ■ der **Infinitiv** (Grund-/Nennform), z. B.: *spielen, rennen,* ■ das **Partizip I,** z. B.: *spielend, rennend,* ■ das **Partizip II,** z. B.: *gespielt, gerannt.* Die **finiten Verbformen** (Personalformen) entstehen durch **Konjugation** (Beugung). Die finite Verbform stimmt in Person und Zahl immer mit dem Subjekt des Satzes überein, z. B.: *Ich springe zuerst. Du springst zuletzt.* Verben bilden **Zeitformen** (Tempusformen), die angeben, wann etwas stattfindet, ob etwas schon abgeschlossen ist, noch andauert oder in der Zukunft stattfinden wird und ob eine Aussage sicher ist oder nur vermutet wird. **Präsens** und **Präteritum** sind **einfache Zeitformen**, sie bestehen aus nur einer Verbform, z. B.: *Ich lese gern. Er las gestern ein Buch.* **Perfekt, Plusquamperfekt** und **Futur** sind **zusammengesetzte Zeitformen**, sie bestehen aus mindestens zwei Verbformen, z. B.: *Wir haben viel gelesen. Er hatte viele Bücher mitgebracht. Bald werden wir neue Bücher bestellen müssen.*

	Um alle Formen eines Verbs richtig bilden und schreiben zu können, kann man sich an den drei **Leitformen** (Stammformen) orientieren: **Infinitiv – Präteritum** (1./3. Person Singular) **– Partizip II,** z. B.: *lesen – las – gelesen.* An den Leitformen erkennt man starke und schwache Verben. Bei **starken Verben** ändert sich der Stammvokal, die 1./2. Person Präteritum ist endungslos und das Partizip II endet auf *-en,* z. B.: *schwimmen – schwamm – geschwommen.* Bei **schwachen Verben** ändert sich der Stammvokal nicht, die 1./2. Person Präteritum endet auf *-te* und das Partizip II endet auf *-t,* z. B.: *lachen – lachte – gelacht.* Von den meisten Verben kann man eine **Aktivform** (Betonung des Handelnden) und eine **Passivform** (Unwichtigkeit des Handelnden) bilden. Passivformen bildet man mit dem Hilfsverb *werden* + Partizip II eines anderen Verbs, z. B.: *(ich) werde getragen, (du) wirst begleitet.*
Vergleich	Verbindet Wörter oder Wortgruppen mit »wie« oder »als (ob)«, um etwas miteinander zu vergleichen und dadurch deutlicher zu machen. Wird in der Alltagssprache verwendet oder als sprachliches Mittel im Gedicht (z. B. *Die Luft ist wie aus grauem Tuch.*).
Verlängerungs- probe	Probe zur Ermittlung der Schreibung eines einsilbigen Wortes. Man verlängert das einsilbige Wort, indem man z. B. folgende Formen bildet: ■ die Pluralform (z. B.: *Flu■ – Flüsse, Sta■ – Stäbe*), ■ ein Verb (z. B.: *Ba■ – baden*), ■ ein Adjektiv (z. B.: *Gol■ – golden, goldig*).
Vers	(*lat.* versus – Wendung, Linie) Bezeichnet die einzelne Gedichtzeile. Mehrere Verse ergeben eine Strophe.
Verwandtschafts- probe	Probe zur Ermittlung der Schreibung eines Wortes. Man sucht ein stamm- verwandtes Wort aus der Wortfamilie, z. B.: *mahlen – Mehl – Mühle; Biss – bissig.*
Weglassprobe	Probe, um zu ermitteln, ob ein Attribut weggelassen werden kann, ohne dass der Sinn des Satzes verlorengeht, z. B.: *Ich legte den (verhassten) (grünen) Wisch auf den Schrank (in der Küche) und spürte, wie mein (brodelnd) (heißes) Blut vom Kopf in den Bauch rann.*
Werbung	Werbung beeinflusst Menschen gezielt und bewusst. Sie ist nach der **AIDA-Formel** aufgebaut, denn sie soll: ■ **Aufmerksamkeit** erregen, **A** ttention ■ **Interesse** wachrufen, **I** nterest ■ den **Wunsch** nach dem Produkt wecken, **D** esire ■ das **Handeln**, d. h. den Kauf, auslösen. **A** ction Werbung muss in **einfacher**, aber **einprägsamer Sprache** verfasst sein. Dazu nutzt sie gern spezielle **sprachliche Mittel**.
Witz	Eine kurze Geschichte mit einem überraschenden und lustigen Ende (Pointe).

Wortart	Wörter lassen sich verschiedenen Wortarten zuordnen. Es gibt ■ **veränderbare Wortarten**: Nomen/Substantiv (deklinierbar), Verb (konjugierbar), Adjektiv (deklinierbar, komparierbar), Artikel (deklinierbar), Pronomen (deklinierbar), ■ **nicht veränderbare Wortarten**: Präposition, Adverb, Konjunktion. ■ Numerale (Zahlwörter) können zu verschiedenen Wortarten gehören.
Wörterbuch	Wörterbücher oder Lexika (Singular: Lexikon) enthalten meist eine Vielzahl von Informationen und sind so aufgebaut: Die **Stichwörter** stehen in **alphabetischer Reihenfolge**. **Seitenleitwörter** (das erste und letzte Wort einer Seite) helfen bei der Orientierung. Rechtschreib-Wörterbücher enthalten neben dem **Wörterverzeichnis** oft einen Anhang mit den gültigen **Rechtschreibregelungen**, meist mit K (Kennziffer) oder R (Regel) und einer Nummer gekennzeichnet.
Wortfamilie	Wörter, die einen **gemeinsamen Wortstamm** haben, bilden eine Wortfamilie. Wortfamilien entstehen durch **Ableitung** und **Zusammensetzung**, z. B.: *lehren – Lehrer – Lehrbuch – Lehrling – gelehrig …*
Wortfeld	Bedeutungsgleiche oder -ähnliche Wörter (**Synonyme**) bilden ein Wortfeld. Wörter eines Wortfeldes lassen sich in **Oberbegriffe** (mit allgemeiner Bedeutung) und **Unterbegriffe** (mit spezieller Bedeutung) einteilen, z. B.: *Pflanze: Baum – Birke, Buche, Fichte, …*
Wortschatzerweiterung	Unser Wortschatz erweitert sich ständig, z. B. durch ■ **Wortbildung** mithilfe von **Zusammensetzung** und **Ableitung**, z. B.: *Hörbuch, wässrig,* ■ **Übernahme** von Wörtern aus anderen Sprachen, z. B.: *Pizza, scannen,* ■ **Nominalisierung** von Wörtern (Verben und Adjektive), z. B.: *filmen → das / beim Filmen, neu → der Neue.*
Worttrennung	Die wichtigsten **Regeln** der Worttrennung am Zeilenende sind: ■ Mehrsilbige Wörter trennt man nach Sprechsilben, z. B.: *be-ra-ten.* ■ Einzelne Vokale am Wortanfang oder -ende trennt man nicht ab. ■ Die Buchstabenverbindungen *ch, ck, sch, ph, th* trennt man nicht, z. B.: *la-chen, Zu-cker.* ■ Zusammengesetzte Wörter und Ableitungen mit Präfixen (Vorsilben) trennt man zwischen den einzelnen Wortbausteinen, z. B.: *ver-laufen, Fern-seh-turm.*

Zeitangaben	Die Angabe von **Tageszeiten** schreibt man
	■ **groß**: 1. nach Artikeln und Präpositionen, wie *zum, am,*
	        2. nach Adverbien, wie *gestern, heute, morgen,* z. B.:
	        der Abend, zum Mittag, vorgestern Abend,
	■ **klein**: wenn ein *-s* folgt, z. B.:
	        abends, dienstags (ohne Artikel!).
	Zusammensetzungen aus Wochentag und Tageszeit schreibt man groß, z. B.:
	(der) Montagabend. Aber wenn ein *-s* folgt, schreibt man klein, z. B.:
	dienstagabends, auch: *dienstags abends.*

Zerlegeprobe	Probe zur Ermittlung der Schreibung eines Wortes. Man zerlegt Wörter in **Sprechsilben**, um zu erkennen, ob es mit zwei gleichen oder zwei verschiedenen Konsonanten geschrieben wird, z.B.: *es-sen, lis-tig.* Man kann Wörter auch in ihre **Bauteile** zerlegen, um Sicherheit über deren Schreibung zu bekommen, z.B.: *Ver-kauf, du nasch-st.*
zusammen-gesetzter Satz	Satz, der aus zwei oder mehreren inhaltlich eng miteinander verbundenen **Teilsätzen** besteht. Die Teilsätze werden in der Regel durch **Komma** voneinander getrennt. Jeder Teilsatz enthält mindestens ein **Subjekt** und ein **Prädikat** (finite Verbform). Man unterscheidet: <ul><li>**Satzgefüge** (Haupt- und Nebensatz), z.B.: *Alle waren begeistert, als die Clowns auftraten.*</li><li>**Satzreihe/Satzverbindung** (mindestens zwei Hauptsätze), z.B.: *Clown Tilo stand auf dem Kopf (,) und Clown Marek spielte Trompete.*</li><li>**mehrfach zusammengesetzte Sätze** (drei oder mehrere Haupt- und Nebensätze), z.B.: *Clown Tilo, der auf dem Kopf stand, konnte sich nicht wehren, als Clown Marek ihn umstieß.*</li></ul>
Zusammensetzung	Form der **Wortbildung**: Zusammensetzungen bestehen aus **Grund-** und **Bestimmungswort**. Manchmal ist ein **Fugenelement** eingefügt. Das Grundwort bestimmt die Wortart und das Geschlecht der Zusammensetzung, z.B.: *wunder|schön, die Mittag|s|zeit.* Bei zusammengesetzten Verben gibt es <ul><li>**fest zusammengesetzte Verben**, z.B.: *unterrichten – (er) unterrichtet,*</li><li>**unfest zusammengesetzte Verben**, z.B.: *teilnehmen – (er) nimmt teil.*</li></ul> Man kann sie durch die **Betonung** unterscheiden: <ul><li>Betonung auf dem Grundwort → fest zusammengesetzt,</li><li>Betonung auf dem Bestimmungswort → unfest zusammengesetzt.</li></ul> Einige Verben bilden in Verbindung mit ***durch, hinter, über, unter*** und ***um*** sowohl **feste** als auch **unfeste Zusammensetzungen** mit unterschiedlichen **Bedeutungen**, wie z.B.: *Franz wollte während der Fahrradrallye mit Geschick alle aufgestellten Kegel umfahren und nicht einen einzigen umfahren.*

Lösungen zu den Tests

Texte erschließen (S. 124–125)

1

b Der Text beschäftigt sich mit dem Thema der Energiegewinnung und dem Verbrauch von Energie.

c Stromerzeugung und Stromverbrauch
Wie weiter mit der Energie?
Ein Umdenken ist erforderlich

2

a **1. Abschnitt:** Einschränkungen im Alltag durch Stromausfall
2. Abschnitt: Nachfrage, woher der Strom kommt
3. Abschnitt: früher erfolgte Stromerzeugung ausschließlich in Kohlekraftwerken
4. Abschnitt: Notwendigkeit, mit abbaubaren Rohstoffen, wie Kohle oder Öl, sparsam umzugehen
5. Abschnitt: Bedeutung der erneuerbaren Energien
6. Abschnitt: Notwendigkeit, nach neuen Möglichkeiten der Energiegewinnung zu suchen

b **Schlussfolgerungen:**
Mit Rohstoffen, wie Öl, Kohle, Uran und Plutonium, die in der Natur gefunden und abgebaut werden, muss sparsam umgegangen werden, damit sie auch von späteren Generationen genutzt werden können.
Da erneuerbare Energien unbegrenzt zur Verfügung stehen, muss Energie verstärkt aus diesen Quellen erzeugt werden. Darüber hinaus sollte weiterhin nach neuen Möglichkeiten der Energiegewinnung gesucht werden.

3

a Das Diagramm gibt Auskunft über die Stromerzeugung in Deutschland.

b 1 Den höchsten Anteil an der Energieerzeugung in Deutschland hat die Braunkohle.
2 Erneuerbare Energien decken 15 % der Stromerzeugung in Deutschland.
oder:
Durch erneuerbare Energien wird mehr Strom erzeugt als durch Erdgas.

c Reihenfolge absteigend: Braunkohle, Kernenergie, Steinkohle, erneuerbare Energien, Erdgas, Sonstige

d Text und Diagramm stehen in einem engen Zusammenhang. Das Diagramm unterstützt Aussagen des Textes durch konkrete Daten. Im Text wird die Gesamtmenge der Stromerzeugung genannt, nämlich 600 Milliarden kWh. Das Diagramm vermittelt die prozentualen Anteile der Energieträger. Um die realen Anteile der Energieträger bestimmen zu können, müssen die Angaben des Diagramms auf die im Text genannte Gesamtmenge der Stromerzeugung in Deutschland bezogen werden.

e Gesamtmenge der Stromerzeugung in Deutschland: 600 Milliarden kWh. Anteil der erneuerbaren Energien: 15 % (rechnerische Lösung: 90 Milliarden kWh).

Über Sprache nachdenken (S. 212–213)

2 Konjunktionen, Relativpronomen, Fragewort

1 Wer zu Christine Nöstlinger kommt, muss sich nicht die Schuhe ausziehen, weil sie übertriebene Ordnungsliebe hasst. Vor Spinnen hat sie Angst, und auch Schlangen und Mäuse mag sie nicht.

2 Christine Nöstlinger ist eine österreichische Schriftstellerin, die weit über 100 Bücher und Geschichten veröffentlicht hat. Die meisten wurden für Kinder geschrieben, aber manche hat sie auch für Erwachsene verfasst. Einige ihrer Bücher sind verfilmt worden.

3 Sie wurde 1936 in Wien geboren. Ihr Vater war Uhrmacher, die Mutter Kindergärtnerin. Sie ist mit dem Journalisten Ernst Nöstlinger verheiratet und hat zwei Töchter, die beide schon Bücher von ihr illustriert haben. Christine Nöstlinger lebt abwechselnd in Wien oder auf einem Bauernhof. Sie liebt das Pendeln zwischen Großstadt und Land.

4 Christine Nöstlinger ging zunächst auf die Kunstuniversität, um das Malen richtig zu erlernen. Dort stellte sie jedoch fest, dass sie nicht genug Talent hatte. 1970 zeichnete sie trotzdem ein Bilderbuch, und dazu schrieb sie eine Geschichte. Die nannte sie »Die feuerrote Friederike«. Friederike hat rote Haare, weshalb sie von anderen Kindern nicht nur ausgelacht, sondern sogar gequält wird. In ihren Haaren aber stecken Zauberkräfte. Mit Freunden bricht sie schließlich in ein utopisches Land auf, wo alle Menschen glücklich sind.

5 Christine Nöstlinger hat die feste Überzeugung, dass Kinder beim Lesen gern lachen. Sie will Kinder unterhalten und ihnen gleichzeitig erklären, dass sie mit ihren Schwierigkeiten nicht alleine dastehen.

3 Vor Spinnen hat sie Angst(,) und auch Schlangen und Mäuse mag sie nicht. 1970 zeichnete sie trotzdem ein Bilderbuch(,) und dazu schrieb sie eine Geschichte.

4 Wer zu Christine Nöstlinger kommt, muss sich nicht die Schuhe ausziehen, weil sie übertriebene Ordnungsliebe hasst.

5

a Christine Nöstlinger ging zunächst auf die Kunstuniversität, um das Malen richtig zu erlernen.

b Christine Nöstlinger schreibt, um Kindern Mut zu machen.

6

a Die österreichische Schriftstellerin, die 1936 geboren wurde, ist bekannt für ihre humorvollen und fantasiereichen Erzählungen.

b Die österreichische Schriftstellerin, die 1936 geboren wurde, ist bekannt für ihre humorvollen und fantasiereichen Erzählungen.

7 **abgeschlossene Handlung:**
veröffentlicht hat, wurden geschrieben, hat verfasst, sind verfilmt worden, wurde geboren, war, illustriert haben, ging, stellte fest, hatte, zeichnete, schrieb, nannte
noch andauernde Handlung:
ist, ist verheiratet, hat, lebt, liebt, hat, will unterhalten, und erklären

8

a wurden geschrieben, sind verfilmt worden,
wurde geboren, wird nicht nur ausgelacht,
sondern sogar gequält

b 1 Einige Nöstlinger-Bücher wurden verfilmt.
2 Die feuerrote Friederike wurde
(von Kindern) ausgelacht.

9

veränderbare Wortarten	nicht veränderbare Wortarten
Nomen, z.B.: die Schuhe, die Ordnungsliebe, die Spinnen, die Angst, die Schlangen, die Mäuse, die Schriftstellerin, die Bücher, die Geschichten, die Kinder, die Erwachsenen, der Vater, der Uhrmacher, die Mutter, die Kindergärtnerin, der Journalist, die Töchter, der Bauernhof, die Großstadt, das Land, die Kunstuniversität, das Talent, das Bilderbuch, die Haare, die Zauberkräfte, die Freunde, die Menschen, die Überzeugung, die Schwierigkeiten	**Adverb**, z.B.: weit, abwechselnd, zunächst, dort, jedoch, genug, trotzdem, dazu, weshalb, sogar, schließlich, gern, gleichzeitig, alleine
Verb, z.B.: kommt, muss ausziehen, hasst, hat, mag, ist, veröffentlicht hat, wurden geschrieben, hat verfasst, sind verfilmt worden, wurde geboren, war, ist verheiratet, illustriert haben, lebt, liebt, ging, erlernen, stellte fest, hatte, zeichnete, schrieb, nannte, ausgelacht und gequält wird, stecken, bricht auf, sind, lachen, will unterhalten und erklären, dastehen	**Konjunktion**, z.B.: weil, und, oder, dass, sondern, aber
Adjektiv, z.B.: übertriebene, österreichische, beide, feuerrote, rote, anderen, utopisches, feste	**Präposition**, z.B.: zu, über, für, mit, von, in, auf, zwischen
Pronomen, z.B.: wer, sie, die (Relativpron.), meisten, manche, einige, ihrer, ihr, die (Demonstrativpron.), ihren (Sg.), wo, alle, ihnen, ihren (Pl.)	

Richtig schreiben (S. 246–247)

1 Deutschkurs – Deutschland – Deutschlehrerin – deutschsprachig – Deutschstunde – Deutschunterricht

2 das Endspiel – die Entscheidung – endgültig – endlos – die Entschuldigung – der Entschluss – das Endergebnis – entsenden – der Endlauf – endlich – entlaufen

3 1 Wir übersetzten den Brief aus London ins Deutsche.
2 Die Gruppe setzte am Morgen mit der Fähre ans andere Ufer über.
3 Der Beste hat das Ziel schon nach zwei Stunden durchlaufen.
4 Das Kaffeewasser ist schon längst durchgelaufen.
5 Wegen des starken Regens stellten sie sich bei uns unter.
6 Die Polizei unterstellt ihnen Diebstahl.
7 Der Trainer umschrieb das peinliche Tor als kleines Missgeschick.
8 Nun habe ich den Hausaufsatz schon das dritte Mal umgeschrieben.
9 Nach der Pause gingen wir zur Tagesordnung über.
10 Meine Meinung übergingen sie einfach.

4 1 a   2 a   3 b   4 b   5 a   6 a   7 b

5 die deutsche Band (kein Eigenname), internationale Auszeichnungen (kein Eigenname), die Goldene Kamera (Eigenname), die Goldene Stimmgabel (Eigenname), den Bayrischen Musiklöwen (Eigenname), den Vereinigten Staaten von Amerika (Eigenname), ihres nationalen und internationalen Ruhms (kein Eigenname), mit goldenen Messern (kein Eigenname), von goldenen Tellern (kein Eigenname), in der nationalen Presse (kein Eigenname)

Quellenverzeichnis

Textquellen

6 Heine, Luise: Computersicherheit: Warum Phishing tatsächlich etwas mit Angeln zu tun hat. Aus: http://www.geo.de/GEOlino/technik [29.03.10] **27** Banane statt Burger? Aus: http://www.geo.de/GEOlino/kreativ/57628.html [28.05.2010] **28 ff.** (S. 28–35) Drvenkar, Zoran: Niemand so stark wie wir (Auszug). Reinbek: Rowohlt Taschenbuch Verlag, 1998, S. 15 ff. **36 ff.** Funke, Cornelia: Die Wilden Hühner auf Klassenfahrt (Auszug). Hamburg: Dressler Verlag, 1996, S. 9 ff. **39 ff.** (S. 39–42) Richter, Jutta: Hechtsommer (Auszug). München: Reihe Hanser bei dtv, 2008, S. 13 ff. © München, Wien: Carl Hanser Verlag, 2004. **43 ff.** Schiller, Friedrich: Der Handschuh. Aus: Thalheim, Hans-Günther u. a. (Hg.): Friedrich Schiller. Sämtliche Werke in zehn Bänden. Berliner Ausgabe. Band 1. Berlin, Weimar: Aufbau Verlag, 2005, S. 426. **47 ff.** Fontane, Theodor: Die Brück am Tay. Aus: Fontanes Werke in fünf Bänden. Bd. 1. Berlin, Weimar: Aufbau Verlag, 1975, S. 46 ff. **49** Das Zugunglück auf der Tay-Brücke. Aus: Zürcherische Freitagszeitung vom 2. Januar 1880. **51 f.** Mey, Reinhard: Nanga Parbat. Aus: Reinhard Mey: CD »Nanga Parbat« (Booklet). EMI Music Germany, 2004. **57 f.** Die Ernte. Nach: Scheicher, Uwe: Spaß mit Geschichte: von den Anfängen bis 1500. Berlin: Volk und Wissen Verlag, 1990, S. 3. **65 ff.** Goethe, Johann Wolfgang von: Der Zauberlehrling. Aus: J. W. v. G.: Werke. Hamburger Ausgabe in 14 Bänden, Band I. München: Deutscher Taschenbuch Verlag, 1996, S. 276. **68 f.** Droste-Hülshoff, Annette von: Der Knabe im Moor. Aus: Häckel, Manfred (Hg.): A. v. D.-H.: Werke und Briefe in zwei Bänden. Bd. I. Leipzig: Insel Verlag, 1976, S. 344 ff. **70** Brecht, Bertolt: Der Schneider von Ulm. Aus: B. B.: Gesammelte Werke in 20 Bänden, Band 9. Frankfurt a. M.: Suhrkamp Verlag, 1967, S. 645 f. **71** Lasch, Burkhard: Jugendliebe. Aus: http://www.ute-freudenberg.de/jugend.html [31.05.2010] **72** Pelle ist ... Aus: Linde, Gunnel: Wie eine Hecke voll Himbeeren. Aus dem Schwedischen von Birgitta Kicherer. München: Deutscher Taschenbuch Verlag (Gerstenberg bei dtv junior), 2007, S. 8. **73** Ich beschloss ... Aus: Green, John: Eine wie Alaska. Aus dem Amerikanischen von Sophie Zeitz. München: Hanser, 2007, S. 25, 27. **95** Werbung muss ... Nach: Bucci, Claudia: Werbung früher und heute. Aus: http://www.businessonline.t-online.de [25.02.2010] **105 f.** Tuckermann, Anja, Steinhöfel, Andreas: David

Tage. Mona Nächte (Auszug). Hamburg: Carlsen, 2001, S. 8 f. **107 f.** Cabot, Meg: Plötzlich Prinzessin! (Auszug) Aus dem Amerikanischen von Katarina Ganslandt, München: C. Bertelsmann Verlagsgruppe, 2001, S. 151 f. **109 f.** Stell dir vor ... Aus: Ullrich, Lena: Koalas: Waldbewohner mit Stammbaum. Aus: http://www.geo.de/GEOlino/natur [02.02.2010] **113 ff.** Müller, Simone: Im Grab des Herrschers. Aus: http://www.geo.de/GEOlino/mensch/berufe [26.04.11] **116 ff.** Böker, Elisabeth: Weltraumeroberer Juri Gagarin. Aus: http://www.geo.de/GEOlino/mensch [26.04.11] **119 f.** Adolf, Jessica: Charles Darwin ... Aus: http://www.geo.de/GEOlino/natur [26.04.11] **121** *Balkendiagramm* »Fremdsprachen in deutschen Schulen«: Statistisches Bundesamt, www.destatis.de, [26.08.2013]. *Balkendiagramm* »Russisch in brandenburgischen Schulen (2010/2011), Amt f. Statistik Berlin-Brandenburg, Statistischer Bericht BI8-j/10, Februar 2011«: Statistisches Landesamt des Freistaates Sachsen, Medieninformation 44/2010. **122** *Kreisdiagramm*: Schüleraustausch in Zahlen. Nach: Thomas Terbeck: Handbuch Fernweh – Der Ratgeber zum Schüleraustausch. www.weltweiser.de/grafik/statistik/weltkarte_2012_13.gif [11.09.2013] **124** Stromausfall! ... Nach: Kathrin Schwarz: Atomstrom. Aus: Was ist Was-Magazin 5/2009, S. 26–27. **125** *Diagramm* Stromerzeugung in Deutschland. Nach Angaben aus: Was ist Was-Magazin 5/2009, S. 26–27. **132 f.** Schami, Rafik: Andere Sitten. Aus: R. S.: Gesammelte Olivenkerne aus dem Tagebuch der Fremde. München: Deutscher Taschenbuch Verlag, 2000, S. 133 f. **134** Tischsitten in aller Welt. Nach: Floto-Stammen, Sonja: Wo Schmatzen und Schlürfen erlaubt ist. 35 Lieblingsrezepte aus aller Welt von Kindern für Kinder. Kempen: Moses Verlag, 2008, S. 14, 16, 38, 56, 64, 68, 74, 76, 82, 90. **135 ff.** Domma, Ottokar (eigentlich Otto Häuser): Unsere Seereise. Aus: O.D.: Ottokar das Früchtchen. Berlin: Eulenspiegelverlag, 1985, S. 200 ff. **138** Langer, Riccarda: Mexiko für ein Jahr. Aus: http://www.bundesregierung.de/Content/DE/Magazine/MagazinEntwicklungspolitik/080/t6-austauschjahr-in-mexiko.html [31.05.2010] **140** Der englische Buchautor ... Aus: Ward, Maisie: Gilbert Keith Chesterton. Regensburg: Pustet, 1956. Als sich Mark Twain ... Nach: Hoffmeister, Heribert: Anekdotenschatz. Von der Antike bis auf unsere Tage. Berlin: Verlag Praktisches Wissen F. W. Peters, 1974, S. 161. Als

Goethe im Februar 1784 … Aus: Köhler, Peter (Hg.): Das Anekdotenbuch. Stuttgart: Reclam 1997, S. 124. **141** Tucholsky, Kurt : Der Floh. Aus: K. T.: Ausgewählte Werke. Band 6: Auswahl 1930 – 1932. Berlin: Volk und Welt, 1981, S. 451. **143 f.** Riedl, Franz Xaver: Handbuch Sketche für die 5. bis 9. Jahrgangsstufe. Puchheim: pb-Verlag, 1995, S. 33, 47. **145 f.** Valentin, Karl (eigtl. Valentin Ludwig Fey): Hausverkauf. Aus: Alles von Karl Valentin. München: R. Piper & Co. Verlag, 1978, S. 233 f. **147 f.** Loriot (eigentlich Bernhard Victor Christoph-Carl von Bülow, kurz Vicco von Bülow): Das Frühstücksei. Aus: L.: Gesammelte Prosa. © Zürich: Diogenes Verlag AG, 2006. **150 ff.** (S. 150 – 155) Gallauner, Lisa: Verzieh dich! (Auszug) © 2010 by UNDA Verlag (Stubenberg a. See). **156** Ich bin Ankleiderin … Nach: Leipert, Lydia: Kleine und große Umzüge. Aus: Berliner Zeitung vom 20. 05. 2008, S. 22. **157** Aus dem Einmaleins einer Maskenbildnerin. Nach: Krause, Marlene A.: Maskenbildner. Aus: Das neue Universum: Ein Jahrbuch für Forschung, Wissen, Unterhaltung. München: Südwest-Verlag, 2002. **158** Für jede Maske … Nach: Krause, Marlene A.: Maskenbildner. Aus: Das große Readers Digest Jugendbuch. 35. Folge. 1994/95. Frankfurt a. M.: Verlag Das Beste, 1994, S. 246 ff. **159** Das Grundieren … Nach: Film & Kino: Geschichte, Technik, Stars. Text von Richard Platt. Aus dem Engl. übers. von Manfred Kottmann. Reihe: Sehen, staunen, wissen. Hildesheim: Gerstenberg, 1992, S. 34 f. **165** Die ersten Rezepte … Nach: Schmitt, Sabine: Ruhig Blut. Aus: www.welt.de/print-welt/article278216/Ruhig_Blut.html [25. 02. 2010] **166** Mit der Firma … Nach: Schmitt, Sabine: Ruhig Blut. Aus: www.welt.de/print-welt/article278216/Ruhig_Blut.html [25. 02. 2010] **166** Blut fließt. Nach: Schmitt, Sabine: Ruhig Blut. Aus: www.welt.de/print-welt/article278216/Ruhig_Blut.html [25. 02. 2010] **169** Linn R… . Nach: Link, Barbara: Die rote Zora. Aus GEOlino 1/2008, S. 60 ff. **170** Eine Souffleuse … Nach: Scory, Vera: Unsichtbare Rolle. Aus: junge bühne. das junge theatermagazin der Deutschen Bühne, Sept. 2007, 1. Jahrgang, S. 34 ff. **171** Berufsbild Tontechniker/-in. Nach: Deutscher Bühnenverein (Hg.)· Berufe am Theater. Köln, 2007. **172** Berufsbild Beleuchter/-in und Bühnenhandwerker/-in. Nach: Deutscher Bühnenverein (Hg.): Berufe am Theater. Köln, 2007. **173** Berufsbild Theaterschuhmacher/-in. Nach: Deutscher Bühnenverein (Hg.): Berufe am Theater. Köln, 2007. **181** Ewalds Überlegungen. Nach: Nöstlinger, Christine: Das Austauschkind. Wien: Dachs-Verlag, 1998, S. 13 – 14. **185** Nehmt ihr ihn nun?

Nach: Nöstlinger, Christine: Das Austauschkind. Wien: Dachs-Verlag, 1998, S. 22. **185** Das Einzige … Nach: Nöstlinger, Christine: Das Austauschkind. Wien: Dachs-Verlag, 1998, S. 22 – 23. **187** Ewalds Wunsch … Nach: Nöstlinger, Christine: Das Austauschkind. Wien: Dachs-Verlag, 1998, S. 29 – 30. **188** Ewald hielt … Nach: Nöstlinger, Christine: Das Austauschkind. Wien: Dachs-Verlag, 1998, S. 31. **192** Die Familie … Nach: Nöstlinger, Christine: Das Austauschkind. Wien: Dachs-Verlag, 1998, S. 44 – 45. **194** Das Fahrrad? Nach: Kalwa, Eva: Ein Mädchen küssen? Merkwürdig. Aus: Der Tagesspiegel vom 31. 10. 2008. **197** Manz, Hans: Begegnungsformen. Aus: Mit Wörtern fliegen. Neues Sprachbuch für Kinder und Neugierige. Weinheim/Basel: Beltz Verlag, 1995, S. 29. **215** Vorläufer der Eisenbahnen … Nach: Hell, Ilse und Arnim, Oliver: Das große Buch der 555 interessantesten Kinderfragen. München: Compact Verlag, 2003, S. 121. **217** Wieso klappern Klapperschlangen? Nach: Hell, Ilse und Arnim, Oliver: Das große Buch der 555 interessantesten Kinderfragen. München: Compact Verlag, 2003, S. 87. **222** Das Rätsel von den Gummibärchen. Nach: Hell, Ilse und Arnim, Oliver: Das große Buch der 555 interessantesten Kinderfragen. München: Compact Verlag, 2003, S. 41. **240 f.** Rallye, Medaillon, downloaden, indiskret. Aus: Dudenredaktion (Hg.): Duden: Die deutsche Rechtschreibung. 25., völlig neu bearbeitete und erweiterte Auflage. Mannheim, Wien, Zürich: Dudenverlag, 2009, S. 358 – 359, 565, 722, 878. **242** fahren. Aus: Dudenredaktion (Hg.): Duden: Die deutsche Rechtschreibung. 25., völlig neu bearbeitete und erweiterte Auflage. Mannheim, Wien, Zürich: Dudenverlag, 2009, S. 422.

Bildquellen

13 Marianne Thiele, Krakow am See **17** Thomas Schulz, Teupitz **19** Thomas Schulz, Teupitz **28** Buchcover (Niemand so stark wie wir): © by Rowohlt Verlag GmbH, Reinbek bei Hamburg **36** Buchcover (Die wilden Hühner auf Klassenfahrt): Dressler Verlag, Hamburg, 1996 **39** Buchcover (Hechtsommer): Deutscher Taschenbuch Verlag, München, 2006 **52** Filmplakat (Nanga Parbat): Senator Filmverleih **57** © tankist276 – Fotolia.com **60** picture-alliance/dpa, Frankfurt a. M. **60** Filmplakat (Vorstadtkrokodile 2): Cinetext/Constantin Film, Frankfurt a. M. **60** Buchcover (Die wilden Hühner auf Klassenfahrt): Dressler Verlag Hamburg, 1996 **60** © Andreas Edelmann – Fotolia.com **61** Thomas Schulz, Teupitz **63** Archiv VWV **64** picture-alliance/akg images, Frankfurt a. M. **67** Archiv VWV **70** akg images, Berlin **71** © AIA - Fotolia.com **72** Buchcover (Wie eine Hecke voll Himbeeren): Deutscher Taschenbuch Verlag München, 2007 **73** Buchcover (Eine wie Alaska): Deutscher Taschenbuch Verlag (Reihe Hanser) München, 2007 **75** © alexyndr - Fotolia.com **81** ullstein-bild, Berlin **83** akg-images, Berlin **96** akg-images, Berlin **99** Mit freundlicher Genehmigung: Berliner Wasserbetriebe **105** Buchcover (David Tage, Mona Nächte): Carlsen Verlag, Hamburg, 2010 **110** © Andreas Edelmann-Fotolia.com **111** picture-alliance/Paul Mayall, Frankfurt a. M. **112** Volkhard Binder, Berlin **114** picture-alliance/dpa, Frankfurt a. M. **117** picture-alliance/dpa, Frankfurt a. M. **119** picture-alliance/Mary Evans Picture Library, Frankfurt a. M. **124** © DeVlce – Fotolia.com **126** © TOM ANG – Fotolia.com **126** © Fatman73 – Fotolia.com **126** © zimmytws – Fotolia.com **128** Cover (GEO Spezial China): Gruner + Jahr AG, Hamburg **128** Buchcover (China heute): Gerstenberg Verlag, Hildesheim **128** Buchcover (Was du schon immer über China wissen wolltest): Berlin Verlag, Berlin 2008 **131** © XtravaganT – Fotolia.com **132** © CIRIC-Fotolia.com **142** picture-alliance/ZB, Frankfurt a. M. **146** picture-alliance/dpa, Frankfurt a. M. **156** Thomas Schulz, Teupitz **158** Thomas Schulz, Teupitz **159** Thomas Schulz, Teupitz **163** picture-alliance/ZB, Frankfurt a. M. **164** picture-alliance/dpa, Frankfurt a. M. **165** Berliner Zeitung /Max Lautenschläger **166** picture-alliance/dpa, Frankfurt a. M. **167** picture-alliance/dpa, Frankfurt a. M. **168** picture-alliance, Frankfurt a. M. **169** Universal Pict. Int. Ger./Cinetext, Frankfurt a. M. **170** Thomas Schulz, Teupitz **171** Thomas Schulz, Teupitz

172 Thomas Schulz, Teupitz **173** © Thomas Coune – Fotolia.com **174** Buchcover (Das Austauschkind): Beltz Verlag Weinheim, 2010 **194** picture-alliance/dpa, Frankfurt a. M. **199** © FCS Photography – Fotolia.com **206** akg-images, Berlin **207** Corel Library **211** picture-alliance/dpa, Frankfurt a. M. **212** picture-alliance/dpa, Frankfurt a. M. **215** picture-alliance/Berliner Zeitung © Berlin Picture Gate **217** © Steve Byland – Fotolia.com **219** © Sandra Brunsch – Fotolia.com **225** picture-alliance/ASA, Frankfurt a. M. **226** © Martina Berg – Fotolia.com **240** Bibliographisches Institut, Dudenverlag, Mannheim **243** Bibliographisches Institut, Dudenverlag, Mannheim **244** Thomas Schulz, Teupitz **244** Bibliographisches Institut, Dudenverlag, Mannheim **247** picture-alliance/dpa, Frankfurt a. M.

Sachregister

Zu diesem Buch gibt es ein passendes **Arbeitsheft** (ISBN 978-3-06-062993-0).

Autoren und Redaktion danken Anke Bartz (Mecklenburg-Vorpommern), Thomas Brand
(Berlin), Kristina Bullert (Sachsen-Anhalt), Simone Fischer (Sachsen), Hannelore Flämig
(Brandenburg), Viola Oehme (Berlin), Franziska Möder (Mecklenburg-Vorpommern),
Freya Rump (Thüringen), Petra Schonert (Thüringen), Silvia Teutloff (Sachsen-Anhalt)
und Bernd Skibitzki (Sachsen) für wertvolle Anregungen und praktische Hinweise bei
der Entwicklung des Manuskripts.

Redaktion: Karin Unfried, Birgit Patzelt, Gabriella Wenzel
Bildrecherche: Angelika Wagener
Illustrationen: Uta Bettzieche, Leipzig: S. 29, 31, 32, 35, 37, 38, 40, 43, 44, 45, 48, 56, 68, 69,
106, 133, 134, 139, 140, 141, 144, 150, 151, 152, 154
Susann Hesselbart, Leipzig: S. 8, 9, 10, 11, 12, 15, 23, 51, 53, 65, 66, 77, 78, 84, 87, 88, 90, 91, 97,
115, 175, 176, 177, 178, 181, 183, 184, 185, 187, 189, 191, 192, 193, 197, 201, 203, 204, 209, 219, 221,
222, 223, 226, 229, 231, 235, 237, 242

Umschlaggestaltung: werkstatt für gebrauchsgrafik, Berlin
Umschlagillustration: Dorothee Mahnkopf, Diez a. d. Lahn
Typografisches Konzept, Satz und Layout:
Klein & Halm Grafikdesign, Berlin,
nach Entwürfen von Farnschläder & Mahlstedt, Hamburg

www.cornelsen.de

Die Webseiten Dritter, deren Internetadressen in diesem Lehrwerk angegeben sind,
wurden vor Drucklegung sorgfältig geprüft. Der Verlag übernimmt keine Gewähr für
die Aktualität und den Inhalt dieser Seiten oder solcher, die mit ihnen verlinkt sind.

Dieses Werk berücksichtigt die Regeln der reformierten Rechtschreibung und Zeichensetzung. Bei den mit R gekennzeichneten
Texten haben die Rechteinhaber einer Anpassung widersprochen.

1. Auflage, 4. Druck 2023

Alle Drucke dieser Auflage sind inhaltlich unverändert
und können im Unterricht nebeneinander verwendet werden.

© 2013 Cornelsen Schulverlage GmbH, Berlin
© 2019 Cornelsen Verlag GmbH, Berlin

Druck und Bindung: Livonia Print, Riga

ISBN 978-3-06-062987-9